Madame, vous allez m'émouvoir

Lucie Tesnière

Madame, vous allez m'émouvoir

Une famille française à travers deux guerres mondiales

Flammarion

ISBN : 978-2-0814-3759-3

Avant-propos

« Pourquoi une fille comme toi, jeune, 33 ans, qui a un boulot intéressant, des amis et une vie agréable à Bruxelles, décide de tout lâcher pendant sept mois pour partir sur les traces de l'histoire de son grand-père ? Que dis-je, son grand-père ? C'est même pas ton grand-père : c'est ton arrière-grand-père ! Tu serais à la retraite, je comprendrais… Mais là il y a un truc qui m'échappe. Pourquoi toi, tu lâches tout pour faire ça ? »

Il m'a fallu du temps pour répondre à cette question. C'est seulement à la fin de mon projet que j'en ai été capable. Au début, je n'ai pas réfléchi, j'ai suivi mon instinct, cette énergie qui m'a conduite à mener à bien ce projet et à l'achever au bout de quatre ans.

L'élément déclencheur de cette aventure a été un séjour chez ma grand-mère, en juillet 2012. Il faut l'avouer : il y a plus glamour ! Et pourtant, c'est bien là, dans le salon de ma grand-mère, que j'ai trouvé les lettres envoyées depuis les tranchées par mon arrière-grand-père, Paul, médecin pendant la Grande Guerre : sept cent cinquante pages de lettres dures, drôles, piquantes, de dessins croqués sur le vif…

Je connaissais l'existence de ces carnets de lettres, mais je ne m'y étais jamais intéressée. Alors, pourquoi, ce jour-là, le fait de les parcourir a créé en moi ce bouillonnement, cette urgence avec un seul mot d'ordre : publier ces lettres en 2014 pour le centenaire de la Première Guerre mondiale ? Car c'était ça mon idée de départ : rassembler les lettres dans un ouvrage préfacé par un historien. C'était simple, ça ne demandait pas d'écriture. Je n'avais jamais écrit auparavant et ne m'en sentais pas capable.

Puis je me suis rendu compte que le parcours de mon arrière-grand-père ne s'était pas limité à la Première Guerre mondiale : Paul s'est engagé dans sa vie au cours des deux conflits majeurs du XXe siècle. Pendant la Seconde Guerre mondiale, il a été médecin dans la Résistance, responsable des services illégaux de santé dans le département du Gard. J'entrais alors dans le monde des hôpitaux clandestins cachés en sous-sol, je découvrais les pilotes anglais blessés lors de sauts en parachute, les prétextes du type « Je pars accoucher une femme du voisinage » pour soigner un résistant évadé de prison. J'apprenais aussi l'existence d'un homme de l'autre côté de l'Atlantique (digne de recevoir le prix Nobel d'économie selon le magazine britannique *The Economist*), qui rendait hommage à mes arrière-grands-parents pour lui avoir procuré des faux papiers !

Bref, plus je tirais le fil de la vie de Paul, plus j'amenais à moi des histoires incroyables, totalement inconnues de la famille ! J'étais projetée en plein film d'action. Il fallait que je raconte ces histoires, que je les partage.

À quel moment exactement je me suis dit que j'écrirais un livre ? Je ne sais plus. J'ai d'abord pensé en faire un documentaire, une bande dessinée, bref, tout pour ne pas me retrouver seule face à la page blanche. C'est un ami qui m'a dit un jour : « Lucie, tu dois écrire. Ne te fais pas aider. Fais-le seule. Tu en es capable. »

Et c'est ce que j'ai fait.

Les personnes que j'interviewais à propos de Paul mentionnaient souvent ses frères et sa sœur. Je tentais de mettre fin à ces digressions et ramenais gentiment, mais fermement, la discussion sur mon arrière-grand-père. En vain… C'est ainsi que j'ai découvert Jean, le petit frère de Paul, préfet sous le gouvernement de Vichy, placé hors cadre en 1942, puis préfet sous le gouvernement provisoire du général de Gaulle. Marié à une femme juive, Jean a été chargé de mettre en œuvre la première rafle des Juifs en zone libre dans son département.

Puis on m'a raconté l'histoire de la petite sœur de Paul : Jeannette, engagée dans la Résistance en cachette de son mari, Albert Le Bail, l'un des quatre-vingts députés à avoir voté contre les pleins pouvoirs au maréchal Pétain, en 1940. Le mari et la femme étaient tous les deux dans la Résistance et se le cachaient l'un à l'autre. Albert a appris l'engagement de sa femme le jour où la Gestapo est venue l'arrêter pour la déporter.

À ce moment-là, je me suis dit : « Ce sont des histoires passionnantes. Si les descendants des frères et sœur de Paul veulent s'en occuper, c'est parfait. Je les encourage à le faire. » Les descendants, eux, étaient d'un autre avis : « Tu ne peux pas NE PAS parler d'eux. Tu as commencé à raconter Paul, il faut retracer la vie de ses frères et sœur. » Je ne partageais pas cette opinion. J'avais un temps limité et je voulais terminer mon livre. L'histoire de Paul était MA priorité. Il faut connaître ses priorités, n'est-ce pas ?

Bien sûr, il m'est arrivé de poser des questions sur les frères et sœur de Paul. Par curiosité. Je n'avais pas du tout l'intention de parler d'eux dans mon livre. Et plus j'écoutais leurs histoires, plus j'étais happée. Collaboration, Résistance, arrestation, fuite des geôles allemandes, déportation, traversée de l'Europe, obéissance à Vichy… devant toutes ces pistes à explorer, ces points d'interrogation à élucider, l'envie de savoir l'a emporté sur toutes mes hésitations.

La dynamique était lancée : ce projet prenait l'ampleur d'une saga familiale à travers le XXe siècle. Et une importance grandissante dans ma vie.

Pour vivre cette aventure, j'ai traversé toute la France : du Nord-Pas-de-Calais au Gard, en passant par la Normandie, l'Hérault, la Creuse et l'Aude. Je me suis retrouvée propulsée dans les salons de personnes âgées de 85 à 95 ans. Tout d'un coup, les gens avec qui je travaillais n'étaient plus des trentenaires européens, mais des Français presque centenaires ! J'ai dû m'adapter à eux, et eux à moi. J'ai arrêté d'essayer de les contacter par e-mail. J'ai envoyé de vraies lettres – écrites au stylo – avec de vrais timbres sur les enveloppes. Je n'appelais plus à l'« heure de la sieste ». J'ai aimé ce temps ralenti avec eux. Pas d'e-mails, pas de WhatsApp, seulement de nombreuses heures à partager confidences, rires et larmes sur le coin d'une table de cuisine.

J'ai mené ainsi mes interviews et des recherches aux archives. J'ai retrouvé les livres écrits par ceux qui n'étaient plus là. J'ai fait parler les morts. « Tu ne trouveras plus rien ! m'a-t-on dit. Tous ces gens sont morts et enterrés ! » Oui. Mais ces gens avaient écrit, ils avaient témoigné. Et j'ai fait venir à moi leurs récits étonnants, drôles ou dramatiques. Les histoires que j'ai choisi de raconter sont celles qui m'ont surprise, qui m'ont émue. Ce sont celles que je n'attendais pas.

Jamais je n'aurais imaginé faire partie du récit. Puis j'ai remarqué que les gens s'intéressaient autant à ces histoires qu'à la façon dont je les avais exhumées. « Mais COMMENT as-tu fait pour retrouver TOUT ça ? » Ils voulaient savoir quels obstacles j'avais rencontrés, comment je les avais surmontés, ce que ça avait suscité en moi. C'est à ce moment-là que j'ai décidé de raconter l'histoire de mon enquête. À cette époque, on m'a souvent posé la question : « Ce sera quoi, ton bouquin ? Un roman ? Un livre historique ? » La réponse s'est imposée petit à petit : « Ce sera une enquête sur l'histoire de ma famille pendant la Première et la Seconde Guerre mondiale. »

Voilà. Une dernière chose, peut-être...

Pour vraiment comprendre ce qui m'a conduite à tout lâcher pour ce projet, il faut savoir où j'en étais de ma vie au moment où j'ai découvert ces lettres.

En juillet 2012, j'avais 33 ans, des amis et une vie agréable à Bruxelles, un métier qui faisait sens : il s'agissait de faciliter le développement des énergies renouvelables en Europe.

Et pourtant... pourtant, il manquait quelque chose. Je ne me sentais pas complètement à ma place. J'avais besoin de relations fortes, authentiques, d'échanges profonds avec les gens. J'avais le sentiment que la vie m'attendait, qu'elle faisait les cent pas derrière la porte de mon bureau.

Avec le recul, je sais aujourd'hui que j'attendais ce projet, je le cherchais sans en avoir conscience : c'était l'étincelle dont j'avais besoin pour quitter ce job – ne serait-ce que provisoirement –, pour écouter ma voix et suivre ce qui me donnait de l'énergie.

En juillet 2012, j'avais envie de mener ma vie, et pas la vie d'une autre.

La famille Cabouat est bien plus nombreuse que ne le montre cet arbre généalogique simplifié. Celui-ci a pour seul but d'aider les lecteurs à mieux identifier les personnes évoquées dans ce livre.

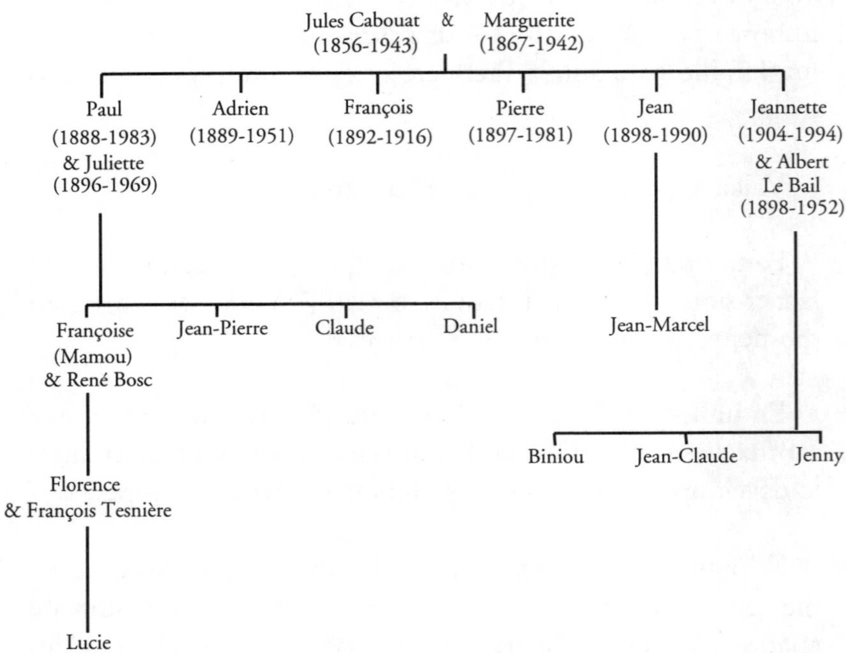

PREMIÈRE PARTIE

La Grande Guerre

(1914-1918)

1

14 juillet 2012, Nîmes.

— Comment ça va, Mamou ?
— Oh ! Tu sais, à mon âge...
— Qu'est-ce que tu fais en ce moment ?
— Je fais du fauteuil !

Week-end chez ma grand-mère à Nîmes. À travers la baie vitrée du salon, les grandes branches du pin se balancent doucement. Ma grand-mère est en petite forme. Elle se remet, à 92 ans, d'une crise cardiaque. Je sais comment lui faire plaisir. Je me lève pour attraper l'un des albums photos de famille.

Dans la grande armoire du salon, je repère, à côté des albums, cinq petits carnets reliés rouge et bleu. J'en prends un. La couverture est patinée par les âges, avec ce titre écrit à la plume : *Correspondance et campagne 1914-1915 Paul.*

— Ce sont les carnets de lettres envoyées pendant la Première Guerre mondiale par mon père Paul et son frère François, dit ma grand-mère. Paul, ton arrière-grand-père, était médecin, et François, lieutenant. Leur mère a recopié toutes leurs lettres dans ces carnets.

— Je peux les lire ?
— Oui, bien sûr. Installe-toi là, tu seras bien.

Je m'assieds dans un des fauteuils du salon. Je feuillette les carnets et regarde l'écriture calligraphiée, les croquis.

Très vite, je suis prise par le récit, immergée dans le quotidien de mon arrière-grand-père. Je n'ai lu qu'une vingtaine de pages, et je sens déjà que je tiens quelque chose de fort. Mon esprit fonctionne à toute vitesse : je vois l'écriture d'un homme captée sur le vif, l'expérience d'un médecin. Je vois le centenaire de la Première Guerre mondiale et la publication de ces lettres. Je vois un point de vue rare sur la Grande Guerre : celui d'un médecin, un homme, qui est du côté de la vie. Et tout de suite, comme un flash, je me vois arrêter de travailler pour écrire cette histoire.

— Tu veux quoi pour déjeuner ?

Je lève les yeux. Ma mère est là, debout devant moi, un cabas à la main. Je la regarde, un peu perdue.

Je fais alors ce qu'on ne doit jamais faire : ce projet embryonnaire, cette étincelle toute fragile que je ressens et qui peut être balayée d'un revers de la main, cette étincelle, je la partage.

— Et si je m'arrêtais de travailler un moment, le temps d'un congé sabbatique, pour publier les lettres de Paul à l'occasion du centenaire de la Première Guerre mondiale ?

Ma mère se laisse tomber dans un fauteuil. Elle pose ses courses, me fixe silencieusement et s'exclame en frappant son genou de la paume de la main :

— Elle est TOP, cette idée ! Elle est TOP ! Attends, faut que j'en parle tout de suite à Mamou, ça va lui faire super plaisir !

Immédiatement après le déjeuner, je pars photocopier les carnets en ville dans un grand hangar qui vend des fournitures de bureau. Je veux pouvoir lire tout ça tranquillement chez moi, à Bruxelles.

Pendant quatre heures, je photocopie les pages, une à une. Sous les flashs de la photocopieuse, les écrits, les dessins, les schémas défilent en continu. Ma mère passe me chercher vers 18 heures avec ma grand-mère. Je vois encore sa frêle silhouette à contre-jour dans la gigantesque porte du hangar. Comme je n'ai pas tout à fait fini, elles doivent patienter encore une heure. Mamou s'assied et pose sa canne près de la machine, tout heureuse de me voir travailler sur les lettres de son père. De temps en temps, elle se tourne vers ma mère : « Qu'est-ce qu'elle travaille ta fille, hein ! » Il y a de la légèreté et de la joie dans ce moment.

Ma grand-mère se dégourdit les jambes du côté des « agendas de la rentrée », puis s'adresse à la vendeuse : « C'est ma petite-fille. Elle photocopie les lettres envoyées par mon père pendant la Première Guerre mondiale. C'est un gros travail, hein ? » Opération séduction de Mamou réussie : le prix des photocopies ne change pas, mais le prix des scans, lui, tombe de 199 euros à 12 euros « parce que c'est une situation un peu spéciale », dira la vendeuse aux trois générations de femmes qui lui font face.

En sortant du hangar, j'entends ma grand-mère dire :
— Je suis tellement heureuse de voir ça avant de partir…
— Avant de partir où ? dit ma mère. À Camprieu ?
— Non. Avant de partir.

Le dimanche soir, je monte dans le train pour Bruxelles avec les précieux documents dans ma valise. Confortablement installée, je me sers un thé puis commence à parcourir les lettres. Au début, je bute sur les mots : les postiers sont des « vaguemestres », le café, on appelle ça du « jus ». Mais, au bout d'un moment, je m'habitue à ce vocabulaire suranné, et finis par entrer dans l'histoire. J'accompagne alors Paul dans sa progression, jour après jour, caméra à l'épaule. Ce ne sont pas des récits reconstruits ou enjolivés après coup. Paul revient de sa tranchée, et il raconte.

Je me rends compte que toute la communication entre Paul, son frère François et leur famille passe par ces lettres. Rien n'y échappe : tendresse, engueulades, énervements, demandes de fournitures… C'est le cordon ombilical qui les relie à l'arrière. Un lien qui les rassure, les nourrit, les protège. Aujourd'hui, on communique par e-mails, textos, Facebook, portables, WhatsApp et autres Skype.

Eux n'ont que ces lettres.

Au bout d'un moment, je relève la tête. Le paysage défile sous mes yeux. Au loin, la ligne bleue des montagnes. Mon voisin s'est endormi. Je regarde ma montre : encore quelques heures avant Bruxelles. Je me replonge dans les documents.

C'est Marguerite, la mère de Paul, qui a recopié les lettres dans ces carnets. Il la taquine : *Je me demande si tu recopies aussi mes accusés de réception de colis et autres insignifiances ?*

En lisant ça, j'ai envie de dire à Paul : « Ingrat ! C'est grâce à ta mère que je lis ton histoire aujourd'hui ! »

Je vais te donner encore de la besogne de recopiage, — (je me demande si tu recopies aussi mes accusés de réception de colis et autres insignifiances ?) —

Je m'aperçois aussi que je reprends un travail de mémoire commencé il y a cent ans, celui de mon arrière-arrière-grand-mère qui a recopié quotidiennement les lettres de ses cinq fils pendant la guerre. Au fond, l'histoire de ces carnets, c'est l'histoire d'hommes dont la mémoire a été conservée par des femmes.

C'est une ligne de transmission entre femmes.

« Mesdames, Messieurs, nous arrivons en gare de Bruxelles-Midi, terminus. Veillez à ne rien oublier dans le train. » Je n'ai pas vu le temps passer. Je range mes affaires à la hâte et glisse les photocopies dans mon sac quand une pensée me vient tout à coup : je n'ai pas regardé quand s'arrêtaient les lettres !

Debout dans le couloir du train, je saisis la dernière lettre du carnet : elle est datée du 30 juin 1916.

Les carnets s'achèvent en 1916 ! Il me manque deux années de guerre…

Sur le quai de la gare à Bruxelles, je dépose ma valise et téléphone à ma grand-mère :

— Mamou, tu as le reste des carnets 1917-1918 ?

— Non, c'est tout ce que j'ai.

2

« Bonsoir, je m'appelle Lucie Tesnière. Vous ne me connaissez pas. Mon arrière-grand-père, Paul, était le frère de votre grand-père, Jean… »

Dès mon retour à Bruxelles, je commence à appeler la famille proche et lointaine pour retrouver les lettres de 1917-1918. J'utilise un arbre généalogique fait par mon grand-oncle pour identifier les descendants. Je ne connais pas la moitié des personnes que j'appelle. Et je ressors bredouille à chaque fois.

Et puis, un dimanche soir, coup de chance : un cousin de ma mère que je n'ai jamais rencontré me dit au téléphone : « J'ai peut-être quelque chose qui pourrait vous intéresser. Le père de Paul, Jules, a écrit ses Mémoires. Il a raconté la guerre telle que l'ont vécue ses fils. Ses Mémoires sont chez une grand-tante à Paris. Mais il faut se dépêcher d'aller la voir, elle perd le ciboulot. »

Trois semaines plus tard, je prends le Thalys pour Paris. Nous arrivons, le cousin de ma mère et moi, sous une pluie battante. La grand-tante nous accueille. Son appartement semble avoir été figé dans les années 1950. La télévision est allumée, volume à fond, sur une émission qui a l'air passionnante : « Ma mère est amoureuse de mon patron. » La grand-tante nous emmène dans un couloir sombre. Là, sous une caisse marquée « VAISSELLE » se trouve un carton impossible à soulever. On est obligé de s'y mettre à deux pour le déplacer. J'ouvre le carton, à même le sol, sur une moquette hors d'âge à la couleur indéfinissable. Il y a une vingtaine de cahiers : ce sont les 23 « tomes » des Mémoires de Jules ! Rédigés dans les années 1930-1940, ces carnets anciens reliés rouges et bleus sont écrits à la main, à l'encre violette, d'un trait fin et régulier.

Marguerite et Jules Cabouat en 1886.

Je commence à feuilleter les pages jaunies par les années. Il y a de tout dans ses Mémoires : des souvenirs familiaux, les enfants qui grandissent dans les années 1890, des commentaires sur cette « belle jeunesse » évoquant des gens qui ont aujourd'hui 96 ans, son analyse de la vie politique française des années 1930. Dans ces écrits, Jules désigne la Seconde Guerre mondiale comme la « Nouvelle Guerre mondiale ». Je découvre qu'une grande partie des cahiers traite de la Grande Guerre : pendant la Guerre des Tranchées, Jules a interrogé ses fils sur leur expérience. Il a consacré à chacun d'eux un tome entier de ses Mémoires et a consigné par écrit ces *précisions qu'ils n'ont accordées qu'à [son] insistance – tant il leur était pénible d'évoquer d'effrayantes visions qu'ils auraient voulu bannir à jamais de leur mémoire.*

Jules écrit à ses fils :

S'il ne m'a pas été donné de partager vos épreuves et vos dangers, du moins les ai-je suivis au jour le jour d'une attention si anxieuse que leur souvenir s'est gravé en caractères de feu dans ma mémoire. […] *Je vous en dédie le récit – non romancé, mais vrai – tel qu'il se dégage de vos lettres sévèrement censurées et des éclaircissements que vous m'en avez donnés aux heures de détente.*

À genoux sur la moquette, j'ouvre les Mémoires de Jules, et je lis :

Je dédie ce récit à mes enfants, à mes petits-enfants et à leur postérité future…

— « Leur postérité future » ! Je relève la tête et regarde le cousin de ma mère, incrédule : « Leur postérité future ? » C'est à nous qu'il s'adresse !

J'ai l'impression que Jules m'envoie un clin d'œil à travers les âges. J'ai le sentiment que je devais trouver ces Mémoires, là, dans ce couloir sombre d'un appartement parisien, sous un carton de vaisselle.

Je me plonge dans les Mémoires de Jules.

Et me voilà partie en août 1914.

La famille Cabouat vers 1908.

3

Août 1914.

Jules Cabouat et sa femme, Marguerite, ont six enfants : Paul, mon arrière-grand-père, a 26 ans. Il est suivi d'Adrien et François, tous deux en âge de s'engager, puis Pierre, Jean, et la petite dernière, Jeanne, que tout le monde appelle Jeannette.

Jules enseigne le droit à l'université. La famille vit à Caen, mais elle est originaire de Lorraine : elle a fui l'annexion de l'Alsace-Lorraine par l'Allemagne en 1871, et s'est installée en Normandie pour rester française.

Jules se souvient des journées marquant le début de la Grande Guerre :

Samedi 1er août 1914.

Vers trois heures parvenait à la Municipalité l'ordre de mobilisation. Aussitôt affiché à la porte de l'Hôtel de Ville, une foule silencieuse en accueillait la publication avec la dignité calme qui fut celle de la France entière en ces heures tragiques. Les compagnies actives prenaient leurs quartiers dans divers édifices publics – universités, lycées, écoles – qui leur étaient affectés. Les amphithéâtres des facultés eux-mêmes furent convertis en cantonnements bien incommodes.

Jules Cabouat (au premier plan), vers 1910.

Dimanche 2 août 1914. Midi.

Les cloches de Saint-Étienne de Caen sonnent à toute volée, indifférentes dans leur allégresse à l'émotion qui étreint nos cœurs depuis la veille. Après une matinée passée à la Mairie dans l'agitation [...] *des préparatifs et formalités de la mobilisation* [...], *je viens de rentrer. À peine ai-je eu le temps d'embrasser Maman*[1] *et Jeanne, que les silhouettes de Paul et Adrien se profilent dans l'encadrement de la fenêtre de la salle à manger et que, prompts comme l'éclair, ils se jettent dans nos bras. En hâte,*

1. Dans ses Mémoires, Jules appelle son épouse « Maman ».

ils ont quitté Paris. Paul résignant ses fonctions d'interne à l'hôpital Necker pour s'engager, lui réformé, au premier jour, Adrien pour rejoindre à Saint-Lô le 136e régiment d'infanterie. Leur gaieté débordante de confiance et d'enthousiasme nous gagne.

Après le déjeuner nous décidons d'aller voir François, de garde au magasin d'artillerie à Cormelles-le-Royal, sur la route de Falaise. Nous traversons la ville où règne l'animation d'un jour de fête. Le temps est splendide. Surprise par un événement dont elle n'a pas encore eu le temps de mesurer la gravité et les risques, la foule caennaise, s'étourdissant elle-même de démonstrations patriotiques et de chants, est tout entière au spectacle pittoresque d'une veillée d'armes. Songe-t-elle au départ si proche d'êtres chers ? Réalise-t-elle le déchirement d'une séparation peut-être éternelle ? [...]

Mais nous voici à Cormelles. Ce n'est plus un petit poste de quatre hommes et un caporal qui veille sur le matériel de guerre entassé dans ce magasin, mais bien une section entière sous les ordres d'un officier.

François, caporal de consigne, ceint du harnais de campagne, ses trois cartouchières au flanc, somnole sur un banc. À peine nous a-t-il aperçu qu'il bondit de surprise et, ayant obtenu du lieutenant [...] *l'autorisation de nous joindre sans toutefois s'éloigner, François vient s'asseoir avec nous sur le gazon du fossé de la route sous l'œil bienveillant du factionnaire.*

Aussitôt s'organise un jeu consistant à se rouler en tonneau au fond dudit fossé. François et Jeanne se souviennent-ils alors du grand plaisir qu'ils ont pris à ce jeu innocent ?

Qui se doutait alors que cette guerre serait l'une des plus longues et meurtrières que l'humanité ait connues ?

François Cabouat, vers 1914.

4

Été 1914.

Au même moment, Jean, 15 ans, le plus jeune fils de la famille, est en séjour linguistique en Angleterre depuis deux semaines.

Jules écrit : *Comme les années précédentes, les vacances s'annonçaient joyeuses et c'était dans une quiétude parfaite que nous voyions Jean partir pour l'Angleterre. Ce furent pour Jean des vacances « désespérément mornes », animées seulement de quelques piques* [...] *avec la petite-fille du Révérend, Miss Mabel, jeune personne infiniment susceptible qui terminait ses minuscules taquineries de péremptoires :* « Don't speak to me ! », *dont Jean se gaussait infiniment. Pendant ce temps, les événements marchaient à une allure foudroyante.*

Et quels événements !

Je me mets un instant à la place des parents : leur fils est parti en Angleterre fin juillet. Le 3 août, l'Allemagne déclare la guerre à la France et à la Belgique. Le 4 août, c'est l'Angleterre qui s'engage contre l'Allemagne. Le 5 août, l'Autriche déclare la guerre à la Russie. Et le 11 août, la France lance les hostilités contre l'Autriche-Hongrie.

Pendant ce temps, Jean, leur plus jeune fils, est en Angleterre.

Tout va bien...

Face à cet engrenage, Jules écrit : *Notre inquiétude était grande de sentir* [Jean] *en terre étrangère et qui sait ! Peut-être séparé de nous pour de longs mois, si le rideau de fer de l'invasion s'abaissait sur nos foyers.* À cette avalanche de déclarations de guerre s'ajoute l'invasion allemande : *À vue d'œil, s'étendait sur la France du Nord une vague d'invasions menaçant la Normandie.*

Jean Cabouat.

Les communications avec l'Angleterre sont rompues : la plupart des bateaux sont réquisitionnés pour le transport des troupes et interdits aux passagers civils.

C'est la victoire de la Marne qui met fin à cette crise à la mi-septembre : *Nos communications se rétablissent avec l'Angleterre, et comme la guerre sous-marine ne faisait encore planer aucune incertitude sur la sécurité de la navigation, nous rappelions aussitôt Jean auprès de nous, sans nous douter un instant des difficultés de toutes sortes qu'il allait affronter. Désorganisation des services maritimes, prise d'assaut des bateaux et au Havre un tel encombrement des hôtels que, s'il n'avait pas rencontré une âme charitable émue de sa jeunesse et de son embarras, Jean eût couru le plus grand risque de coucher à la belle étoile.*

De retour en Normandie en septembre 1914, Jean retrouve pour la rentrée des classes un lycée, où *l'enseignement est désorganisé par le départ aux armées d'un grand nombre de professeurs.*

Jules, lui-même professeur à l'université, se souvient : *Les facultés siégeaient quasiment en permanence pour donner aux jeunes gens mobilisés la possibilité d'emporter un diplôme, avant de prendre les armes* [...]. *Pour ma part, j'avoue que je débordais d'indulgence, il m'eût été trop dur de refuser à nos futurs défenseurs – sauf nullité absolue – la satisfaction de partir aux armées sur un succès universitaire, et puis n'y allait-il pas de la tranquillité d'esprit de ces jeunes gens qui allaient au-devant de si grands périls ?*

5

J'aime le style de Jules, il a une belle plume. Je suis étrangement étonnée qu'il décrive exactement ce qu'on nous a appris à l'école : été 1914, tout le monde s'engage dans la liesse pensant à une guerre éclair, sans se douter du futur meurtrier qui les attend…

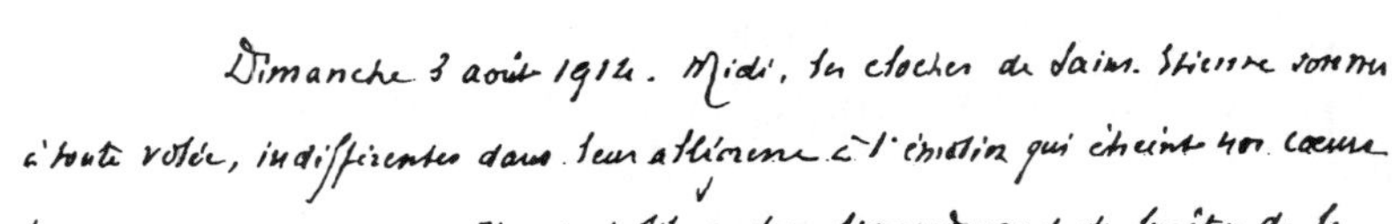
Dimanche 3 août 1914. Midi, les cloches de Saint-Étienne sonnent à toute volée, indifférentes dans leur allégresse à l'émotion qui étreint mon cœur lorsque, comme une apparition, se profilent dans l'encadrement des fenêtres de la salle à manger, les silhouettes de Paul et d'Adrien, Paul résignant ses fonctions d'interne à l'hôpital Necker de Paris pour s'engager, lui réformé, au premier jour ; Adrien rejoignant à Saint-Lô (Manche) le 136e Régiment d'Infanterie auquel il est affecté comme sous-lieutenant de réserve.

Extrait des Mémoires de Jules Cabouat.

De retour chez moi, je dépose la caisse des tomes de Jules sur mon bureau, et continue l'exploration. Ses écrits m'apportent une aide précieuse. Les lettres de Paul et François sont – par nature – fragmentées, elliptiques, partielles. Leur père, lui, raconte des histoires avec un début et une fin, là où ses fils n'écrivent qu'une ligne parce qu'ils n'ont pas le temps, qu'ils sont épuisés ou qu'ils ont peur d'affoler la famille.

Peu à peu, un dialogue s'installe entre Jules et moi, un dialogue qui dépasse les trois générations qui nous séparent : il guide mon attention vers certaines lettres. Il m'aide à identifier les gens sur les photos. Il replace les événements dans leur contexte. Et tout doucement, je comprends mieux ses Mémoires. On trouve nos marques, Jules et moi, pour travailler ensemble à la conservation de cette mémoire de vie.

Après la lecture de plusieurs tomes, je fais le calcul :

J'ai à ma disposition les vingt-trois tomes des Mémoires de Jules, dont cinq tomes sur chaque fils à la guerre. J'ai sept cent cinquante pages de lettres de Paul et François retrouvées chez ma grand-mère.

C'est le luxe total.

C'est presque trop…

En fait, c'est BEAUCOUP TROP.

Je fixe donc mes priorités et décide de me concentrer sur Paul.

D'abord parce que Paul est mon arrière-grand-père.

Ensuite, parce que Paul est médecin. Or les témoignages de médecins sur la Grande Guerre sont rares : *Sur plus de six mille médecins engagés dans les services de santé, il a été recensé moins de vingt témoignages. Un mutisme qui révèle leur indicible expérience de la violence faite aux soldats*[1].

Je mets donc de côté les lettres de son frère François. Je ne les utiliserai pas dans mon livre. J'ai un petit pincement au cœur en les écartant, parce que je trouve François très attachant. Je repense à une lettre qu'il écrit à sa sœur, Jeannette, le jour de sa première communion, le 30 mai 1915 :

1. Louis Maufrais, *J'étais médecin dans les tranchées : 2 août 1914-14 juillet 1919* (présenté par Martine Veillet), Robert Laffont, 2008.

Ma chère petite sœur, c'est du fond d'une sorte de niche à porc que je ne cesse de songer à toi. Tu dois comprendre comme il m'est pénible de ne pas être à tes côtés un pareil jour. [...] *Sois sûre que toutes mes pensées sont à toi et que je te suis, heure par heure.* [...] *Au revoir, petite chérie. Je suis avec toi de tout cœur et t'embrasse tendrement, ton frère, François.*

Jeannette Cabouat à 11 ans, le jour de sa communion.

Il est touchant, François. Mais je n'ai pas le temps. S'il fallait que j'entreprenne ces recherches pour les cinq hommes de la famille, j'y passerais une vie entière.

Raconter uniquement la vie de mon arrière-grand-père sera déjà un gros boulot. Et je travaille à temps plein, à Bruxelles, dans le secteur des énergies renouvelables. La solution serait de prendre un congé sabbatique de plusieurs mois pour rédiger ce livre.

Autour de moi, on n'est pas franchement emballé par cette idée. Mon père s'inquiète : « Demander un congé sabbatique, c'est dire à ton boss que tu n'es plus motivée. Fais gaffe ! On est en pleine crise économique. C'est important, par les temps qui courent, d'avoir un job. Tu pourrais mener ton projet comme “hobby” ? Rien ne t'empêche de t'y consacrer à côté de ton boulot. »

Mais ce projet est tout sauf un « hobby » : c'est une vague déferlante qui ne me fait pas hésiter. Pas une seconde. Autant j'ai pu – pour d'autres projets – procrastiner, autant là, les choses sont très claires. Je passe donc outre les réserves de mon entourage et décide de demander un congé sabbatique. Cette demande, c'est le point de non-retour, le moment où je jette mon sac de l'autre côté du mur.

Mon boss a quasiment le même âge que moi. Il est allemand. On se retrouve dans un restaurant italien, près de la place du Luxembourg, à Bruxelles. Salle bruyante. Plats délicieux. Bien sûr, on parle des dossiers en cours. À la fin du repas, quand arrivent nos expressos, je lui fais part de ma volonté de prendre un congé sabbatique. Il est surpris, mais ouvert à cette idée. Avant de se prononcer, il souhaite obtenir l'accord du prochain conseil d'administration, qui a lieu dans un mois. En attendant, bien entendu, il me demande de ne rien dire. J'aimerais lui raconter mon projet, mais il m'interrompt : « On n'en parle pas tant qu'on n'a pas l'accord du conseil. »

Le jour du conseil d'administration arrive. La journée passe. J'attends la fin de la réunion. En prétendant travailler, je guette l'arrivée de mon boss du coin de l'œil, derrière mon ordinateur. J'entends le bruit de ses pas. Voilà qu'il arrive. Je fais semblant d'être concentrée sur mon écran. Merde… il a l'air contrarié. Il reste dans son bureau une petite demi-heure. Décidément, je n'arrive pas à travailler aujourd'hui. Soudain, il ouvre la porte et me propose de le rejoindre. Je me dirige vers son bureau, ferme doucement la porte derrière moi et m'assieds en face de lui.

Il lève la tête, me regarde, sourit et dit :
« *You got it.* »

6

De retour chez moi, j'appelle mon père pour lui annoncer la nouvelle. Je me tais et j'attends. Au bout du fil, mon père reste silencieux, puis dit d'une voix profonde : « Finalement, tu fais ce que je n'ai pas osé faire. »

Je commence, quelques jours plus tard, à faire mon *coming-out* et préviens mes proches, collègues et amis, que je quitte Bruxelles pour un congé sabbatique de sept mois.

— Tu pars marcher en Amérique du Sud ?

— Non, ça va plutôt être un voyage dans le temps… Je pars explorer les traces de l'histoire de mon arrière-grand-père pendant la Grande Guerre !

— Et comment tu vas faire pour vivre ?

— Il y a un système en Belgique qui s'appelle le crédit-temps [1]. L'État belge me donne 560 euros par mois pendant la durée du congé sabbatique. Et j'ai mis de l'argent de côté.

Quand j'évoque mon projet, les gens m'écoutent puis, spontanément, se mettent à partager leur histoire familiale. Qu'ils soient allemands, anglais ou néerlandais, les récits s'enchaînent. Comme celui de ce grand-père britannique aviateur qui a pris, pendant la Seconde Guerre mondiale, des

1. En 2017, la possibilité de prendre un crédit-temps « sans motif » sera supprimée.

photos aériennes du Havre la veille de son bombardement. Ou ce grand-père allemand, soldat en poste à Bordeaux sous l'Occupation : Bordeaux, la ville de mes études…

C'est toute l'histoire de l'Europe qui se raconte, un passé entremêlé pour le meilleur et pour le pire, une histoire dont on ne parle jamais entre collègues. On a beau travailler ensemble tous les jours, il ne viendrait à l'idée de personne d'échanger sur ce que nos grands-parents ont fait pendant la guerre.

Ce n'est pas tabou. On n'y pense pas. C'est tout. C'est peut-être ça, d'ailleurs, la grandeur du projet européen, pouvoir travailler ensemble et dire : « On n'y pense pas, c'est tout. »

L'annonce du sujet de mon congé sabbatique fait réagir les gens et les renvoie à leur propre histoire. J'entrevois certaines personnes sous un jour différent. Je me souviens de cette jeune femme rencontrée lors d'un cocktail et dont le père était médecin pendant la guerre en Bosnie. Elle raconte le jour où, petite fille, elle a été emmenée par sa mère loin des conflits. Son père, lui, devait rester soigner les victimes des bombardements. À travers la fenêtre du bus, elle dit au revoir à son père. Le bus s'éloigne et le visage de son père se tord. Déchirement. Pleurs. Autour de nous, les gens rient. Elle et moi, on est dans un bus en Bosnie. Et on regarde un homme pleurer sur le bord du chemin.

Je me rappelle aussi cet Autrichien rencontré lors d'une conférence : nous faisons partie du même panel d'orateurs. Il me révèle avoir découvert que son grand-père était criminel de guerre. Le commando de son aïeul a exécuté en Ukraine six mille Juifs pendant la Seconde Guerre mondiale. Il déballe tout, comme pour se décharger d'un secret trop lourd : les preuves sans cesse vérifiées, le choc, le dégoût, la solitude qu'il a ressentie quand il a partagé cette histoire avec sa famille. Je me souviens du frisson qui me parcourt l'échine à ce moment-là. Que vais-je découvrir dans les lettres de Paul ?

Je me souviens enfin de cet Allemand qui travaille pour le ministère de l'Économie et qui affirme : « Je ne sais pas ce que mon grand-père a fait pendant la Seconde Guerre mondiale et je ne veux pas le savoir ! » Il était si péremptoire que je me suis tout de suite dit que moi, j'aimerais bien le savoir !

Quelques mois plus tard, ma remplaçante est trouvée : Isabel travaille dans l'association portugaise des énergies renouvelables. Elle viendra à Bruxelles au moment où je partirai pour Paris. Elle a également besoin d'un appartement, alors je lui confie tout : mon job, mon appart… C'est *Vis ma vie* !

Je lâche tout, je délègue tout. J'emporte mon ordinateur portable, ma guitare, des fringues et quelques livres.

Une dernière recommandation à Isabel : « Tu feras gaffe à mes plantes, hein ? »

Isabel a commencé à mettre ses photos au mur.

Mon appartement est le sien pour les sept prochains mois.

Il est temps que je parte.

J'entre dans cette nouvelle phase de vie sans me retourner.

PAUL

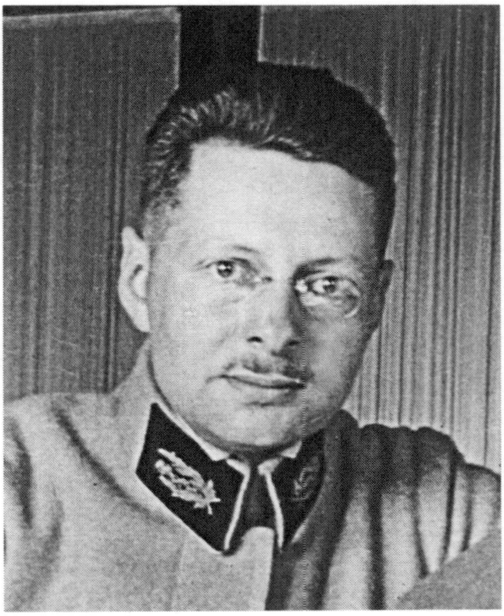

1

Août 1914, Caen.

Paul a 26 ans. Il est étudiant en médecine et rêve de devenir chirurgien. Mais à ses yeux, ce serait lâche de devenir médecin, tel un *semi-embusqué de non-combattant, dans une guerre que tout le monde imagine rapide.* Alors, Paul s'engage comme soldat.

Parti dans l'enthousiasme, il déchante très vite, dès sa première lettre du 22 août 1914 :

L'après-midi : « rang de taille ». C'est une sinistre comédie qui consiste à former le carré, faire une série d'appels et de contre-appels, essayer de compter les présents, les aptes à faire campagne et les inaptes. Le tout pendant plus de deux heures, sans résultat appréciable et sous un soleil de plomb. Paul envisage assez vite de se présenter aux médecins, *car cette vie de cantonnement et de « rang de taille » n'a rien de charmant. Et quel milieu ! Ivrognes, gros, mous, indisciplinés, bêtes et jouisseurs !*

Après les combats, Paul s'occupe des blessés. Quand son supérieur, le capitaine Vibratte, apprend que Paul est en cinquième année de médecine, il décrète que sa place n'est pas ici, et propose sa nomination comme médecin. Paul devient alors médecin auxiliaire. *Ma renommée de chirurgien consommé s'étend sur deux sections, car j'ai déjà percé des ampoules et ouvert un durillon,* ironise-t-il au début de la guerre.

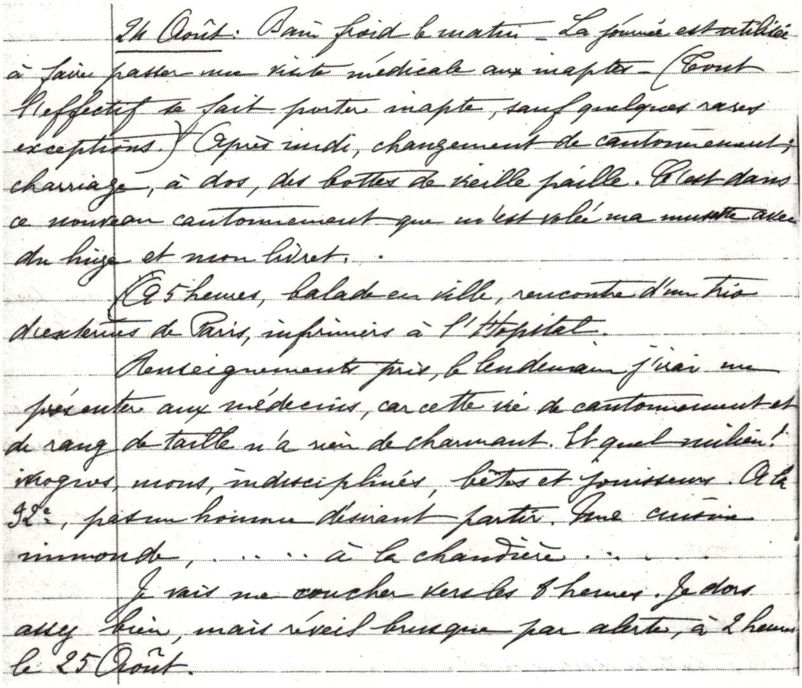

24 Août : Bain froid le matin. La journée est utilisée à faire passer une visite médicale aux inaptes (Tout l'effectif se fait porter inapte, sauf quelques rares exceptions.) Après midi, changement de cantonnement ; charriage, à dos, des bottes de vieille paille. C'est dans ce nouveau cantonnement que m'est volée ma musette avec du linge et mon livret.

À 5 heures, balade en ville, rencontre d'un trio d'externes de Paris, infirmiers à l'Hôpital.

Renseignements pris, le lendemain j'irai me présenter aux médecins, car cette vie de cantonnement et de rang de taille n'a rien de charmant. Et quel milieu ! ivrognes, mous, indisciplinés, bêtes et jouisseurs. À la 32e, pas un homme désirant partir. Une cuisine immonde, ... à la chaudière ....

Je vais me coucher vers les 8 heures. Je dors assez bien, mais réveil brusque par alerte, à 2 heures le 25 Août.

Lettre de Paul Cabouat, 24 août 1914.

Peu à peu, Paul découvre son rôle de médecin. Il met longtemps à en parler, et le fait uniquement sur demande de ses parents. Il écrit, le 13 décembre 1915 :

Mon rôle consiste non seulement à panser les blessés, mais, malheureusement, surtout à les relever. Théoriquement, ce sont les brancardiers qui en sont chargés, mais c'est une telle bande de froussards qu'il faut se mettre devant eux pour qu'ils marchent, sans quoi, ils se couchent au premier fossé, et ne reviennent parfois qu'au bout de plusieurs heures, pour peu qu'ils aient entendu siffler une simple balle. Ce métier de brancardier est d'ailleurs exténuant quand on veut faire du bon ouvrage.

Une fois relevés sur le champ de bataille, les blessés sont amenés au poste de secours. Ils sont pansés ou munis d'appareil de fortune en cas de fracture, puis évacués en fonction de la gravité de la blessure :

Blessure très grave : Sainte-Menehould (proche de la ligne de front)

Blessure grave : Bar-le-Duc ou Saint-Dizier

Blessure permettant un transport prolongé : Direction Dijon, Clermont, Vichy ou plus loin jusqu'à Montpellier.

Les brancardiers doivent transporter les blessés sous le feu ennemi. Paul exige d'avoir des brancards montés sur roues, mais sa demande est refusée. Qu'à cela ne tienne ! Il combine, écrit-il à son frère Jean, *un châssis avec roues de bicyclette pour rouler un brancard. Mais le plus difficile à trouver, ce sont les roues de bicyclette ; c'est pourquoi je t'ai demandé d'en mendier. En tout cas, tu pourras facilement obtenir (ou alors il n'y aurait pas de Bon Dieu) des boulons à ailettes et des marchepieds et m'en envoyer. Pour un commerçant* [...], *ça n'a aucune valeur ; et pour moi, cela vaudrait de l'or.*

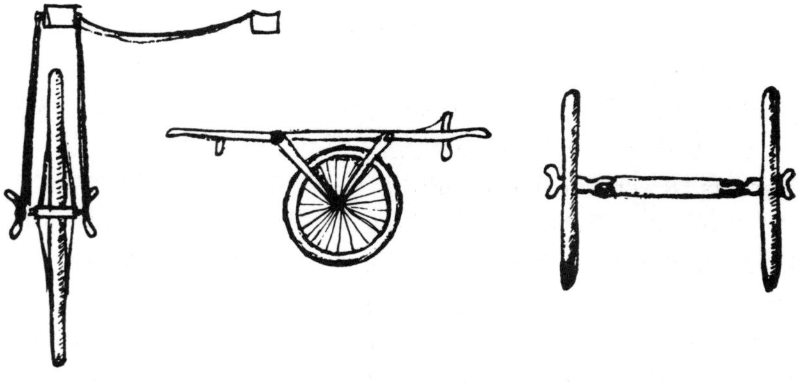

Concept de brouette-brancard dessiné par Paul Cabouat.

Quelques mois plus tôt, il lui avait déjà demandé *une chose très importante qu'[il] n'arrive pas à [se] procurer, une bonne lampe électrique de poche, plate, avec quatre piles de recharge, indispensable pour la recherche de blessés la nuit.*

Poste de secours régimentaire à l'arrière des lignes en 1915.
Photo de Paul Cabouat.

Paul ne parle quasiment jamais de ses blessés. Il évoque une fois, une seule, un homme touché au ventre. Les blessures abdominales sont particulières parce qu'elles touchent des organes vitaux. Une circulaire exige des médecins qu'ils n'opèrent pas ce type de blessés. On les laisse mourir. Paul, à ce moment-là, est sous les ordres d'un médecin qu'il ne supporte pas, Trassagnac. Cette fois, il s'étend un peu plus longuement sur ce *sergent qui avait reçu un éclat d'obus dans le ventre et dont l'intestin sortait du ventre ; j'aurais bien eu l'envie de l'opérer, mais je n'avais rien et je lui fis un peu de morphine. C'est ce soir-là, qu'ayant employé tout ce que j'avais de pansement, j'en demandai à Trassagnac qui eut le front de me faire répondre que je n'avais qu'à ne pas les employer pour les hommes des autres régiments*. Finalement, les médecins d'un autre régiment lui fournissent du matériel : Paul coud au sergent *un anus contre nature. Le malheureux supporte le tout très bien. C'était un peu osé de tenter le coup, car c'est un principe qu'on ne doit pas opérer. Aussi, je ne l'ai jamais dit à Trassagnac. Le sergent mourut le lendemain, tout doucement.* [...] *Et quelques jours après, vint une circulaire disant que, dans certaines circonstances, on pouvait tenter le coup.*

Hôpital de campagne. On distingue les malades à côté d'infirmières. Photo de Paul Cabouat.

Paul fait aussi la liste des tâches qu'il effectue et qui sont, plus ou moins, liées à son statut de médecin :

Établissement de W.-C. à la fois pratiques, solides et propres.

Il a fallu lutter même avec le médecin-major qui tenait à la feuillée[1] *réglementaire longue et étroite. C'était parfait au cantonnement, mais ici la feuillée est vite comblée.* [...] *Nous faisons maintenant des fosses de 2 mètres et plus de profondeur, couvertes de planches et avec un couvercle à charnières.*

Et la question de l'eau ! Elle m'a fait maigrir. Choisir l'emplacement des puits, les faire creuser, boiser, couvrir, établir des pompes, mais surtout se procurer des pompes et des planches, soit

1. *On appelle « feuillées » les petites tranchées qui nous servent de W.-C.*, écrit Paul le 19 février 1915.

en allant faire des bassesses au génie, soit en allant simplement les subtiliser au village voisin [...].

Et les fosses à détritus ! Et les fours crématoires également pour les détritus ! Et les garde-manger en toile métallique !

Tout cela, c'est le côté hygiène. Mais les blessés ? Et leur évacuation ? Faire rectifier et élargir les boyaux trop étroits, assez pour qu'un brancard passe, pas trop pour que le boyau reste sûr.

Soutenir les luttes pour avoir des corvées, et puis dès qu'un médecin se mêle des boyaux, il va sûrement les démolir, donc méfiance du commandement...

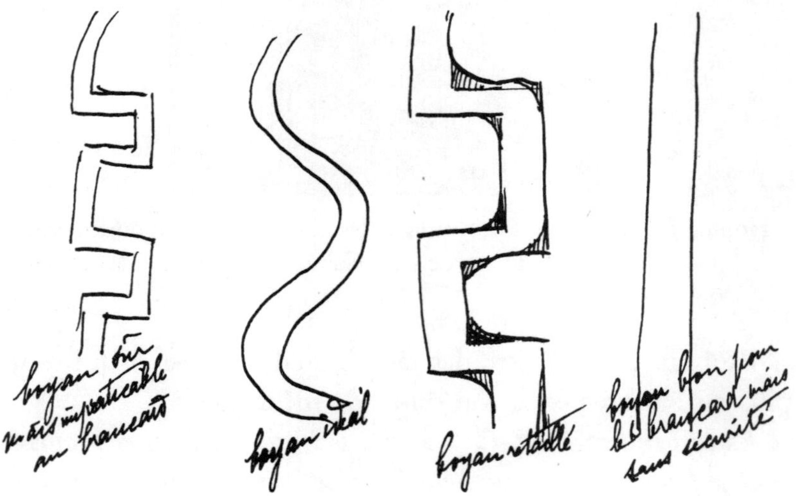

Schéma de Paul Cabouat sur le transport des blessés dans les tranchées. De gauche à droite : « boyau sûr, mais impraticable au brancard », « boyau idéal », « boyau retaillé », « boyau bon pour le brancard, mais sans sécurité ».

Paul conclut :

Encore un an de guerre, et je serai mûr pour faire un agriculteur, un directeur d'exploitation, un entrepreneur, un vidangeur, un officier même, mais sûrement pas un chirurgien !

2

Voilà, en deux ans et plus de cent cinquante lettres, c'est tout ce que Paul a écrit sur son job de médecin !

Impressionnant !

Alors certes, Paul parle parfois de ces blessés pansés en plein soleil au milieu des mouches, de ces ambulanciers qui oublient de lui rendre son brancard, ou de ces soldats qui partent sans prévenir médecins et blessés que les Allemands sont à la porte du village. Certes, il s'énerve aussi contre sa hiérarchie, surtout contre le médecin-major Trassagnac, *la plus odieuse brute que la terre ait portée* et contre son sergent brancardier, une *brute fieffée, ancien colonial.*

Mais c'est tout.

Silence radio sur le reste.

Pourtant, Paul a dû être confronté à des blessures atroces. Il n'y fait jamais allusion. Il n'évoque pas non plus ses états d'âme. C'est son frère François qui se livre le plus : *L'autre jour, quand j'ai dû aider à faire quelques pansements, cela m'a été pénible. Ils étaient à la tête et le sang mêlé à la chair en bouillie m'a vraiment impressionné.* [...] *Presque tous étaient touchés à la tête.* Il n'est jamais question d'amputations dans les lettres de Paul. Et pourtant, il a bien dû en faire quelques-unes en quatre ans de guerre ! La seule fois où il parle d'amputation, c'est en relation avec la guerre de… 1870 ! Il reçoit la visite d'un vieux général qui lui raconte comment les Allemands lui ont « sauvé le bras » quarante ans plus tôt : *Les médecins (français) allaient lui couper le bras, quand les Allemands sont entrés par les fenêtres. Les médecins prirent immédiatement la tangente.*

Toutefois, les carnets de Paul sont parsemés de dessins et de schémas qui témoignent de sa vie et de son quotidien à ce moment-là, comme ce croquis d'un soldat en marche.

« Dans la Meuse, août 1914 », dessin de Paul Cabouat.

Il y a aussi le schéma d'un abri pour blessés construit *en utilisant une cave que nous avons liée à l'air libre par une longue rampe en galerie assez large pour y porter à deux un brancard.* […] *À l'intérieur, on a monté un poêle dont le tuyau suit l'escalier. La porte de l'escalier n'est bouchée qu'avec des planches. Elle ne sert que d'issue de secours.*

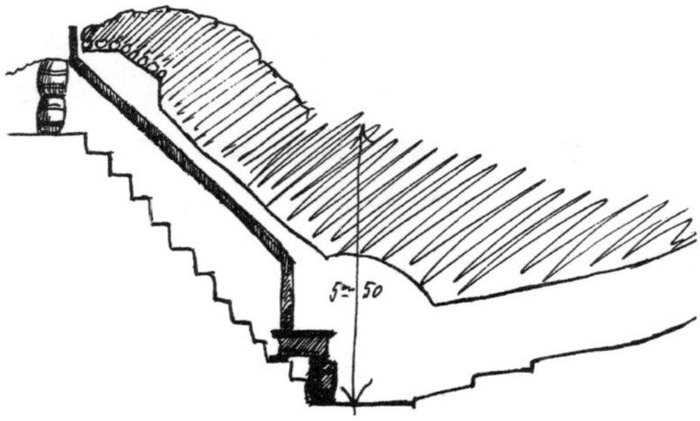

Schéma de Paul Cabouat représentant l'abri pour blessés.

Dans la cave, on a encore creusé des niches et une galerie latérale garnie de matelas, de telle sorte qu'on pourrait y coucher facilement à six. L'entrée de la tranchée vient juste derrière la porte de l'infirmerie, de telle sorte qu'en cas de bombardement, tout le monde est en bas en quelques instants.

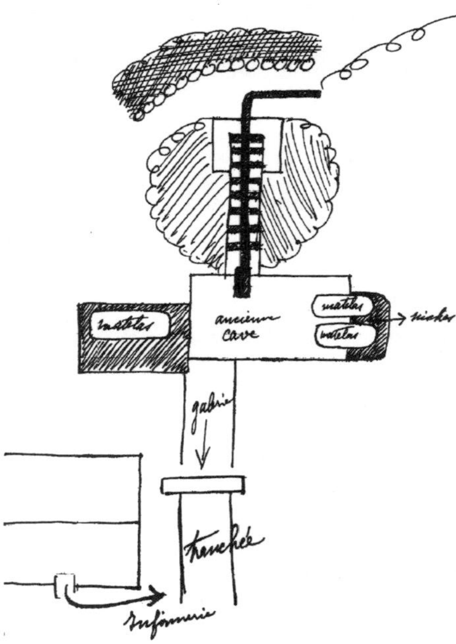

L'abri vu du dessus.

Je trouve aussi des caricatures. Paul, apparemment, envoyait régulièrement ce genre de dessins à sa famille :

Je suis bien content de vous avoir fait rire avec mon schéma de la Meuse. Que diriez-vous dans quelques jours de mon schéma « Campagne dans la boue » !

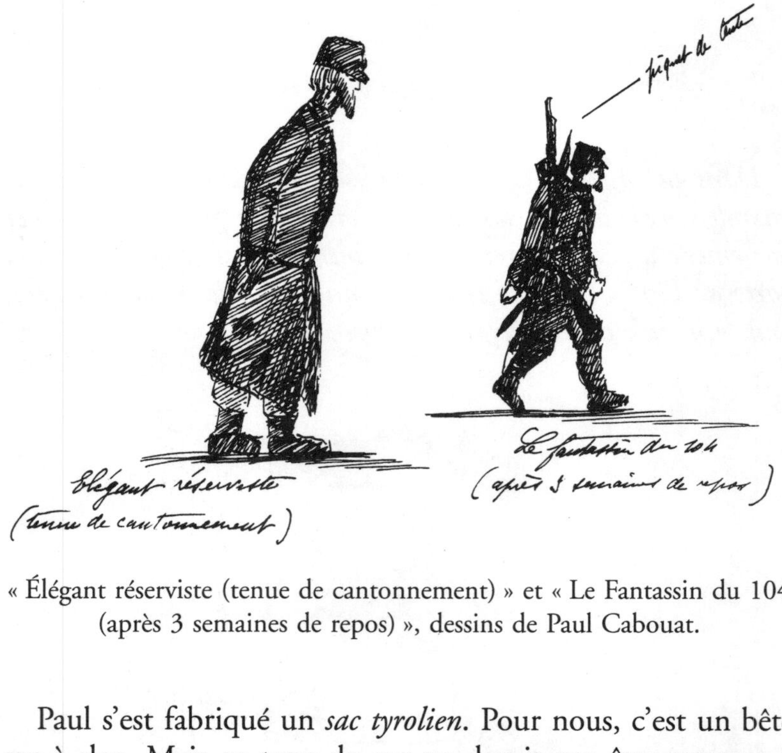

« Élégant réserviste (tenue de cantonnement) » et « Le Fantassin du 104 (après 3 semaines de repos) », dessins de Paul Cabouat.

Paul s'est fabriqué un *sac tyrolien*. Pour nous, c'est un bête sac à dos. Mais ce type de sac ne devait pas être courant à l'époque, vu que Paul lui consacre pas moins de trois pages et tout un tas de schémas décrivant les courroies d'attaches, les poches et les coutures.

Son chargement pèse maintenant vingt-cinq kilos. Comme il le dit lui-même : *Dans la boue, c'est dur.*

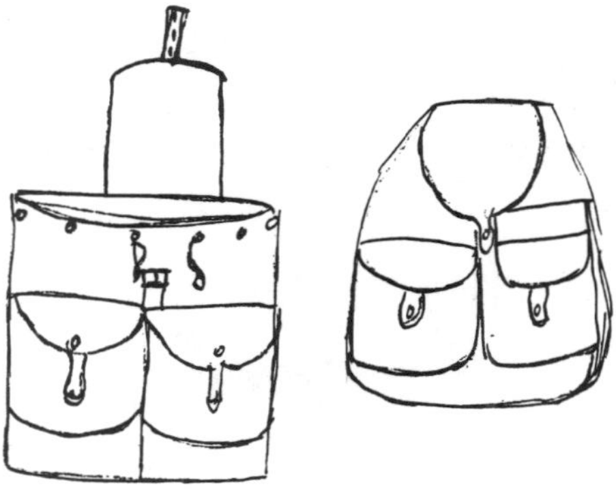

Le « sac tyrolien » de Paul Cabouat, le 28 mars 1915.

Paul dessine aussi *son équipement qui se modifie dans le sens tranchée* :

Équipement de Paul Cabouat vu de face et de dos. On voit l'appareil photo, les jumelles et le pistolet (de face) et la pelle-pioche (de dos).

Sa seule coquetterie ? « Un képi bleu horizon ravissant » qu'il s'est fabriqué :

Schéma du « képi bleu horizon ravissant » fait par Paul.

Coquetterie pour coquetterie, Paul réagit quand même à certaines remarques de sa mère :

Ma chère Maman,

Merci pour ta bonne lettre à laquelle je réponds d'urgence. Elle me prouve qu'en France, on ne se figure décidément pas du tout ce que c'est que la guerre ! Tu me dis que je ne peux pas porter un pantalon bleu gris avec une vareuse bleu clair !! [...] *J'ai une tenue, une et indivisible, que je ne quitte, ni de nuit, ni de jour !*

Paul s'amuse aussi des transcriptions phonétiques allemandes de mots français retrouvées dans un *petit poste boche* [...] *en furetant dans les bois.* Il écrit à son frère, Jean :

Je livre à ton ingéniosité l'orthographe fantastique que donnera la prononciation (!) Tu m'enverras tes solutions :
Poänghareh
Walangzienn
Werdäng (nicht Ferdün !)
Wersai
Witrilöhfrangzzoh [1].

1. Poincaré, Valenciennes, Verdun, Versailles, Vitry-le-François.

Je trouve aussi des dessins poignants, comme cet instantané intitulé : « En attendant la nuit. »

Dessin d'un camarade de Paul reproduit dans ses carnets.

Enfin, il y a un dernier dessin. C'est le plus mal fait.

On sent que celui qui l'a dessiné a du mal à représenter les volumes et les perspectives. Et pour cause ! C'est un croquis fait par un soldat parti au combat, baïonnette à la main, et qui a dû rester plusieurs heures dans un trou de marmite du *no man's land* sous les bombardements.

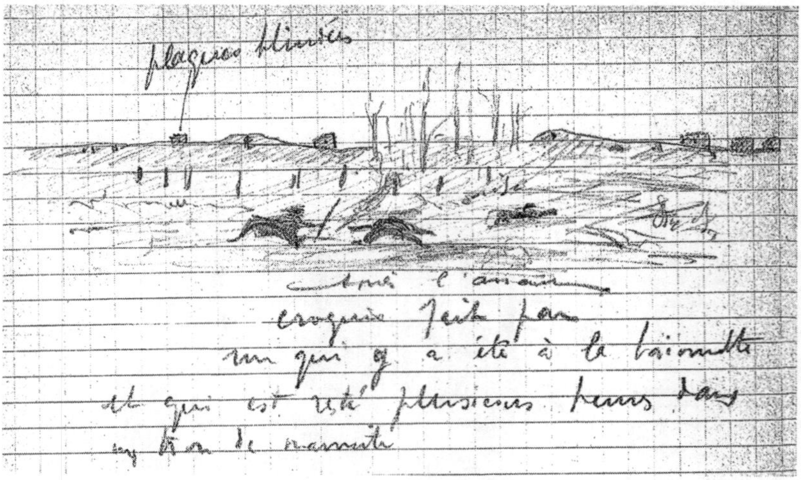

Dessin d'un camarade de Paul reproduit dans ses carnets.

Ce dessin, c'est la solitude d'un homme qui se demande comment il va pouvoir s'en sortir…

3

Août 2013, Paris.

C'est l'été. Je profite de mon congé sabbatique pour revoir les amis parisiens. La conversation tourne souvent autour de mon projet. Au restau japonais, un ami demande :

— Alors, il paraît que tu écris ?

— Oui, j'ai retrouvé les lettres de mon arrière-grand-père, qui était médecin pendant la Grande Guerre.

— Elles sont exploitables, ces lettres ?

— Excusez-moi de vous interrompre, les menus sushis, c'est ici ?

— Oui, merci.

Mon ami se penche vers moi :

— Elles sont publiables, ces lettres ?

— En fait, c'est pas évident... Paul parle finalement assez peu de son expérience de médecin. Ou alors, quand il dit un truc vraiment intéressant et controversé, il ne creuse pas. Il écrit, par exemple, cette phrase *mûrement pesée* : *Dans cette guerre, les médecins auront été en dessous de tout. Je suis honteux d'être médecin.* Et il s'arrête là. Il a, comme ça, plusieurs phrases lapidaires : *Tu me parles de la déperdition des forces. Je t'en raconterai de très raides à ce sujet : nous ne méritons pas la victoire.* NOUS NE MÉRITONS PAS LA VICTOIRE ! C'est quand même fort d'écrire ça ! Et il n'ajoute rien...

Silence.

— Alors, tu vois, j'avais pensé explorer ces lettres en me centrant sur le point de vue d'un médecin, mais je me rends compte que, au fond, il parle assez peu de son travail. Et ça commence à m'inquiéter. J'ai pris sept mois de congé sabbatique pour écrire sur le témoignage d'un médecin. Je me demande si je ne me suis pas emballée un peu vite…

— Tu pourrais toujours faire de la plongée en mer Rouge !

— …

— Non, j'déconne ! Ne t'inquiète pas, continue de chercher. Je suis sûr que tu vas trouver quelque chose à te mettre sous la dent ! Sinon… Ben, sinon, tu me dis et on part faire de la plongée en mer Rouge !

— …

— Je déconne, je te dis !

De retour chez moi, je me replonge dans les lettres. Je vais bien réussir à trouver d'autres éléments !

Ah… là… Il y a un schéma !

Lors des grandes marches du début de la guerre, les soldats ont tellement souffert de la soif qu'ils ont bu l'eau des mares. Résultat : de nombreux cas de typhoïdes sont apparus. *Nous allons avoir à faire de la vaccination anti-typhoïdique en masse. Pourvu que ça réussisse ! Au lieu d'organiser des équipes volantes expérimentées et munies de tout le matériel nécessaire, on va charger de la besogne les services régimentaires, inexpérimentés et avec un matériel sûrement insuffisant ; tant pis, on se débrouillera comme on pourra.* En mars 1915, Paul affirme avoir vacciné plus de mille hommes. Il dessine une séance de vaccination.

Sur le dos d'un homme, un « carré de teinture d'iode » indique la cible de « la fatale seringue ».

Paul met en légende : *Tête inquiète du type piqué qui cherche à voir dans son dos !* Il ajoute : *Maman sera bien embêtée pour recopier mes schémas cette fois-ci.*

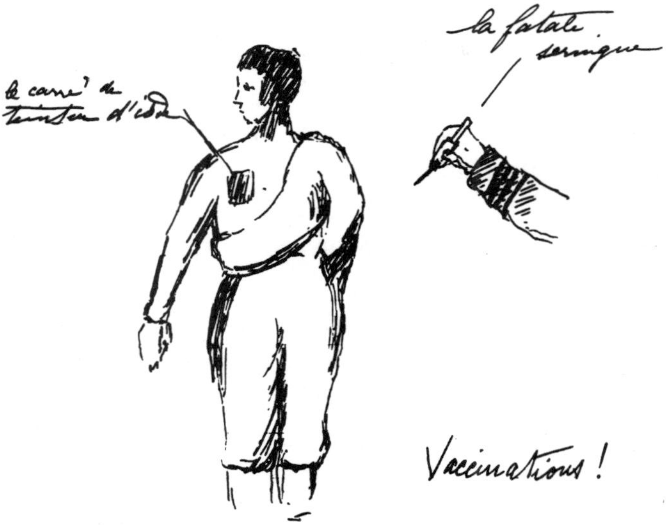

« Vaccinations ! », dessin de Paul Cabouat.

À l'époque, la vaccination anti-typhoïdique est plus qu'un mauvais moment à passer. Paul raconte à sa mère sa propre expérience :

Je me suis fait vacciner hier pour la seconde fois et même pour te faire plaisir, je ne recommencerai pas une troisième : [...] *j'ai vomi des glaires puis de la bile et j'ai eu une diarrhée très vilaine, liquide et sanguinolente à la fois avec des grumeaux* [...]. *Ce sont des coups à me détraquer l'intestin pendant un mois.*

Le téléphone sonne. J'attrape mon portable sur le lit. C'est mon oncle :

— Lucie, l'album photo de Paul sur la Grande Guerre, ça t'intéresse ?

— Tu penses !

— Alors je passe chez toi demain. M'est d'avis que ce que je tiens dans les mains va te plaire !

Le lendemain, mon oncle sonne à la porte, apportant un album cartonné marronnasse, typique de nos albums familiaux.

Je regarde tout de suite les dates de l'album photo : 1917-1918. Je me tourne alors vers mon oncle et soupire : « J'ai les lettres de Paul de 1914 à 1916, et maintenant ses photos de 1917 à 1918… Super ! » Mon oncle éclate de rire et me donne une tape sur l'épaule : « La vie est mal faite ! »

J'ouvre l'album avec précaution. Sur chaque page, il y a de minuscules photos en noir et blanc, certaines ne font pas plus de 4 cm sur 6 ! Je me penche, mais les photos sont trop petites ou trop sombres et je ne vois rien. Je les scanne alors en très haute résolution, ce qui me permet de les voir en grand format sur ordinateur. J'augmente la luminosité et les contrastes. Et là, tout doucement, comme par magie, la photo apparaît.

Je sais que ces photos comptent beaucoup pour Paul. Il en parle régulièrement dans ses lettres : *Il faudrait faire développer les plaques par Bürger* [1]*, mais lui expliquer personnellement que ce sont des clichés uniques, pris sous les obus aux environs de Noyon, le premier jour de la bataille de l'Aisne, que j'ai fait des folies pour les prendre et qu'il faut les soigner aux petits oignons. J'y tiens énormément !*

C'est à son plus jeune frère, Jean, que Paul confie les pellicules à développer : *Les petites photos que Jean a tirées sont bien meilleures que les agrandissements, et en stéréo elles ne doivent pas être trop mauvaises ; en particulier, le cadavre me semble assez réussi ; je ne me rappelle plus sa blessure, n'était-il pas étripé ?*

1. Bürger devait être le photographe de la famille.

« Verdun, août 1917 », album photo de Paul Cabouat.

Sur certains clichés, Paul met en garde le petit Jean : *Ne te fais pas la main sur mes clichés, tu ne te figures pas sûrement ce qu'ils m'ont coûté de peines.*

En 1915, Jean vit avec la famille à la maison, ce qui lui permet de développer ces photos. Son père se souvient : *Impatient de suivre les traces de ses frères, Jean brûlait de contracter, lui aussi,* [...] *un engagement volontaire pour la durée de la guerre.* [Mais] *encore bien jeune, 17 ans à peine, et sa santé ayant alors besoin de ménagement, c'eût été de notre part une insigne folie que de céder à ses supplications.*

Les photos de Paul développées grâce à Jean sont une source inestimable d'information, pour qui sait les comprendre.

Je décide de contacter un expert de la Première Guerre mondiale pour m'aider à les déchiffrer. Jean-Pierre Verney a conseillé le dessinateur de bande dessinée Tardi, dont la Grande Guerre est le thème de prédilection, pour que ses illustrations soient les plus réalistes possible. Verney a une approche très visuelle de la Première Guerre mondiale. Je trouve ses coordonnées dans les pages blanches et appelle à tout hasard. Il accepte de me rencontrer entre deux meetings avec le chef d'état-major des armées et le secrétaire d'État chargé des anciens combattants. On se donne rendez-vous dans un café à Paris. Une fois les présentations faites, je lui montre les photos de Paul agrandies et éclaircies sur mon ordinateur. Il se penche pour les regarder :

« Vous voyez, ce prisonnier allemand debout au centre de la photo ? Il porte une boîte à masque à gaz. »

« Là, non, ce n'est pas une mitraillette, c'est un projecteur pour illuminer l'avion ou le zeppelin sur lequel on va tirer. »

« Là, on a installé une voie ferrée pour emmener blessés et munitions. »

« Il y avait pas mal d'animaux dans les tranchées. Ce petit chien, qui amuse la galerie, devait sans doute aider à repérer les gaz. »

« Les camouflages pour les chars ! L'armée française a commencé à utiliser des chars en 1917. Cette photo a dû être prise à la fin de la guerre. »

« Ici, bien sûr, ce sont des prisonniers allemands. On les reconnaît au casque ! »

— Et là, qu'est-ce qu'il fait ? demande Jean-Pierre Verney.
Cette fois, c'est moi qui ai la réponse :
— Des repères topographiques.

Verney se penche pour regarder de plus près :

— Vous avez raison. C'est bien ça.

— Mon arrière-grand-père Paul a fait des cartes pendant la guerre.

— C'est bizarre, ça… Comment s'est-il retrouvé à faire des cartes pendant la Grande Guerre ? Ce n'était pas son job…

— Il y a beaucoup de choses que Paul a faites et qui n'étaient pas son métier !

Cela dit, c'est une bonne question : comment Paul s'est-il retrouvé à faire des relevés topographiques ? De retour à la maison, je me plonge dans les lettres pour repérer les premiers moments où il évoque la topographie. Ça commence en mars 1915. Paul raconte ses difficultés à débarquer dans une tranchée inconnue : *J'avais à la main carte, jumelles et boussole. Personne pour nous renseigner ; tout le monde était nouveau, comme moi. Il y avait, en particulier, un poste de secours, établi à la côte 200, dans un abri blindé que personne ne connaissait, et que j'ai fini par trouver après une demi-journée de recherches dans les boyaux, tantôt dans la boue jusqu'au ventre, tantôt à quatre pattes sous les balles !* […] *Il y a une tranchée dont je n'ai jamais pu savoir si elle était allemande ou française, et on se promenait devant bien en vue.*

Soldat qui court tête baissée. Photo de Paul Cabouat.

Les cartes de l'avant-guerre ne valent plus rien : *Des chemins marqués sur la carte, il n'y a plus aucun vestige. Des petits bois, d'ailleurs nullement conformes à la carte, rien que quelques manches à balai. Tout est fauché par les obus* [...]. *Donc plaine rase, coupée de traînées blanches, lesquelles sont à nous ? Lesquelles aux Boches ? Il faut lorgner longtemps avant de le savoir. On finit par apercevoir un bras, un képi. On reconnaît surtout nos tranchées aux marmites* [obus allemands] *qui y tombent, les leurs aux 75* [obus français] *qui y arrivent.* [...] *Les progrès sont marqués par des lignes de cadavres.* Les artilleurs calibrent leurs tirs à 20-30 km de distance, en fonction des cartes qu'ils ont.

Alors, en avril 1915, *comme il n'y a rien à faire dans le secteur,* écrit Paul, *je me distrais comme je peux.* [...] *Je relève au topo les secteurs dont les bois sont très mal figurés sur la carte au 1/80 000 ; j'ai dû construire un appareil exprès avec des boîtes de conserve et des boîtes à cigares et jusqu'à une chaîne d'arpenteur...*

On reconnaît bien là le côté MacGyver de Paul ! Une boîte de conserve, une boîte à cigares et le tour est joué !

4

Septembre 2013, Paris.

Je viens de terminer la bande dessinée *La Guerre d'Alan* d'Emmanuel Guibert. En lisant cette BD, je vois Paul prendre vie aux couleurs de ces dessins. Et si je faisais une BD ?

Le soir venu, je rejoins un ami de mon frère pour un café. J'évoque la BD d'Emmanuel Guibert. Il s'exclame : « Tu sais qu'une de mes amies le connaît ? Tu veux que j'essaye de vous mettre en contact ? » Là, petit choc : je prends conscience que je suis à deux poignées de main d'Emmanuel Guibert !

Quelques semaines plus tard, j'ai rendez-vous avec lui devant le Jardin des Plantes.

Mon objectif : lui demander d'illustrer l'histoire de ma famille.

Sachant qu'à ce moment-là je n'ai pas encore écrit une ligne.

Et que je n'ai jamais rien écrit de ma vie, à part une brochure en anglais sur le futur des énergies renouvelables dans l'Union européenne.

Emmanuel Guibert, lui, a vu son livre primé au Festival d'Angoulême.

On se retrouve à l'entrée du parc. C'est la fin de l'été. Les enfants courent dans tous les sens, remuant des nuages de poussière.

Emmanuel m'écoute raconter l'histoire de ma famille. C'est d'ailleurs déconcertant. Jusqu'ici, les gens célèbres que j'ai croisés se sont toujours écoutés *eux-mêmes*. Emmanuel, lui, se tait.

Je suis prise de court, à la fois flattée et incrédule de m'entendre lui parler de mon arrière-grand-père. En même temps, je me pose la question : est-ce bon signe… ?

À la fin du monologue, je le regarde droit dans les yeux et lui demande s'il accepterait d'illustrer l'histoire de ma famille.

Emmanuel répond : « Vous savez, je n'écris que pour et sur mes amis : *La Guerre d'Alan*, c'était pour Alan, *Le Photographe*, c'était pour Lefèvre… »

J'ai la réaction un peu gênée de celle qui vient de se prendre un vent, et je réponds un peu trop rapidement : « Bien sûr, je comprends ! »

J'ai une légère envie de fuir. Pas Emmanuel.

On s'assied à la terrasse d'un café.

— Vous avez commencé à écrire ?

— Non.

— Eh bien, ce moment que vous redoutez tant, il faut le vivre. Peut-être que vous ferez de cette histoire une bande dessinée, un photoreportage, un site Web, un film ! C'est quand on fait, qu'on sait.

Et là, Emmanuel me dit ces mots qui me suivront tout au long de mon aventure :

— Pour mener à bien votre projet, il faudra avoir le feu sacré. Vous aurez les chocottes tout le temps. Tous les auteurs confirmés ont peur. Et ça a tendance à augmenter avec l'âge. Faire un livre, c'est se poser sans arrêt des questions. Ça fait partie du package. L'écriture va questionner la partie de vous que vous assumez le moins. Vous devez être amoureuse de votre histoire, de vos personnages. Sinon, vous n'aurez pas la force d'aller jusqu'au bout. C'est un projet qui va vous offrir de grands moments d'exaltation. Il va vous permettre de tutoyer des choses essentielles. C'est un projet qui va vous permettre d'aller à la rencontre de votre arrière-grand-père mort, d'aller à la rencontre de lui vivant. C'est un projet qui va vous amener à rencontrer des gens que vous n'auriez jamais croisés et qui vont se mettre en quatre pour vous aider à réussir ce rendez-vous. C'est un projet qui va vous permettre d'aller à la rencontre de vous-même. Parce que si vous faites ce livre, c'est que vous vous êtes posé la question de savoir ce que vous auriez fait à la place de votre arrière-grand-père. Eh bien, vous allez le savoir !

Parce que, vous aussi, vous allez vous perdre dans les tranchées !

Vous aussi, vous allez vous retrouver à patouiller dans des organes !

Et ce jour-là, vous voudrez être à la hauteur des responsabilités que vous vous imposez.

Et il termine par ces mots :

— Dansez avec vos peurs, Lucie. Je vous sens bien partie.

5

Septembre 2013, Paris.

Je retrouve mon parrain pour déjeuner au restaurant. Il m'accueille, les yeux pétillants.

— Alors, ma p'tite filleule, comment vas-tu ?

— Ça va. Je suis contente de te voir.

— Il paraît que tu es à fond dans ton projet sur Paul. Il va falloir que tu me racontes tout ça ! Tu sais que je l'ai bien connu ?

— Oui. D'ailleurs, je t'ai apporté un carnet de lettres pour que tu puisses y jeter un coup d'œil !

— Génial, montre-moi ça.

Je tends les lettres photocopiées à travers la table, en prenant garde de ne pas renverser les verres à vin.

Mon parrain sort ses lunettes. Il feuillette le carnet au hasard et commence à lire.

Son visage devient grave.

Silence.

Je me tords le cou pour voir la page qu'il a choisie.

— Qu'est-ce que tu lis ?

Mon parrain lève les yeux, choqué. Il lit à haute voix :

— *Que veut dire Papa en nous conseillant de faire attention ? Je n'ai pas bien compris. Je suis là pour détruire des Boches, et accessoirement pour assurer le service de santé.*

Hier, le texte de la Convention de Genève m'est tombé sous les yeux ; c'est bien amusant à lire en ce moment, en particulier le chapitre relatif à l'emploi des gaz asphyxiants ou « délétères ». D'ailleurs, il y a longtemps qu'on a admis le principe de passer à la baïonnette tous les blessés qu'on trouve dans les tranchées, ainsi que les hommes sans blessures. Cela vaut beaucoup mieux à beaucoup d'égards. On se met ainsi à l'abri de surprises pénibles. Pourtant, on fait de temps à autre quelques prisonniers quand on n'a pas le courage de les zigouiller tous. Entre Souain et Perthes [1]*, une compagnie du 190*e *régiment en a nettoyé ainsi quatre-vingts (il est vrai qu'ils avaient tiré après s'être rendus). Il ne faut pas s'amuser à faire des sentiments avec ces gens-là : l'idéal allemand est admirablement personnifié par le 420* [canon allemand de 420 mm de diamètre], *dont je ne sais quel Boche a assez bien dessiné l'allégorie.*

Admirez la calotte de l'homme de Neandertal !

Perthes-lès-Hurlus en février 1915. Photo de Paul Cabouat.

1. Le village de Perthes-lès-Hurlus est devenu un village martyr et a été rayé de la carte.

Il me fixe de ses yeux perçants :

— C'est Paul qui a écrit ces mots-là ? Tu es vraiment sûre ?

— Oui, c'est bien lui.

Un silence pesant s'installe entre nous. J'entends tout d'un coup le brouhaha de la foule du restaurant.

Je poursuis :

— Deux mois avant cette lettre, le régiment de Paul a perdu huit cents à neuf cents hommes en neuf jours. Le chef qu'il adorait a été tué devant lui. *Nous avons tous failli être écrabouillés cent fois pour une.* Alors, oui, c'est bien Paul qui écrit ça. Un Paul qui a déjà vécu deux ans de guerre. Un Paul qui, à 25 ans, écrit : *Je n'ai pas mangé de morts, mais j'ai souvent marché dessus*. C'est un Paul que ni toi ni moi n'avons connu. C'est le même Paul qui écrit douze ans plus tard : *Comment avons-nous pu accepter quatre années pareilles, sans révolte. Ça ne me paraît plus compréhensible.*

Silence.

Je soupire.

— Voilà… Quelque part, c'est une leçon de vie. Les meilleurs sont capables de se laisser embrigader. Ils peuvent changer aussi.

— Tu vas le mettre dans ton bouquin, ce passage ?

— Je ne suis pas sûre. Je ne sais pas trop comment l'intégrer au récit.

— Il faut que tu le mettes, Lucie.

6

Octobre 2013, Bruxelles.

Matinée tranquille à la maison. J'essaye de retrouver sur Google Maps les villages évoqués par Paul, quand, soudain, je reçois un coup de téléphone de mon cousin :

— On m'a dit que tu écrivais sur Paul ?

— Oui, j'aimerais raconter sa vie pendant la Grande Guerre.

— Alors, j'ai une pépite pour toi !

— C'est quoi ?

— Les lettres d'amour de Paul et Juliette. À la mort de Paul, on m'a demandé d'aller vider sa cave. J'ai trouvé des dizaines de lettres d'amour échangées, par-delà les tranchées, entre Paul et celle qui allait devenir notre arrière-grand-mère, Juliette. Si tu passes à Nîmes, je te les montrerai.

— Super ! J'avais prévu de venir autour du 11 novembre.

— Ça marche. Je te retrouve là-bas le 11. En attendant, je t'envoie tout de suite un extrait comme « *teaser* ».

Je lâche Google Maps et ouvre mes e-mails. Mon cousin a envoyé l'une des lettres de Juliette datant de 1916 :

Mon cher amour, je viens de lire la lettre que j'ai reçue ce matin. Quelle folie, quel appel ! Et comme il me fait doucement mal !

Mon pauvre chéri, tu souffres de trop me vouloir, et non de trop m'aimer, n'est-ce pas ? Il me semble qu'on ne peut trop aimer, car on n'aime jamais assez.

J'ouvre la deuxième pièce jointe :

Bonsoir mon amour, je m'endors mes lèvres sur les tiennes. Juliette.

C'est un autre Paul que je vais rencontrer.

Juliette Steeg avec sa fille, Françoise (Mamou).

Bonsoir mon amour
Je m'endors mes lèvres sur
les tiennes.

Juliette.

Figure toi, il paraît que lors-
qu'on se marie on a quinze
jours de permission.!!On
m'a raconté ça ce matin
Je t'embrasse.

7

Février 1916, Le Mans.

Paul a 28 ans, Juliette en a 20. Il est amoureux d'elle depuis plusieurs années, sans avoir osé le lui avouer.

Ils font tous les deux des études de médecine à Paris. Pour une femme, en 1915, faire des études de médecine, c'est exceptionnel.

Juliette vit à Paris avec ses parents et ses sœurs. Son père, Théodore Steeg, est sénateur, son grand-père est pasteur. Juliette vient d'une famille protestante, Paul d'une famille catholique. Mais ça, Paul s'en fout. Il s'est engagé en pensant que la guerre serait courte. Il déclarera sa flamme à Juliette à son retour. Il l'aime en silence depuis si longtemps : ce ne sont pas quelques mois qui vont changer grand-chose !

Mais la guerre s'éternise. Bientôt un an et demi. Paul a peur que Juliette tombe amoureuse d'un autre. Elle doit croiser pas mal de soldats à l'hôpital.

« Il faudrait au moins qu'elle sache que je l'aime », se dit-il.

Ce serait en effet un bon début.

Alors, Paul tente de lui écrire, mais c'est plus fort que lui : il brûle toutes ses lettres lors de soirées de *cafard sinistre*.

Autant il se montre courageux comme médecin, autant là, avec Juliette, c'est tout de suite plus difficile… Et pourtant, un matin, Paul prend son courage à deux mains et part avec sa déclaration d'amour vers le groupe de soldats qui confient leurs lettres au « vaguemestre ».

Le postier récupère les lettres une à une. Il s'approche de Paul, qui garde sa lettre à la main. Il s'y accroche presque.

Le postier grogne d'un air bourru : « Alors, c'est pour aujourd'hui ou pour demain ? »

Tout à coup, Paul pense que ce sera plutôt pour demain…

Mais un soldat polonais, une *brute épaisse*, qui voit Paul tergiverser, lui arrache la lettre et la pose d'autorité dans les mains du vaguemestre. Le Polonais défie Paul du regard, l'air de dire : « De toute façon, tu peux crever demain ! »

Le postier a jeté les lettres dans un gros sac qu'il cale sur son épaule : « À bientôt les gars ! »

Voilà. La lettre d'amour est partie.

Paul s'est laissé faire, tétanisé. Il repart les mains dans les poches, en traînant des pieds. « C'est peut-être mieux comme ça, se dit-il. Un jour ou l'autre, il aurait fallu qu'elle sache… »

Et il commence à attendre.

Il attend la réponse de Juliette.

Elle met quelques semaines à arriver.

8

11 novembre 2013, Nîmes.

Je retrouve mon cousin dans le jardin familial. C'est un bel après-midi d'automne. On prend le café en terrasse. Mon cousin pose sur la table une petite boîte en carton. Je l'ouvre. Les lettres de Paul et Juliette sont là. Il y en a plus de quatre-vingts.

Je les classe dans l'ordre chronologique. De loin, j'entends les rires de mes petits-cousins dans le jardin.

La première lettre est de Juliette. C'est sa réponse à la déclaration d'amour de Paul.

Je lis à haute voix :

Février 1916,

Mon cher Paul,

Votre lettre m'a surprise, et à un point que vous ne sauriez imaginer. Non je ne pensais pas que vous voyiez en moi autre chose qu'une amie comme bien d'autres.

Et, je le sais, je vais vous faire souffrir, mais vous m'avez demandé de vous répondre sans embarras et franchement. Ai-je été coquette avec vous ?

Mon cousin me jette un coup d'œil amusé.

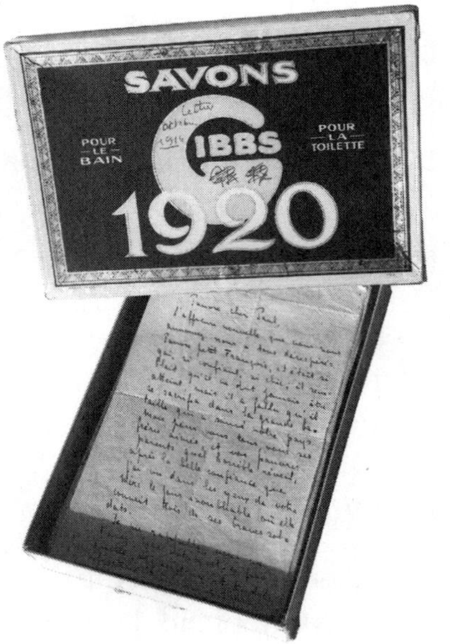

Ma conscience n'ose rien m'affirmer. […] si j'ai pu quelquefois vous donner quelques illusions, attribuez-les à la bonne amitié que j'ai pour vous. […] Vous me demandez de vous promettre de vous aimer, mais vous savez bien qu'on ne commande pas comme cela, et que l'on ne peut promettre que ce que l'on sait pouvoir tenir. Et moi, je ne puis rien vous promettre du tout.

J'arrête la lecture et regarde mon cousin, interloquée.

Je reprends. Ma voix s'accélère :

Ne croyez pas surtout que ce soit le hasard de la guerre qui m'effraie. Non, j'espère que vous me croyez un peu plus forte que cela. Mais je n'aime pas me faire passer pour autre chose que ce que je suis ; et si je vous disais : « Moi aussi Paul, je vous aime et vous pouvez compter sur moi », je mentirais, et cela, je ne le veux pas. Pauvre ami, me pardonnerez-vous de détruire ainsi vos illusions et votre rêve ? Je le voudrais. Pourquoi continuer ainsi à vous donner des explications qui ne peuvent que vous faire souffrir ? C'est, il me semble, aussi inutile que cruel. Sachez seulement que vous avez en moi une amie très fidèle, mais qui a le tort de n'être pas assez sentimentale.

J'aurais voulu vous répondre immédiatement, mais j'ai voulu calmer ma surprise et ne vous répondre que du fond de moi-même. Et puis, il m'a aussi été difficile de trouver à la maison un instant de solitude et c'est à l'hôpital que je finis vite cette vilaine lettre que vous allez maudire.

Pardonnez-moi et croyez à ma très affectueuse amitié,

Juliette.

Je pose la lettre sur mes genoux.

Voici donc la première lettre de notre arrière-grand-mère à notre arrière-grand-père…

Une fin de non-recevoir à sa déclaration d'amour envoyée des tranchées ?

Stupéfaite.

Je suis stu-pé-faite !

Mon cher Paul,

votre lettre m'a surprise, et à un point que vous ne sauriez imaginer. Non je ne pensais pas que vous voyiez en moi autre chose qu'une amie comme bien d'autres.

Et, je le sais, je vais vous faire souffrir. Mais vous m'avez demandé de vous répondre sans embarras et franchement, Ai-je été coquette avec vous? Ma conscien-ce n'ose rien m'affirmer, car la sin=cérité la plus absolue, que je veux avoir avec vous, trouve que nous ne sommes jamais assez réservées. Mais que voulez-vous, Paul, je hais la contrainte, et si j'ai pu quelque=fois vous donner quelques illusions attribuez les à la bonne amitié qui

Lettre de Juliette à Paul, février 1916.

9

Novembre 2013, Paris.

Lors d'une soirée légèrement arrosée entre amis, je raconte la découverte des lettres d'amour de mes arrière-grands-parents. Un ami demande :

— Alors, c'était chaud entre Paul et Juliette ?

— Écoute, je ne sais pas, j'en suis encore au début. Paul, apparemment, était amoureux de Juliette depuis plusieurs années. C'est du fin fond des tranchées qu'il trouve le courage de lui déclarer sa flamme.

— Oh là là… Il devait être chaud bouillant, Paulo !

— Oui, sauf que Juliette lui met un gros vent…

— Attends, mais c'est *Les Feux de l'amour*, ton histoire !

— T'as pas besoin d'un titre ? Nan, parce que, sinon, on peut t'aider ? Qu'est-ce que tu penses de : *Plus belle la tranchée* ?

— Nan, nan ! Attends, j'en tiens un bon : *Amour, gloire et tranchées* !

Le lendemain matin, la tête encore dans le brouillard, je m'installe devant mon ordinateur.

Je regarde la date des fiançailles de Paul et Juliette.

J'écarquille les yeux : Paul et Juliette se sont fiancés… TROIS MOIS après la lettre de Juliette !

Que s'est-il passé pendant ces trois mois pour que Juliette change d'avis ?

Pour répondre à cette question, j'ai dû me plonger dans la vie du frère de Paul : François.

FRANÇOIS

1

Mercredi 5 août 1914, Caen.

François, le frère cadet de Paul, se prépare à partir : le 36e régiment rejoint la Belgique qui vient d'être envahie par les Allemands. Son père, Jules, raconte son départ :

Mercredi 5 août 1914. Jour du départ. À cinq heures du matin, à l'aube grise d'une matinée orageuse, voilà François. Pendant qu'il déjeune, Maman et Jeanne s'empressent. On lui coud des galons de sergent sur sa capote et, dans le grand silence de la ville encore endormie, monte vers nous, impressionnant et grave, le rythme du 1er bataillon du 36e régiment. Le 36e s'embarquait. […] *C'est là que nous avons fait nos derniers adieux à François, et cette attente de 2 heures qui, en toute autre circonstance, nous eût été mortelle, nous parut singulièrement brève.* […]

Enfin, le bataillon s'ébranle en silence – tous les commandements se faisant au geste et au sifflet – et gagne le train […]. *Dernier salut de François au moment où nous cherchons à le voir une dernière fois dans la foule de la colonne en marche. Il nous semble le reconnaître et le voir s'incliner, son képi recouvert de toile bleue, puis sa silhouette s'estompe dans la masse confuse de fusils et de sacs, et elle disparaît à notre vue.* […]

Pensifs nous prenions le chemin de la maison ; naguère animée comme une volière, comme elle allait nous paraître vide et morne. [...] *Désormais, nous attendrions chaque jour le courrier avec une impatience fébrile.*

François n'est pas lancé dans un monde inconnu. Il fait partie de ce régiment depuis deux ans. Il y a plusieurs amis proches. Il écrit le 7 août 1914 : *Tout le monde est fort gai et on ne dirait jamais, à nous voir, que nous sommes en campagne.* Ensemble, ils affrontent leur première bataille, le 22 août, près de Charleroi. François a 22 ans. Son père raconte dans ses Mémoires :

À l'aube du vendredi 22, quel était son état d'esprit ? Il avait entendu le grondement du canon et le « tac-tac » des mitrailleuses. [...] *Ni lui, ni ses camarades n'avaient encore été exposés au feu de l'ennemi, tous attendaient avec bonne humeur et gaieté les moments d'entrer en ligne. On n'était plus aux grandes manœuvres, mais officiers et soldats en avaient gardé l'esprit. On était impatient de prendre l'offensive.* [...] *Qui se doutait que la manœuvre allemande tendait à l'encerclement de l'armée et la plaçait déjà dans une situation critique ?* [...] *Il semblait, me dit François, que le pays fût désert, pas un casque à l'horizon.* [...] *Nous étions si éloignés de soupçonner sous ce vide quelque piège ou embuscade que nous nous faisions un jeu de sauter les fossés coupant notre chemin et de couvrir de lazzis* [1] *les maladroits qui s'y laissaient choir.*

On s'avançait correctement alignés comme [...] *à l'école de bataillon, lorsque soudain les* terrils *s'illuminent de feux de mitrailleuses méthodiquement étayées sur leurs pentes et soigneusement dissimulées dans la verdure. En un clin d'œil, et dans un bruit infernal, quelques échanges rapides ont causé dans nos rangs*

1. Plaisanteries moqueuses.

des vides effrayants. À cette minute tragique tombèrent le commandant Kahn, au moment où il levait son sabre pour entraîner son bataillon, le commandant Boulès du bataillon de François, et grand nombre de sous-officiers et soldats originaires de notre ville.

François Cabouat, assis à droite.

Ébranlée comme un lutteur, la ligne oscille et flotte quelques instants, puis les rangs se resserrent, mais l'élan est brisé. La violence du feu des mitrailleuses est telle que le 36e est en quelque sorte cloué sur place. Toute progression lui est désormais impossible et, dans l'alternative de sacrifier ses hommes en pure perte ou de sauver les débris de la colonne, c'est ce dernier parti que prend le commandement. Le signal de la retraite est donné, mais comme elle devait être meurtrière ! Non seulement sous le feu des mitrailleuses, mais de cruelles surprises les attendaient dans les villages. Des caves, que nous avions négligé de fouiller, éclatait une fusillade fauchant les jambes de nos soldats, et complétant l'œuvre de mort des mitrailleuses.

Au soir de cette désastreuse journée, les impressions de François se résumaient ainsi :

Pleins de confiance, sûrs de vaincre, nous nous étions heurtés à un adversaire invisible. La muraille d'acier de nos baïonnettes s'était, comme un château de cartes, effondrée sous un ouragan de feu et de plomb. Une guerre d'embuscade et de machines se déchaînait, bien différente de la guerre chevaleresque dont nous avions rêvé, et que nous enseignaient nos chefs.

Le 22 août 1914, vingt-sept mille Français sont tués. C'est « un nombre de tués en une seule journée sans précédent dans l'histoire de France, et sans exemple depuis [1] ». C'est tout simplement le jour *le plus meurtrier de l'histoire de France*. Et c'est la première bataille de François.

Il écrit quelques jours après : *Je n'avais pas une égratignure, ni même une déchirure à mes vêtements : il faut vraiment que quelqu'un veille sur moi.*

---

1. Jean-Michel Steg, *Le Jour le plus meurtrier de l'histoire de France*, Fayard, 2012.

Artillerie française sur voie ferrée.
Photo de Paul Cabouat.

2

Décembre 2013, Paris.

Je parcours brièvement les lettres de François. Il écrit : *Ma chère Maman, Je t'envoie par le même courrier quelques brins de muguet. Je viens de les cueillir en première ligne.* [...] *Je doute fort que tu aies reçu mon petit paquet dimanche. Il eût été piquant que tu en aies quelques brins à ton corsage ! Fleurs du front cueillies sous les obus !*

Et pourtant, François n'est pas d'humeur à faire des bouquets de fleurs en ce mois de septembre 1914 :

Aujourd'hui, c'est la boucherie organisée, ce sont des duels d'artillerie terribles, et nous autres fantassins, je me demande vraiment quelquefois à quoi nous servons ? L'artillerie tire sur nous sans même nous voir, et sans que nous la voyions nous-mêmes. C'est la chasse à l'homme. Je suis revenu du Châtelet avec une véritable vision d'horreur, et on me disait : « C'est donc ça, la guerre ? Des hommes mis les uns en face des autres pour s'entretuer ? »

L'autre jour, j'ai été malade toute la matinée à la suite d'une exécution : un pillard, ayant quitté son régiment depuis le début de la guerre, a été pris par un gendarme. Il a été exécuté dès le matin devant nous, et après le colonel nous a fait défiler devant le corps, pour que cela serve d'exemple. Cela m'avait littéralement coupé bras et jambes et l'après-midi, ayant été tout seul par suite d'un changement de section, j'ai broyé du noir tout le temps.

J'ai eu encore une impression pénible lorsque j'ai vu des blessés allemands dans une grange ; ces pauvres diables après tout sont des hommes comme nous ; ils ne veulent pas plus de la guerre que nous autres ; aussi, les blessés fraternisent presque avec nous.

Des prisonniers allemands sont évacués vers l'arrière.
Photo de Paul Cabouat.

Un autre jour, un de ses amis, blessé, supplie qu'on vienne le secourir.

Des ordres formels avaient été donnés, pour que nous ne nous occupions pas des blessés, de sorte que je suis resté impuissant devant ce malheureux, qui est très atteint, paraît-il. Là encore, j'ai passé de cruelles minutes, je vous assure.

Il est effrayant de voir à quel raisonnement on arrive ; comme la guerre nous transforme !

Quels hommes serons-nous lorsque nous reviendrons, si nous revenons…

Souhaitons une fin heureuse, mais surtout prochaine de cette guerre maudite.

On est en septembre 1914.

Ce n'est que le début pour François.

Mais il ne le sait pas encore…

3

Octobre 1914, dans la Marne.

La ligne de front se stabilise. Avec l'installation des tranchées, les Allemands ne sont plus très loin : *Nous voyons fort bien les tranchées allemandes en face de nous. Ce matin même, ils faisaient du feu et nous avons vu la fumée ! Nous continuons à nous regarder en chiens de faïence. Nous posons de part et d'autre des réseaux de fil de fer barbelé : réseau inextricable. De même qu'ils peuvent voir les nôtres, nous voyons les leurs à la jumelle.*

Je suis bien curieux, moi, je voudrais voir ce qui se passe en face de chez nous ! Et si les Boches prennent leur parti de tout cela !

François se met à classer les Allemands en *Boches méchants* et *bons garçons* : les premiers ne laissent *ni trêve, ni répit, l'œil collé au créneau pour abattre les imprudents.* Les *bons garçons*, au contraire, ne tirent pas, *à moins qu'une attaque ou quelques taquineries ne les fassent sortir de leur réserve.*

Les mois passent. Noël approche. François conspire avec sa sœur Jeannette l'envoi de chocolat pour préparer un gigantesque chocolat chaud aux poilus : *Tu penses s'ils le trouveront bon !* Il offre aussi à chaque personne de sa famille un vrai beau cadeau, *une chose qu'ils garderaient toute leur vie.*

Quelques jours avant Noël, François va à l'église : *Nous avons eu tout le loisir de contempler la malheureuse petite église bombardée, le toit est béant sur une largeur de trois mètres sur quatre à peu près, et tous les vitraux ont leurs plombs fondus. C'était lamentable et véritablement impressionnant de tristesse. Pas d'enfant de chœur, c'est un soldat qui s'est levé et est allé* [nous ouvrir]. *Nous avons tous été impressionnés.*

Cathédrale. Photo de Paul Cabouat.

Le jour de Noël, les soldats préparent un dîner plantureux grâce aux colis envoyés par les familles. Dans la nuit, ils rejoignent les tranchées de première ligne. L'un des leurs chante le *Minuit, chrétiens. Nous sommes tous montés sur une sorte de colline, où est installé un petit poste et, à minuit, Raoul a chanté.* [...] *C'était superbe dans le calme de la nuit, un clair de lune magnifique, des étoiles à profusion, la vallée à nos pieds.*

Le matin de Noël, François est *accueilli par des cris de joie* : Les paquets de chocolats sont arrivés ! *J'ai donné les seize paquets* [...] *à raison de quatre par escouade ; j'ai fait un lot pour les sous-officiers à part. Un autre pour les agents de liaison qui, aux tranchées, nous rendent de notables services ; un autre pour mon ordonnance et des bonbons à tout visiteur* [...]. *Enfin, un vrai Noël.*

Soldats à table. Photo de Paul Cabouat.

En 1915, François est dans la Somme, puis dans le Pas-de-Calais. Il se rend régulièrement aux tranchées de première ligne, prend plusieurs fois le commandement de missions de reconnaissance nocturne du *no man's land* (la zone comprise entre les premières lignes de deux armées ennemies). Il dresse des rapports indiquant le tracé suivi, les obstacles et les points occupés avec plus ou moins de force par les Allemands.

Des soldats français se reposent après une période en première ligne.
Photo de Paul Cabouat.

François évoque parfois les plaisanteries macabres des soldats : *On parle quelquefois de Karl, de Fritz et d'autres, des malheureux non enterrés en avant de nos lignes. Vraiment, nous parlons de la mort, ou plutôt des morts avec une désinvolture surprenante. C'est la guerre qui le veut. Cependant, j'estime qu'un Allemand mort mérite qu'on ait des égards pour lui. Après tout, il est mort en faisant son devoir. Aussi ai-je sermonné d'importance un jeune bleu qui, l'autre soir, rechignait en jetant quelques pelletées de terre sur un cadavre, en avant de l'un de nos petits postes.*

Et puis, enfin, arrive la relève ! Jules raconte les souvenirs de François : *Gradés et soldats s'empressaient de transmettre les consignes, sans oublier les « tuyaux », vrais ou imaginaires, qui pouvaient assurer la sécurité ou aider à déjouer les ruses de l'ennemi. Enfin, on laissait à d'autres le fardeau d'une faction énervante.*

4

Février 1916, Verdun.

Le 20 février, François part en permission. Son père, Jules, se souvient de sa visite : *C'est ainsi que, sans en avoir été avertis à l'avance par une lettre, nous eûmes la surprise de voir arriver notre cher François, toujours aussi affectueux et gai.* [...] *Il vient passer avec nous les derniers jours de sa « perm », et je nous vois encore – Maman, Jeanne et moi – comme si c'était hier le conduire à la gare faire les cent pas sur le quai, en attendant le coup de sifflet du départ, le cœur brisé d'émotion, mais tout de même gonflé d'espoir, car nous avions fini par le croire invulnérable, après l'avoir vu traverser sain et sauf tant d'épreuves.*

Nous voyons le train glisser lentement, puis s'éloigner dans la brume, sans réaliser – et je n'ai jamais compris quelle grâce nous a été faite d'ignorer l'avenir – que jamais plus il ne nous serait rendu.

Le lendemain, un terrible bombardement allemand commence à Verdun. Le 25 février, le fort de Douaumont, situé à quelques kilomètres du champ de bataille, est attaqué par surprise.

François écrit à sa famille : *Je me porte comme jamais je ne me suis porté. Dieu en soit loué. Je voudrais que vous voyiez ma mine. Dieu me protège et ne me fasse pas blesser en ce moment : on se moquerait de moi, on ne voudrait pas croire que je reviens du front !* Son régiment se met en marche pour Verdun. François part en douce embrasser sa cousine et une amie, Marie Jeannesson, réfugiées à Bar-le-Duc après l'incendie de leurs maisons. Comment s'est-il débrouillé pour leur rendre visite ? François était d'humeur assez fertile pour se jouer des consignes les plus sévères.

Verdun en 1917. Photo de Paul Cabouat.

Il était bien triste, raconte Marie, et nous a dit : « L'attaque sera dure, et la guerre n'est pas près de finir, je prévois que vous serez encore obligées de vous replier. Au prochain repos, je peux passer par ici, et je viendrai vous voir à cheval. » Et de rejoindre son poste au galop.

Jules, le père de François, poursuit le récit : *Dans l'attente de voir un jour ou l'autre arriver François, Marie Jeannesson s'empressait d'accourir à l'appel des tambours sur le passage des régiments, et observait leurs numéros avec la plus grande attention. Elle manqua le défilé du 36e régiment, et peut-être l'eût-elle ignoré, si son ami Justin Scheffer, qui lui y avait assisté, n'avait constaté avec stupeur l'absence de François, et sans retard n'était venu faire part à Marie de ses inquiétudes* [...]. *Dès le lendemain, Marie gravissait à bicyclette la côte qui, au sortir de Bar-le-Duc, conduit à ce petit village, m'a-t-elle écrit. « J'aperçois plusieurs jeunes officiers, et je leur demande s'ils peuvent me dire où je trouverai le sous-lieutenant François Cabouat, mais sans me répondre, ils me regardent tristement, et me conseillent de m'adresser au capitaine qu'on aperçoit au loin. Mais, au même moment, j'entends un soldat me dire d'une voix sourde : Il est tué. Pourtant, il me reste une lueur d'espoir, peut-être, me dis-je, cet homme s'est-il trompé ? Allons voir le capitaine. Mais avant de me répondre, il me fixe longuement, puis me demande si je suis parente de François ; enfin il se décide à parler, et voyant mon émotion et mon angoisse, craignant de me porter un coup trop rude, il se contente de me dire : Le lieutenant François Cabouat est grièvement blessé, je ne sais que cela.*

Il n'osait pas me dire toute la vérité, mais j'avais le pressentiment qu'elle était sortie brutalement de la bouche du soldat. »

Comment presque à la même heure, le 22 avril, jour de Pâques et dans quelle condition est venue nous surprendre cette terrible nouvelle : je dirai seulement à cette place, qu'elle nous fut assenée à coups de massue par une lettre d'André Lanier.

François a été tué le 15 avril 1916, devant le fort de Douaumont, au ravin de la Caillette.

François Cabouat.

5

Mai 1916, Caen.

Le père de François, Jules, est terrassé par la douleur. Il veut comprendre. Il veut savoir comment son fils est mort.

Plusieurs hommes étaient présents lors de la mort de François. Parmi eux, l'arrière-petit-fils de Victor Hugo, Jean Hugo. Jules lui écrit une lettre qui reste sans réponse : *À ma grande surprise, il n'a donné aucune réponse à la demande que je lui ai adressée en termes qui, me semble-t-il, auraient dû le toucher. Je n'ai pas compris la raison de son ~~indiff~~ silence.*

Ce que Jules ne sait pas, c'est que Jean Hugo a publié ses Mémoires dans un livre posthume sorti en 1983. Il y raconte le combat dans lequel François est mort, près de soixante-dix ans plus tôt.

Ce livre, je le tiens entre mes mains.

C'est la nièce de François qui me l'a donné. Elle l'a découvert par hasard dans les années 1990 :

— C'était un dimanche soir. J'étais dans mon lit. Je lisais un livre de Jean Hugo, auteur que j'aime bien, quand je suis tombée sur ce passage. Et tu vois, c'est bête… Mais, ma mère Jeannette m'avait tellement parlé de son grand frère chéri, que quand j'ai découvert ce récit, j'ai fondu en larmes toute seule dans mon lit… Toute sa vie, maman aura gardé près de son lit un portrait de François…

Aujourd'hui, je peux lire le récit que Jules n'a jamais lu, celui du dernier combat de son fils, le lieutenant Cabouat.

Peut-être était-ce mieux ainsi.

À l'aube nous débarquions à Regret, au nom prédestiné. C'est un faubourg de Verdun. On n'entendait pas le canon mais on voyait les lueurs sur les crêtes de l'autre côté de la ville, comme des éclairs de chaleur. Nous pénétrâmes dans Verdun ; on apercevait par endroits les eaux jaunâtres de la Meuse entre des maisons de même couleur, aux fenêtres crevées et béantes. […] *Nous voyions passer devant la porte les troupes qui descendaient de la bataille ; un adjudant et dix soldats hagards, c'est tout ce qui restait de la compagnie.*

À la tombée de la nuit, le bataillon quitta le manège pour monter en ligne. […] *La nuit était noire. Le gros lieutenant Bozon marchait en tête du bataillon ; on raconta qu'une balle perdue avait traversé la graisse de son ventre sans qu'il s'en aperçût ; cela nous égaya un instant.* […]

Au lever du jour, nous vîmes où nous étions. Devant nous, à gauche, se dressait le fort de Douaumont ; à droite la redoute de la Fausse Côte. Nous étions dans le ravin de Bazil, surnommé ravin de la Mort, qui descend de Thiaumont à l'étang de Vaux. Le lieu était déjà célèbre. […]

Quatre brancardiers portant un blessé grimpaient la côte en face de nous ; ils se dépêchaient ; un obus éclata et les tua tous les quatre ; le blessé hurlait sur son brancard échoué en pleine tempête.

Un peu plus tard le général Mangin, en culotte rouge, montait le raidillon à pas mesuré, le corps droit, la canne à la main ; jamais ses larges épaules n'avaient le moindre tressaillement ; il regardait à droite à gauche avec un mouvement lent de sa tête de lézard les grands geysers blancs, jaunes, verts ou noirs qui jaillissaient des deux côtés du chemin. Derrière lui, les officiers de sa suite avaient tous les réflexes de la peur depuis le petit frisson du cou jusqu'à l'aplatissement sur le sol. Mangin se retournait souvent pour leur parler. On raconta qu'il leur disait avec son zézaiement :

— Quelle volie promenade, n'est-fe pas meffieurs ?

Un grand infirmier noueux et barbu faisait dans les bois la chasse aux cadavres. Ses mains et ses vêtements sentaient la pourriture. Il retrouvait sous les ronces les morts des premiers jours de la bataille, vieux d'un mois et demi, déjà secs et collés à la terre. Il ramassait aussi des mains et des pieds dépareillés, des lambeaux de capote où adhéraient d'informes quartiers de viande humaine.

Au fond du ravin [...]*, l'explosion d'un dépôt de grenades avait creusé un entonnoir de dix mètres de large. C'est là qu'on entassait tous ces débris humains impossibles à identifier, des paquets de bouillie enveloppés dans un morceau de capote bleue ou de toile jaune, et aussi des corps méconnaissables quoique presque entiers ; j'y vis déposer un torse, sans tête ni membres, et tout sanglant. Une fois le trou plein à plus des trois quarts, on acheva de le remplir avec de la terre et on planta au milieu une grande croix de bois.* [...]

— Si vous voulez voir le fort, me dit le sergent mitrailleur, regardez par-là.

Je mis la tête à un créneau de sacs de terre et je vis un volcan en éruption, un Sinaï dont le sommet était caché dans le feu du ciel.

Combien de temps resterions-nous encore à l'abri dans les trous de cette contre-pente ? Nous ne serions pas relevés, nous le savions, avant d'avoir attaqué. Je regardais mes hommes dans leurs niches : certains avaient déjà le nez pincé, les joues vertes et creuses, le regard voilé. C'étaient ceux qui allaient mourir. Ils écrivaient à leur famille : « Si jamais il m'arrivait quelque chose... » [...]

À dix-sept heures cinquante, je donnai, selon l'ordre que j'avais reçu, le signal de franchir le parapet. Le terrain descendait ; nous

Le fort de Douaumont. Photo de Paul Cabouat.

courions aussi vite que le permettaient les trous d'obus et la muraille de fumée tonnante du barrage qui s'éloignait devant nous. […] *Nous repartîmes vers l'avant, entraînés par le* lieutenant Cabouat, *une baïonnette à la main. Nous descendions vers le ravin de la Fausse Côte. Il n'y avait personne devant nous. Nous dépassâmes la seconde tranchée, puis la troisième ; nous courions vers le fond du ravin quand le* lieutenant *nous arrêta et nous fit revenir à la troisième ligne, qui n'était qu'un sillon presque effacé par les obus. Tout le monde criait à la fois, debout, comme si la guerre était finie ; on riait, on allumait des cigarettes, on buvait des quarts de vin ; on se montrait les trophées ramassés dans la tranchée conquise, des pompons de baïonnette en laine jaune et blanche, de petits sacs de toile remplis de biscuits en losange qui sentaient l'anis, des morceaux de pain bis. Mais le* lieutenant, *debout dans un trou d'obus, donna des ordres et fit cesser la fête ; les hommes s'accroupirent. Le bombardement français se ralentit, semblable au vent qui tombe au crépuscule. Le ciel était encore doré. Il régnait une espèce de paix du soir.*

Poirot était assis tout contre moi dans l'étroit sillon ; sa jambe touchait la mienne. À un mot que je lui adressai, il ne répondit pas. Je me penchai vers lui :

— Qu'est-ce que tu as ? lui dis-je. Tu dors ?

Je lui secouai le bras ; le bras retomba. Ses joues étaient roses, ses lèvres souriaient, ses yeux bleus étaient fixes. Il était déjà, sans doute, au paradis.

Dans les tranchées. Photo de Paul Cabouat.

Je me retournai vers ma gauche. Je vis le lieutenant Cabouat, *de profil, éclairé par les dernières lueurs du couchant, le dos appuyé au rebord d'un trou d'obus, immobile, le visage pâle, la bouche entrouverte. À côté de lui, Laya étreignait son fusil, le corps plié en deux, les yeux sans regard.*

Grâce à la pente, les Allemands avaient pu ramper jusqu'à nous sans être vus. Le soleil nous éclairait ; ils nous tiraient dessus comme à la cible. Je voyais maintenant des formes vagues se mouvoir à contre-jour, à quelques pas de moi. [...] *Nous dûmes nous replier sur la seconde tranchée, beaucoup plus profonde. La nuit tombait.* [...]

L'ordonnance de Cabouat sortit avec un autre homme pour ramener le corps du lieutenant. Une minute après, l'homme revint seul. L'ordonnance avait reçu une balle dans la tête au bout de quelques pas. [...]

La fusillade ne cessa pas de toute la nuit.

[...] *Toutes les rations des morts, des blessés et des prisonniers étaient là, en trop ; je bus beaucoup de vin ; je revins ivre.* [...]

Il nous semblait qu'il ne tombait plus d'obus, ou que ceux qui tombaient ne pouvaient pas nous faire de mal. [...]

Nous avions fait des prisonniers, l'ennemi nous en avait fait ; nous avions conquis un bout de terrain, l'ennemi nous l'avait repris. Il ne faut pas chercher à comprendre, dit l'adage militaire [1].

1. Jean Hugo, *Le Regard de la mémoire*, Arles, Actes Sud, 1983, p. 49-56.

6

Février 2013, Paris.

J'arrive au bout du tome de Jules consacré à son fils, François.

Je lis la dernière page, les dernières lignes griffonnées par Jules à la plume :

François est resté sur le champ de bataille, disparu à jamais sous le flux et le reflux de violents combats. [...] *Perdus dans la multitude anonyme des familles privées de la suprême consolation de recueillir leurs chers morts, ou à tout le moins, de les voir reposer avec leurs camarades dans une nécropole militaire, il nous a fallu accepter, comme un arrêt sans appel du destin, la disparition de François, dans le tout mystérieux, où nous nous perdrons nous-mêmes un jour.*

Jules a achevé le récit de la campagne militaire de son fils. Il a raconté sa guerre. Il a tout consigné : les anecdotes, les souvenirs, les citations militaires.

Il n'y a plus rien à dire.

Il faut, à un moment donné, savoir mettre un point final à son histoire.

Et c'est ce qui est le plus difficile : *À l'instant où j'écris ces dernières lignes, il me semble que je me sépare de François pour l'éternité.*

Le récit de Jules est terminé.

Le mien commence.

Et je sais, à cet instant précis, que François en fera partie.

7

24 avril 1916, Le Mans.

La nouvelle de la mort de François se répand peu à peu dans la famille au gré des lettres échangées. Le frère de Paul, Jean, lui écrit : *Une bien douloureuse nouvelle nous parvient ce matin même, dimanche de Pâques. Le 36e régiment devant Verdun a subi des pertes terribles et notre petit François est mort pour la France. Il nous est impossible de faire face à pareille idée, mais notre cher petit frère a reçu un obus de plein fouet dans la figure en montant à l'assaut. Il eût été trop beau de nous voir revenir tous sains et saufs. Puisse ce sacrifice servir à quelque chose.* [...] *Tous nos amis nous témoignent leur profonde sympathie et Toussaint sanglotait en se rendant à l'évidence.* [...] *Maman et Papa sont très courageux, sauf quand nos amis viennent exprimer leurs condoléances et nos repas sont d'une infinie douceur. Sois courageux* [...]. *Tu ne pleureras peut-être pas au premier choc, comme moi d'ailleurs, et puis tu céderas forcément sous l'empire du chagrin. Nous t'embrassons tous bien tendrement* [...] *et bonne chance. Écris-nous bientôt et souvent.*

Paul répond : *Je suis absolument bouleversé par la nouvelle de la mort de notre pauvre François. Je ne peux pas me représenter qu'il est tué, lui, si gai et si insouciant. Depuis un mois, je vivais dans la crainte de ce qui est arrivé… Nous sommes quatre encore pour le venger. Courage, tous.* […] *Je vous embrasse bien tristement.*

Une semaine après, Paul reçoit une lettre de Juliette, la femme qui l'a éconduit deux mois auparavant :

Pauvre cher Paul,

L'affreuse nouvelle, que vous nous annoncez, nous a tous désespérés ; pauvre petit François, il était si gai, si confiant, si chic ; il semblait qu'il ne dût jamais être atteint, mais il a fallu qu'il se sacrifiât dans la grande bataille, qui a sauvé notre pays, mais pour vous tous, vous ses frères aimés, et vos pauvres parents, quel horrible réveil, après la belle confiance que j'ai vue dans les yeux de votre mère, le jour inoubliable où elle couvait trois de ses braves soldats.

Je me rappelle, vous me l'aviez bien dit n'est-ce pas, quelle orgueilleuse et tendre affection vous aviez pour votre joli petit frère ; aussi, je pense à votre douleur et, alors que les mots sont si vains, je veux seulement vous dire combien tristement je pense à vous, et comment mon amitié partage votre deuil.

Quelques jours plus tard, Paul rejoint sa famille. Son père, Jules, qui ne portait pas ses 60 ans, a vieilli tout d'un coup. Il pleure depuis quinze jours.

Paul croise aussi Juliette à Paris. C'est un samedi après-midi à Auteuil. Leurs familles sont invitées chez des amis communs. Juliette est là. Elle sait que Paul va venir. Lui ne sait pas qu'il va la voir. Des amis viennent présenter leurs condoléances à Jules et Marguerite. Que dit-on quand une famille perd son fils bien-aimé ? Paul se tient aux côtés de son père. Il se doit d'être fort. Soudain, il voit Juliette entrer dans le salon. Il n'a d'yeux que pour elle, tout en faisant semblant de ne pas la regarder. Un peu plus tard, au milieu des invités,

Paul et Juliette échangent quelques mots polis et respectueux. Puis l'heure de la séparation arrive. Les Cabouat rentrent chez eux. Paul jette par-dessus son épaule un dernier regard vers Juliette. Et la porte d'entrée se referme.

De retour à son poste, Paul reçoit quelques jours plus tard une lettre de Juliette écrite le lendemain de cette rencontre :

Paul, Paul, mon ami,

J'ai honte au moment où votre cœur saigne si douloureusement. Je viens vous dire l'aveu que mes lèvres n'ont pu prononcer. Je voudrais qu'en ce moment, vous sentiez tout ce que j'aurais voulu vous dire, alors que je n'ai pu trouver un seul mot pour vous toucher. Je voudrais que vous sachiez combien je pense à vous, et combien je vous ai attendu cet après-midi à Auteuil.

Hier, quand vous êtes parti, j'ai ressenti une telle émotion [...]. *J'ai tant pensé à vous pendant cette longue nuit d'insomnie où ma vie s'est décidée, maintenant, je ne puis me taire. Il faut que je vous le dise, mais j'ai peur maintenant et si vous ne m'aimiez plus ? Le voilà donc écrit ce mot que je n'ose prononcer en ce moment. Oui, mon ami, je vous aime, moi aussi. Je l'ignorais jusqu'à hier, mais maintenant, j'en suis sûre.*

Est-ce que cela ne peut pas être aussi beau, aussi grand que la mort du pauvre petit brave que vous pleurez ? [...] *J'aurais tant voulu vous voir aujourd'hui* [...]. *Pauvre ami, si vous devez souffrir de parler de nous en ce moment, ne me répondez pas.*

Autrement, dites-moi bien vite si je ne me trompe pas, et si vous m'écririez toujours comme il y a quatre mois. Pardonnez-moi, je vous fais peut-être du mal. Vous paraissiez content de mon amitié, peut-être la partagerez-vous encore avec plus d'affection et de tendresse ? Je l'espère.

Pardonnez mon aveu et croyez en mon affection fidèle et vraie,

Juliette.

8

2 mai 1916, Le Mans.

Lorsque Paul reçoit la déclaration d'amour de Juliette, son frère est mort depuis deux semaines. Alors, Paul, le stoïque, Paul qui « se tient », Paul qui ne partage jamais ses états d'âme, répond :

Ma bien chère Juliette,

Tout à l'heure à la visite, j'ai eu un tel éblouissement en voyant votre lettre que j'ai tremblé une bonne minute pour l'ouvrir – et en lisant les premières lignes mon cœur battait à si grands coups que les Boches ont bien dû s'apercevoir de quelque chose. Je n'ai pas eu la force d'aller jusqu'au bout avant tout à l'heure.

Ainsi le bonheur est à moi, si près qu'il me fait peur : vous m'aimez, vous m'aimez ! Quelle lumière tout à coup ! [...] *J'avais bien cherché à me cuirasser, à repousser les émotions. Vous ai-je montré autre chose depuis quatre mois qu'une amitié même un peu bourrue ! Mais, la mort de François m'a mis le cœur à nu. J'ai envie de pleurer du chagrin de sa perte, de la joie d'avoir votre cœur, de la mélancolie de devoir peut-être cette certitude à votre émotion.* [...]

Ainsi, mes yeux ne m'avaient pas trompé samedi : votre regard, en entrant dans la salle à manger, votre lèvre tremblante, un peu de rougeur et votre appétit un peu coupé. Car je n'avais d'yeux que pour vous, en cherchant à ne pas trop vous regarder. Et puis, nous n'avons pu nous dire que trois paroles plus banales que jamais peut-être nous n'en avions échangé. [...]

Maintenant, il va falloir que je mérite mon bonheur, que je vous conquière toute. Et tout de suite, je suis pris de la peur de voir s'envoler mon rêve, que vous preniez pour de l'amour seulement de la pitié. J'aurais la lâcheté d'en profiter. [...] *Mais c'est à moi maintenant de trembler. Je ne crains pas la mort si ce n'est pour vous, et c'est bien plus terrible. Et si je revenais mutilé ? Quelle horreur de vous aimer, d'être aimé et de renoncer à vous.* [...]

Brave brute de Polonais qui a mis ma lettre à la poste, comme je voudrais l'embrasser !

Juliette, il faut que je vous voie bientôt. Seriez-vous libre dimanche après-midi, par exemple ? Je tâcherai de m'évader pour la demi-journée. Bien des choses, que je ne puis vous écrire, doivent être dites. [...] *Je vous assure que je tremble à l'idée de vous revoir seule. Mais j'ai bien eu le courage de vous parler à Necker, après votre première lettre, j'aurai encore cette fois-ci la gorge bien sèche. Si l'avenir était sûr, quelle voie droite devant nous ! Vos parents, votre mère surtout, montraient moins de mal à cacher son amitié pour moi, que moi mon amour pour vous. Vous savez que j'aime tout en vous, mais surtout votre intelligence claire et franche. Minerve ! Qu'ai-je fait pour mériter mon bonheur !*

[...] *J'ai déchiré, tout à l'heure, ma lettre que vous n'auriez lue qu'après ma mort. J'aime mieux vous en redire maintenant l'essentiel :*

Je vous aime, je vous aime, je vous aime.

Et je baise vos mains,

Paul.

Paul et Juliette.

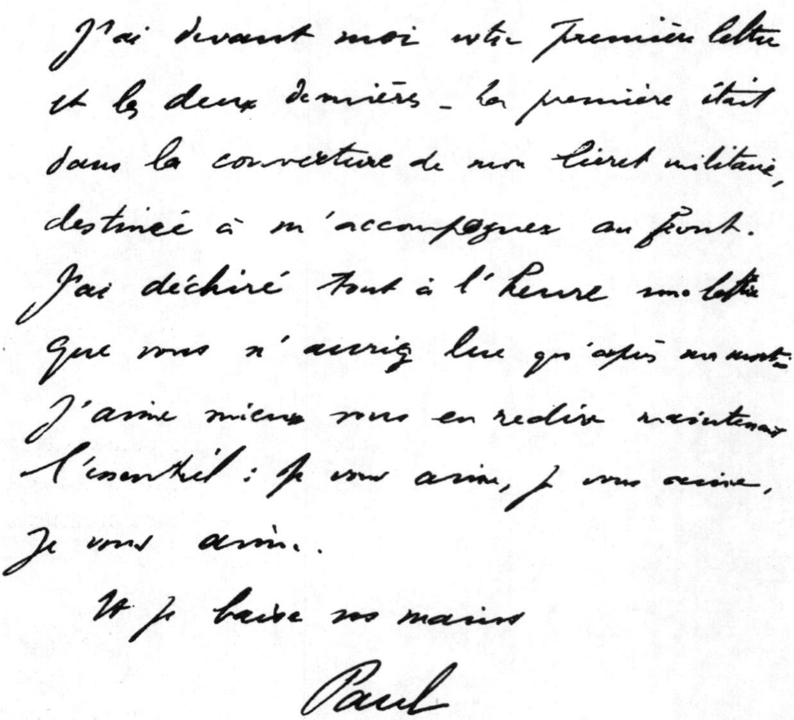
J'ai devant moi votre première lettre
et les deux dernières – la première était
dans la couverture de mon livret militaire,
destinée à m'accompagner au front.
J'ai déchiré tout à l'heure une lettre
que vous n'auriez lue qu'après ma mort.
J'aime mieux vous en redire maintenant
l'essentiel : je vous aime, je vous aime,
je vous aime.

Et je baise vos mains

Paul

Lettre de Paul à Juliette, 2 mai 1916.

9

Je suis bouleversée par la lecture de ces lettres. Une de mes amies, jeune mariée, à qui je les montre me dit les yeux brillants : « Qui écrit encore d'aussi belles lettres d'amour aujourd'hui ? »

Alors, voilà Paul et François. Un frère rencontre l'amour, quand l'autre trouve la mort.

L'onde de choc du décès de François se répercute aussi sur la vie du plus jeune de la fratrie : Jean. Quand il apprend la nouvelle, Jean enfourche son vélo et part faire le tour des proches à Caen en criant : « François est mort ! On s'engage tous ! »

Après avoir longtemps refusé à son plus jeune fils de s'enrôler aux côtés de ses frères, Jules n'a plus la force de dire non. Il accepte qu'il soit recruté dans un secteur relativement sûr : l'artillerie. *Avec une émotion que le souvenir de notre cher François faisait poignante, je conduisais Jean au quartier d'artillerie.* Mais Jean s'est engagé pour se battre et demande – en cachette de ses parents – à rejoindre l'infanterie. *Coup de folie que d'entrer volontairement dans une armée que tout le monde fuyait à l'égal d'une condamnation à mort*, juge son père.

Le vœu de Jean reçoit l'aval d'une ancienne connaissance de son père. Incompréhension de Jules : *S'il a lu la demande de Jean avant de l'approuver, a-t-il reconnu mon nom ? S'est-il souvenu de nos bonnes relations ? Comment a-t-il fait droit, sans m'en avertir, à ce que tout esprit sensé ne pouvait considérer que comme le coup de tête d'un enfant ?*

Dès l'arrivée de Jean, son colonel plaisante sur ce blondinet imberbe : « Que venez-vous faire ici mon ami, vous devez vous être échappé du collège ? Je vais vous faire reconduire dans votre famille par la prévôté. »

Jean et son grand frère, Paul.

Les mois passent. Jules écrit dans ses Mémoires : *La situation est critique pour la 7ᵉ compagnie dans laquelle Jean est engagé. Dans la nuit du 1ᵉʳ au 2 octobre 1918, les Allemands encerclent la compagnie et la séparent de son bataillon. Elle n'a plus qu'à se rendre.*

Cependant le capitaine de la 7ᵉ Compagnie […] *ne peut se résigner à la dure nécessité d'une capitulation. Il entend, héroïsme qu'il devait le jour même payer de sa vie, se dégager de cette étreinte ennemie, fût-ce au prix de sanglants sacrifices, et rallier le gros du 103ᵉ régiment qu'il sent tout proche et prêt à l'appuyer.*

Donc vers 12 heures, il prend ses dispositions pour rompre le cercle de fer qui étreint sa troupe. Puis, faisant de la compagnie deux détachements, l'un dont il se réserve le commandement, l'autre confié à Jean, il lance d'un coup de sifflet le signal du départ, notre jeune chef n'ayant pour guide et viatique que quelques indications fort vagues, en tout cas bien inutiles pour cette mission de pur sacrifice.

Cheminant à tâtons dans le labyrinthe de boyaux de tranchées, chacun doit se dire – du moins ceux qui ont conservé la faculté de penser – qu'il marche plutôt à la mort qu'à la délivrance.

Lorsque soudain, dans un repli de ce dédale dantesque, nos hommes donnent dans une embuscade d'Allemands qui les guettaient, grenade et torpille en main. Jean est en tête, une torpille le couvre d'innombrables éclats et lui eût infailliblement brûlé les yeux si d'un mouvement instinctif, il ne les avait couverts de ses mains qui en portent la trace indélébile. À la vue de leur chef, enveloppé d'un terrifiant rideau de flammes, qui ne semble plus donner signe de vie, nos poilus « fuient en avant ». […] *ils devaient bientôt retrouver leurs camarades.*

Jean reste seul, abandonné sur le terrain, gisant de longues heures sans connaissance et perdant des flots de sang. Allait-il donc s'éteindre dans une lente agonie. Tel eût été son destin si, par un hasard providentiel, l'un de ces soldats – non des plus recommandables, condamné par un conseil de guerre, il n'avait obtenu sa remise de peine qu'à la condition de reprendre les armes – n'avait remarqué l'absence du « petit lieutenant » et, dans un élan du cœur, ne s'était mis à sa recherche dans les méandres des tranchées et boyaux d'où lui-même venait de s'échapper. Ayant retrouvé Jean […], *il l'a chargé sur ses épaules et porté au poste de secours* […].

Ainsi fut sauvé Jean d'une mort certaine.

10

Septembre 2013, mont Ventoux.

Presque cent ans après la Première Guerre mondiale, un des petits-fils de Paul a décidé d'organiser une réunion pour les descendants de Paul et Juliette, au pied du mont Ventoux.

Ma mère me presse de profiter de cette occasion pour faire part de mes recherches. Elle aimerait tellement pouvoir partager ces découvertes avec la famille. Je lui demande expressément de ne pas le faire : j'ai peur qu'on me reproche d'attribuer l'histoire d'amour de Paul et Juliette à la mort de François, de jeter une ombre sur leur histoire. Je vois déjà cette analyse contestée devant toute la famille… Non, si je parle de ça à la famille, il faut que je le fasse avant, avec chacun en particulier, pour expliquer.

Mais la réunion se rapproche, et ma mère est déterminée.

— Tu dois raconter, Lucie !

Je discute avec un de mes cousins de l'opportunité de révéler cette histoire. Il réagit :

— Tu sais, Lucie, les morts sont vivants pour autant qu'on s'intéresse à eux. C'est parce que tu vibres en lisant ces lettres, toi, vivante, que ces souvenirs restent vivaces. Sinon, ils seront comme les cadavres dans leurs cercueils : bons pour les vers.

Malgré cela, je botte en touche : on décide de réaliser, avec mon cousin, une vidéo sur la vie de Paul et Juliette de la Seconde Guerre mondiale à leur mort (je m'arrange ainsi pour faire l'impasse sur la naissance de leur amour). Pendant des semaines, on réunit des vieilles vidéos, on les monte. On obtient ainsi trente minutes de film. Le tout fondé sur des vidéos de familles, rythmées par une ou deux interviews. Bref, on arrive avec un film touchant.

Une soixantaine de personnes ont fait le déplacement. Retrouvailles. Grandes tablées et repas de famille. Lors du dîner, certaines personnes évoquent la découverte des lettres de la Grande Guerre. La femme de mon oncle affirme : « Dans ma famille, on a des lettres similaires. On a décidé de ne jamais les lire. On ne voulait pas s'immiscer dans la vie intime de nos parents. Moi, je brûlerais tout ! »

Le moment de présenter notre film approche. Tout le monde s'installe. La vidéo commence, mais le son est mauvais. Les plus âgés s'en plaignent. « On n'entend rien. » « Plus fort ! » On est au maximum de ce qu'on peut faire. Après plusieurs semaines de travail sur ce film, c'est une déception. Certains viennent nous féliciter à la fin. Mais le son a gâché une partie de la projection.

Le lendemain, on ira faire une randonnée sur le mont Ventoux. Puis viendra l'heure du départ. J'ai raté l'occasion de transmettre le quart du tiers de ce que je sais sur Paul. Je n'ai pas partagé l'émotion qui me pousse à poursuivre ces recherches. Je m'endors sur ce constat. Et m'en mords les doigts.

Le lendemain matin, pluie torrentielle. L'ambiance dans la salle du petit déjeuner se veut joyeuse. Mais le cœur n'y est pas. Le crépitement de la pluie couvre les blagues de ceux qui essayent de faire contre mauvaise fortune bon cœur. Impossible de marcher par ce temps-là. Nous sommes coincés au centre de vacances avec un groupe du troisième âge amateur de musique folklorique languedocienne.

Alors une idée jaillit en moi. Tout le monde est bloqué ici. Il n'y a rien à faire. Je me faufile à travers les longues tables du petit déjeuner vers mon oncle, le « gentil organisateur » de la réunion, pour proposer de raconter l'histoire de Paul pendant la Grande Guerre. Mon oncle rétorque, un peu bougon : « Oui, pourquoi pas ? Enfin, on va voir comment la météo évolue. Il faudrait qu'on puisse s'installer quelque part. » Ma mère part vérifier. On réussit à obtenir une salle avec soixante-dix sièges et un micro. Les gens de la famille s'assoient.

J'attends que tout le monde ait pris place. Je regarde la salle et commence à parler :

— Ce sont nos arrière-arrière-grands-parents...

— Micro ! crie Mamou.

J'approche mes lèvres du micro et élève la voix :

— Ce sont nos arrière-arrière-grands-parents, Jules et Marguerite, qui m'ont permis de reconstituer l'histoire de la Grande Guerre, que je vais partager avec vous aujourd'hui. Marguerite a recopié toutes les lettres que lui ont envoyées ses fils depuis les tranchées. Et Jules a consigné dans ses Mémoires la Première Guerre mondiale telle que ses fils l'ont racontée à la table familiale. Il avait dédié ce récit à ses enfants, à ses petits-enfants et à leur postérité future.

Vous êtes sa postérité future.

C'est à vous qu'il s'adresse.

Aujourd'hui, je vais faire ce que Jules aurait souhaité : je vais vous transmettre leur histoire.

Je leur raconte alors l'ambiance en 1914 dans la famille, l'inquiétude de Jules pour ses fils, Paul médecin, les blagues de François.

— C'était qui, François ?

Je leur lis des extraits de lettres de François : *Voilà, il n'y a rien devant nous. C'est nous la frontière en ce moment, et tout le monde compte sur nous. Alors, nous sommes contents.*

Je montre cette photo : François a le regard penché sur un livre. À côté de lui, un homme. « Et regardez derrière cet homme, il y a un soldat hilare qui lui fait des oreilles d'âne… Des oreilles d'âne… ! Je pensais que c'était un geste d'ado attardé de la fin du XXe siècle… MAIS NON ! ÇA FAIT CENT ANS QU'UN GROS CON FAIT ÇA SUR TOUTES LES PHOTOS ! »

Je lis aussi cette phrase de François : *Je viens d'assister à un coucher de soleil magnifique.* […] *Et l'autre jour, en nous promenant, nous disions qu'il était bien malheureux de penser que, par un tel temps, et dans un aussi joli cadre, on était en train de se battre et de se faire tuer, que les Boches n'étaient que des crétins.*

Puis je raconte la mort de François, le chagrin de Jules.

J'en viens enfin à l'histoire d'amour de Paul et Juliette. Je lis cette phrase de Paul : *Je suis trop heureux, ma chère Juliette, ma fiancée. Je me brise le corps aux mitrailleuses, mais j'ai le cœur plein de vous. Je voudrais crier à tout le monde que vous m'aimez.*

Ma grand-mère manque de tomber de sa chaise :

— Ils étaient amoureux, hein ? C'est fou d'entendre ça, on les a tellement pas connus comme ça !

Je lis alors cette lettre de Juliette : *Oh Paul, j'aurais dû attendre. Je le sens maintenant et pourtant, vous savez, c'est pour baiser votre plaie que je me suis penchée vers vous. C'est pour vous dire comme je la partageais, pauvre ami, que j'ai osé profaner votre peine. Pardonnez-moi.* […] *Je n'ai plus pensé qu'à nous deux. Paul, mon chéri, dites-moi que je n'ai pas mal fait, et que je n'ai pas abîmé le souvenir de votre petit François.*

Je poursuis :

— Paul et Juliette se sont mariés en 1916, six mois après la mort de François.

Le fils de Paul intervient :

— Donc, tu veux dire que l'histoire d'amour de Paul et Juliette est née de la mort de François ?

Les regards se braquent sur moi. Silence dans la salle.

Juliette, sur les genoux de Paul, Jeannette et Michel Sassier, un ami.

Je soupire et dis :

— Je pense effectivement que leur histoire a été déclenchée par le décès de François. Cette mort a été un grand bouleversement pour Juliette. Alors, qu'est-ce qui s'est passé en elle ?

Je ne sais pas. Peut-être a-t-elle compris que Paul pouvait mourir le lendemain ? Peut-être cette mort a-t-elle fait tomber des barrières et révélé des sentiments qui étaient déjà là ?...

Un petit-cousin avance timidement :

— Elle était peut-être amoureuse de François ?

Je réponds :

— Je me suis posé la question, mais je ne crois pas : une femme amoureuse ne dit pas, deux semaines après la mort de l'homme qu'elle aime, à son frère : « En fait, c'est vous que j'aime » ! On a vu des hommes épouser la veuve de leur frère : André Malraux, par exemple. Mais cet amour s'est développé sur des années, alors que Malraux jouait le rôle de père auprès de ses neveux. L'histoire de Paul et Juliette est différente.

— En fait, c'est pour ça que la première fille de Paul et Juliette s'appelle Françoise !

J'avance :

— Si tu regardes bien, c'est toute la génération suivante qui s'est appelée François, Georges-François ou Françoise...

— Moi, j'ai entendu dire qu'après la mort de François, les déjeuners de famille n'ont plus jamais été les mêmes. Jusqu'en 1918, à chaque coup de sonnette, les parents sursautaient. Ils avaient peur d'apprendre la mort d'un autre fils.

Le silence s'installe dans la salle.

Puis une voix demande :

— Tu as creusé un peu la vie des deux autres frères : Pierre et Adrien ?

— Non. J'ai fait le choix de ne pas parler d'eux. Je peux juste te dire qu'ils se sont tous les deux engagés. Adrien est revenu mutilé. Il s'exerçait au maniement d'une grenade, fournie sans mode d'emploi. La grenade a explosé dans sa main. Il a perdu quelques phalanges. Pierre, à la fin de la guerre, est devenu aviateur. Son père a appris par hasard, après la guerre, que Pierre a eu un accident d'avion (il le lui avait caché !). Son avion s'est écrasé à 800 mètres d'altitude. La chute a été freinée par un arbre. Par une chance incroyable, il a survécu… !

— Et Paul, il s'en est sorti ? demande un petit cousin de 10 ans.

— Oui. Il est revenu indemne.

— Et Juliette ?

— Juliette a eu le courage de créer un lien qui pouvait se rompre à tout moment. Elle a accepté l'attente et les séparations sur le quai d'une gare. Dans une de ses lettres, elle écrit :

Mon amour, mon grand amour,

comme c'était triste ce départ dans la bousculade et au milieu de l'indifférence de tous. Mon chéri, je n'ai pu te faire sentir l'immensité de mon amour qui souffrait tant de s'arracher de toi, je n'ai pu te dire tout ce que mes baisers t'auraient fait comprendre, s'il nous eût été possible encore de nous anéantir dans les bras l'un de l'autre. Mon pauvre chéri, c'était dur de te quitter après le bonheur insensé que nous venons de vivre, et pourtant il m'en reste une telle douceur, un tel bonheur, une telle confiance dans la vie.

Je poursuis :

— Juliette raconte aussi sa vie à l'hôpital et ce *pauvre petit gars de la classe 14* […] *que nous avons fait souffrir pour essayer de lui remettre sa jambe à peu près en état, auquel je m'étais un peu attachée à cause de sa souffrance et de son air gosse. Et peut-être est-il fusillé à l'heure qu'il est : conseil de guerre pour mutilation volontaire. Lui-même s'était broyé la jambe, en se tirant une balle. C'est affreux, mais je ne sais ce qui me fait le plus de mal : sa lâcheté et sa bêtise, ou l'horreur de la punition ?*

C'est Juliette qui se rebelle contre la guerre, bien plus que Paul et François. Ils râlent, mais font leur devoir. Juliette, elle, a des charges radicales : *Toutes ces vies lancées dans la fournaise,*

Dimanche soir
15 octobre 1916

Mon amour, mon grand amour,
comme c'était triste ce départ
dans la bousculade et au mi=
lieu de l'indifférence de tous.
Mon chéri, je n'ai pu te faire
sentir l'immensité de mon
amour qui souffrait tant
de s'arracher de toi, je n'ai
pu te dire tout ce que mes
baisers t'auraient fait com=
prendre s'il nous eut été
possible encore de nous
anéantir dans les bras
l'un de l'autre - Mon pauvre
chéri, c'était dur de te quitter
après le bonheur insensé que

Lettre de Juliette à Paul, 15 octobre 1916.

et pourquoi ? Pourquoi ? Vois-tu, l'idée même de la guerre m'était atroce, mais la réalité, qui nous déchire en ce moment, révolte encore plus l'esprit. Nous sommes donc tous fous ? Il n'y a plus un être censé en Europe, pour comprendre que le carnage ne peut rien pour le droit, que la boucherie est incompatible avec aucune idée, et qu'il n'y a pas de plus grande injustice que la guerre.

Tout le monde écoute silencieusement. Presque religieusement.

Doucement, les uns et les autres se mettent à témoigner, à raconter leur bribe d'histoire.

Mon cousin fait circuler le micro avec le sérieux imperturbable de ses 10 ans.

— Paul ne parlait jamais de la Première Guerre mondiale, dit une de mes tantes. À l'occasion de la sortie du film *M.A.S.H.* – film qu'il n'a pas vu parce qu'il n'aimait pas le cinéma –, il a dit : « Cette guerre, c'était une véritable boucherie. » Et en disant cela, il avait l'air... Comment dire... hagard, déconcerté... On sentait qu'il avait fallu le faire – c'était son devoir –, mais qu'il avait traversé ça en se bouchant les oreilles et en fermant les yeux... »

En écoutant chacun parler, je m'aperçois que mes nièces ados, assises par terre, filment avec leurs téléphones portables.

C'est un moment de grâce, une parenthèse dans nos vies.

Mes aïeux ne sont plus des personnages de roman : ils deviennent tout à coup des gens que les personnes autour de moi ont connus, aimés...

Devant moi, le premier rang est en pleurs.

« Excusez-moi d'interrompre ce moment, mais vous devez rendre les clés de vos chambres », vient nous dire un employé du centre de vacances.

Certains se tournent alors vers moi et s'exclament :

— Lucie, on veut la suite. Il faut que tu nous racontes la Seconde Guerre mondiale !

Ce jour-là, quinze personnes sont venues me voir pour me dire combien elles avaient été bouleversées par ce récit.

— Tu as fait revivre Paul, Juliette et François l'espace de quelques heures.

On se met d'accord pour continuer le récit à Paris.

Tout le monde quitte le centre de vacances. Il fait beau à nouveau.

Je suis seule sur le parking.

Pas besoin de me précipiter pour rentrer : je suis en congé sabbatique. Il n'y a pas de dimanche soir, ni de lundi matin pour moi. Je prends la voiture et décide de partir au sommet du mont Ventoux. Je traverse la forêt. Je sens les essences de pins. La montagne est là, devant moi. Elle m'attend. La voiture entame chaque tournant tranquillement.

J'arrive en haut du mont Ventoux. Soleil éclatant, nuages clairsemés.

— On voit la mer ! crie l'un des marchands ambulants. Ça arrive très rarement !

Je regarde le soleil se refléter au loin sur la mer.

Je n'échangerais ma place pour rien au monde.

Je suis exactement là où je dois être.

DEUXIÈME PARTIE

La Seconde Guerre mondiale

(1939-1945)

— Où est ma canne ? C'est ma canne, ça ? Non, elle est abîmée au bout. Je ne retrouve rien dans cette maison ! Bon, c'est à qui ces lunettes ? À moi ? C'est bizarre. J'avais pas du tout le souvenir d'avoir des doubles foyers…

Première interview de Mamou, ma grand-mère. Ça commence fort.

Je suis au début de mes recherches sur l'histoire de la famille pendant la Seconde Guerre mondiale.

Contrairement à la Grande Guerre, j'ai la chance d'avoir des témoins oculaires.

En revanche, je ne peux plus m'appuyer sur la correspondance familiale : en 1940-1944, toute trace écrite est proscrite ; il s'agit d'une question de vie ou de mort.

Les rares lettres que j'ai sont codées. On se cache des Allemands comme des Français. On dissimule tout. En permanence.

J'ai dû mener une véritable enquête pour démêler les fils de l'histoire familiale pendant cette période. J'ai interprété le silence des archives et décodé les non-dits. J'ai exploré les livres publiés à la suite de la Seconde Guerre mondiale.

C'est fou comme ce conflit a suscité l'écriture de témoignages *dans l'après-guerre* ! Comme si l'on rattrapait toutes ces années de silence forcé pour enfin dire à la face du monde ce qu'on a *vraiment* fait…

PAUL

1

Au début de mon enquête, je ne sais pas grand-chose de la vie de Paul sous l'Occupation.

Je sais que, dans l'entre-deux-guerres, Paul s'est installé à Nîmes, comme chirurgien. Il a eu un coup de foudre pour la région des Cévennes. Juliette est devenue son anesthésiste. Cette spécialisation n'existe pas à l'époque, alors elle « fait fonction » d'anesthésiste. Ensemble, ils ont quatre enfants : Françoise (Mamou), Jean-Pierre, Claude et Daniel. Juliette continue de travailler après la naissance des enfants.

En 1939, la France et l'Angleterre déclarent la guerre à l'Allemagne suite à son invasion de la Pologne. En 1940, la France est attaquée et rapidement occupée. Nîmes se trouve en zone « libre » jusqu'en 1942, date à laquelle toute la France est envahie. L'année d'après, Paul devient responsable, à 55 ans, des services de santé clandestins des Mouvements unis de la Résistance dans le département du Gard. Sous le pseudonyme de Consul, il met en place un réseau de médecins proches des lieux potentiels de combat, prêts à soigner les résistants au péril de leur vie. Paul recense sur une carte codée les équipements médicaux disponibles dans le département (radios, salles de chirurgie). Dans le centre de Nîmes occupé, il installe une salle d'opération clandestine dans les sous-sols d'un magasin, pour les blessés qu'on ne peut cacher dans les hôpitaux surveillés par la Milice. En cas d'urgence, Juliette et lui soignent de nuit des maquisards à la Maison de santé protestante [1].

Lucie Aubrac, que Paul et Juliette ont rencontrée en 1965 et avec qui ils sont devenus amis (c'est pour lui rendre hommage que je m'appelle Lucie), a évoqué la *résistance courageuse et dangereuse* [2] dont Paul ne tirait gloire : *Je les ai bien eus, disait-il avec un petit rire, en racontant comment il franchissait un barrage allemand, en bousculant à sa manière bourrue, arguant d'une urgence médicale, le sous-officier qui le retenait* [3]. Paul, disait Lucie Aubrac, *était un gagneur dont l'énergie persévérante était à la mesure du but à atteindre*. Et Paul et Juliette étaient, *ce couple exceptionnel qui m'a reçue, écoutée, conseillée, qui m'a jaugée, puis acceptée* [...] *Deux êtres indissociables qui avaient le goût des choses bien faites, et l'amitié solide.*

À la Libération, Paul devient maire de Nîmes [4].

Voilà tout ce que je sais au début de mon enquête.

Derrière cette vision d'ensemble, j'ai voulu retrouver la clandestinité, l'aventure, l'adrénaline, bref toutes ces histoires que Paul n'a jamais racontées...

1. Témoignage du docteur Jean Paradis, pour les obsèques de Paul Cabouat.

2. Paul a eu la médaille de la Résistance en 1945.

3. Discours de Lucie Aubrac lors de l'enterrement de Paul Cabouat.

4. Paul est désigné président du Comité local de libération de Nîmes, le 28 août 1944.

Paul, maire de Nîmes en août 1944, le jour du défilé de la Libération.
Il est assis en costume civil et lunettes à droite de la photo.

2

Je sonne à la porte de l'appartement de Jean-Pierre, un des fils de Paul, rue d'Assas, à Paris. À 93 ans, Jean-Pierre est l'un des patriarches de la famille. Il a le visage taillé dans le roc, un nez impressionnant – dont il sourit volontiers – et le regard bienveillant. Sa femme, ma marraine, qui a presque trente ans de moins que lui, m'accueille, une cigarette à la main. On s'installe au salon.

— Tu veux un thé ?

J'acquiesce et installe mes affaires sur la table basse pour commencer l'interview :

— Est-ce que Paul, ton père, t'a parlé de la Résistance ?

— Non.

— Même après la guerre ?

— Non… Ce que je sais, je l'ai appris par d'autres, par hasard. En 1989, par exemple, j'ai croisé un homme à Paris. Il s'appelait Albert Hirschman. Il était juif allemand. Je l'avais rencontré en France pour la première fois dans les années 30 chez mes cousins. Il leur donnait des cours particuliers. Il fuyait avec sa sœur les persécutions nazies en Allemagne. Il m'a raconté en 1989 que mes parents, Paul et Juliette, lui ont fait faire, en 1940, des faux papiers qui lui ont permis de quitter la France ! Ça, je l'ai su cinquante ans après les événements !

— Qu'est-ce qu'il est devenu, Albert Hirschman ?
— Je ne sais pas. Je crois qu'il habite aux États-Unis…

L'interview continue encore quelques heures. Je remercie Jean-Pierre et j'enfourche mon vélo pour rentrer chez moi. De retour à la maison, intriguée par cet Albert Hirschman, j'allume mon ordinateur et commence des recherches sur Internet.

Une page Wikipédia est consacrée à Hirschman qui est devenu, après la guerre, un célèbre économiste. Il a enseigné à Harvard, Yale et Princeton ! Impressionnant ! Je ne trouve pas de date de décès. Son dernier livre a été édité en français très récemment… Il n'est peut-être pas trop tard pour lui parler ? Mon excitation grandit.

Je tombe sur le blog d'un professeur indien à Columbia, Rajiv Sethi, qui écrit : *Albert Hirschman is 95 years old today.* Ce professeur connaît la date d'anniversaire de Hirschman. Avec un peu de chance, il le côtoie personnellement ?

En fouillant, je déniche l'adresse e-mail de Sethi sur le site de l'université de Columbia. Je tente le tout pour le tout et lui envoie un message en anglais : *Cher monsieur, je viens de visiter votre blog. Vous semblez connaître Albert Hirschman. Je m'appelle Lucie Tesnière. Je pense que mon arrière-grand-père a fait en 1940 des faux papiers pour Albert Hirschman, grâce auxquels celui-ci a pu quitter l'Europe. Savez-vous s'il est possible de le contacter ? Cordialement. Lucie Tesnière.*

Voilà, une bouteille d'eau lancée à la mer…

Sa réponse arrive quelques heures après !

Albert a maintenant 97 ans, il a été malade pendant de longues années. Il n'est pas joignable par téléphone ou e-mail. Vous devriez contacter Jeremy Adelman, son biographe, qui est bien renseigné sur la première partie de la vie d'Albert.

Je suis déçue : j'avais l'espoir, encore assez fou, de parler à Albert Hirschman. Je ne pense pas que le biographe connaisse l'existence de mon arrière-grand-père. Mais je ne perds rien à essayer de lui parler. C'est ainsi que j'entre en contact avec Jeremy Adelman, professeur à Princeton (décidément, ils enseignent tous dans le top 5 des universités américaines !).

Il accepte de discuter avec moi, tout en me prévenant : « Je ne pense pas vous apprendre quoi que ce soit que vous ne sachiez déjà. »

Il est 23 heures à Bruxelles et 17 heures à Princeton, quand on parvient à se joindre, une semaine après son e-mail. J'entends, derrière lui, des éclats de voix. J'ai l'impression d'un bel après-midi sur un campus américain.

Je raconte ce que je sais : la rencontre en 1989 de Hirschman avec mon grand-oncle, la fausse carte d'identité. Adelman m'écoute attentivement. Puis, je me lance :

— Est-ce que notre famille vous dit quelque chose ?

— Bien sûr ! Albert Hirschman m'a beaucoup parlé de la famille Cabouat : « *The Cabouat family* » !

Là, je tombe des nues. Il a parlé de notre famille ?

— Il a même publié un livre, dans lequel il évoque sa rencontre avec votre famille.

— Vous plaisantez ?

— Non, je vais vous scanner les chapitres qui vous concernent. Albert Hirschman a gardé précieusement toute sa vie la fausse carte d'identité signée par votre famille.

— C'est fou ! Vous m'aviez dit : « Je ne pense pas vous apprendre quoi que ce soit. » Je croyais que vous n'auriez rien à me dire.

— Vous étiez au courant ?

— Non, personne n'en a rien dit dans la famille.

— Votre famille était protestante, c'est ça ?

— Oui. La famille de Paul était de confession catholique, mais sa femme était protestante et les enfants ont été élevés dans cette religion.

— Albert Hirschman a toujours pensé que c'était extrêmement important. Que les protestants en France comprenaient son problème. Il a toujours senti le courage et la sympathie que les protestants avaient pour les autres. Il poursuit : Quand Hitler arrive au pouvoir le 30 janvier 1933, Hirschman a 18 ans. Il est social-démocrate. Certains de ses amis sont arrêtés. Hirschman quitte immédiatement l'Allemagne pour la France. C'est là qu'il croise Jean-Pierre, le fils de Paul, au début des années 1930. En 1939, à la déclaration de guerre, Hirschman s'engage dans l'armée française. Avec l'occupation allemande, la situation commence à devenir dangereuse pour lui, Juif et opposant politique. Il part en zone sud, encore non occupée. La seule personne qu'il connaît là-bas, c'est Jean-Pierre. Hirschman rejoint donc Nîmes. Jean-Pierre n'est pas là, mais son père, Paul, le reçoit. Ils discutent de sa situation. Hirschman parle français sans accent, il passe donc inaperçu. Mais si les Allemands voient ses papiers, il sera arrêté. Paul lui procure alors une fausse carte d'identité et une fausse déclaration de perte de papiers d'identité, établies au nom d'« Albert Hermant », Français né à Philadelphie, aux États-Unis, pour qu'on ne puisse pas vérifier les registres de naissance français. C'est grâce à ces documents que Hirschman émigre aux États-Unis, en 1940.

Ce n'est qu'en 1989 que Hirschman entend à nouveau parler de Jean-Pierre, par un ami commun, Jean-Noël Jeanneney, un universitaire et historien. Hirschman demande à Jeanneney d'organiser un dîner, pour revoir Jean-Pierre. Lors du dîner, Hirschman raconte toute l'histoire à Jean-Pierre et lui montre la fausse carte d'identité.

Jean-Pierre s'écrie : « Mais… ! C'est la signature de ma mère ! C'est ma mère qui a signé cette fausse carte d'identité ! » Hirschman est stupéfait. Il avait toujours pensé que la carte avait été signée par un homme.

Le téléphone collé à mon oreille, je bois les paroles d'Adelman.

— Toute sa vie, Albert Hirschman a eu le sentiment que la famille Cabouat l'avait sauvé. C'était un tout petit geste pour les Cabouat. Ils n'ont jamais mesuré à quel point cela a été important pour Albert.

C'est un choc pour moi d'apprendre ça ! C'est incroyable de penser que, de l'autre côté de l'Atlantique, des années après, quelqu'un a écrit sur Paul, sans que personne dans la famille le sache !

Il est minuit. On raccroche.

Je ne pourrai jamais m'endormir après ça !

3

Quelques jours plus tard, je reçois par e-mail le scan de la fausse carte d'identité d'Albert Hirschman. On voit la photo d'« Albert Hermant », né, non pas en Allemagne, mais « à Philadelphie ». Adresse : chez le Docteur Cabouat, à Nîmes, rue Démians. Ma grand-mère habite toujours au même endroit.

Plus bas, je vois la signature de mon arrière-grand-mère, Juliette Cabouat [1].

On y est. J'ai la preuve. Incroyable…

Il fallait avoir une sacrée confiance dans la fiabilité de cette carte pour donner son vrai nom et son adresse réelle ! Je rencontre, à ce moment-là, un historien, Philippe Joutard, qui me dit : « Vous savez, cette histoire de fausse carte d'identité est importante par sa date : c'est très rare d'avoir une attitude d'opposition dès juillet 1940. »

Dans le même e-mail, Adelman a joint des extraits du livre de Hirschman. Je découvre alors cet événement sous sa plume :

Plus tard, dans les années 1960, quand tous les jeunes traversaient des « crises d'identité » à la Erikson, je devais leur dire : « Quand j'avais 20 ans, je n'eus pas le temps, pour ma part,

1. Et de Marguerite Perraut, amie de Paul et Juliette.

d'avoir une crise d'identité ; en revanche, je connus une crise de carte d'identité ! » [1].

En 1940, Hirschman habite quelque temps chez les Cabouat, puis il rejoint Marseille, *où [s]a carte d'identité française, agrémentée de la signature de M. Cabouat, allait [lui] être d'un grand secours (en particulier dans [s]on travail auprès de Varian Fry* [...] *jusqu'à [s]on départ pour les États-Unis en décembre 1940).*

4.317

CARTE D'IDENTITÉ

(7)

Nom Hermant

Prénoms albert

Profession Interprète

né le 11 fév. 1915

à Philadelphie (U.S.A.)

Département

Nationalité

Domicile chez M. le Docteur Cabouat à Nîmes, 5 rue Démians

TIMBRE FISCAL 13 FRANCS

SIGNALEMENT

Taille
Cheveux
Moustache
Yeux
Signes particuliers
photo

Nez : Dos, base, Dimensions
Forme du visage
Teint

Empreinte digitale

Le Titulaire : Albert Hermant

Les Témoins : J. Cabouat

Vu pour légalisation

6 JUIL 1940

Le Commissaire de Police

COMMISSAIRE DE POLICE

1. Albert O. Hirschman, *Un certain penchant à l'autosubversion,* Fayard, 1995. Traduit de l'anglais par Pierre-Emmanuel Dauzat.

Au moment où je lis ce texte, je ne sais pas qui est Varian Fry. Je ne m'y attarde pas. Ce qui m'interpelle dans le livre de Hirschman, c'est que son petit-fils s'appelle Grégoire. C'est très français, ce prénom ! Je contacte le biographe pour savoir si Hirschman a des descendants en France. « Oui. Je vais vous mettre en relation avec sa fille, Katia. »

Katia accepte de me rencontrer à Paris.

C'est une situation un peu particulière de retrouver la fille de l'homme qui a été sauvé par votre arrière-grand-père pendant la guerre… Qui est-elle ? Qu'est-ce qu'on se dit dans ces moments-là ?

Albert Hirschman en 1981.

Je sonne à la porte de l'appartement de Katia, au pied de la butte Montmartre. Les murs sont couverts de livres. Il y a des vitraux au bout du couloir. Une petite fille malade sous la couette regarde la télévision, blottie dans le canapé du salon. Katia embrasse sa petite-fille, et la confie aux bons soins de son mari. Nous partons toutes les deux déjeuner dans un café de la rue des Martyrs. Katia est une femme enjouée et passionnante. C'est elle qui va me dire, vers la fin du repas :

— Vous ne savez pas qui est Varian Fry ? C'est une personnalité extraordinaire ! Dans les années 1930, il était journaliste, correspondant américain à Berlin. Il est profondément choqué par les scènes de violence envers les Juifs auxquelles il assiste. De retour aux États-Unis, il commence à travailler pour le Comité de sauvetage d'urgence [1], qui lève des fonds pour sauver des écrivains, artistes juifs et opposants politiques des griffes nazies. En 1940, il part pour Marseille avec trois mille dollars. Il permet ainsi à des milliers de personnes de s'enfuir. Parmi elles : Hannah Arendt, André Breton, Chagall, Heinrich Mann… ! Albert Hirschman, mon père, l'a aidé pendant six mois dans cette mission [2].

*

Quelques mois plus tard, le 25 décembre 2012, nous fêtons Noël en famille. Jean-Pierre vient me voir, un journal à la main :

— Albert Hirschman est mort. C'est fou, les hasards de la vie. On venait juste de le retrouver !

Je lis l'article du *Monde* en silence. *Albert Hirschman est mort lundi 10 décembre, à Ewin Township (New Jersey, USA), à l'âge de 97 ans. Un homme engagé, un combattant et un témoin des bouleversements du XX*e *siècle qui eurent tant de conséquences sur sa propre biographie, tel est le souvenir que laisse le sociologue et philosophe transdisciplinaire Albert Hirschman, au même titre que celui d'économiste* [3].

Je suis arrivée trop tard pour le rencontrer.

Je découvre alors qu'à travers le monde entier, les plus grands journaux lui rendent hommage : le *New York Times*,

---

1. « Emergency Rescue Committee » en anglais.
2. Un film a été tourné aux États-Unis sur Varian Fry, *Varian's War*, avec William Hurt et Julia Ormond.
3. Nicolas Weill, « Albert Hirschman, un économiste engagé et autosubversif », *Le Monde*, 21 décembre 2012.

le *Washington Post*... *The Economist* affirme qu'Albert Hirschman aurait dû recevoir le prix Nobel d'économie. *Le Monde* publie une pleine page sur lui. Pour illustrer l'article, le journaliste a choisi la fausse carte d'identité d'Albert Hirschman : la carte d'identité signée par Juliette !

Grâce à cette fausse carte d'identité, mon arrière-grand-mère, Juliette Cabouat, se trouve dans *Le Monde*, plus de quarante ans après sa mort !

4

L'affaire Hirschman marque le début de mes recherches sur Paul pendant la Seconde Guerre mondiale. Ça a été si facile de trouver ces informations : trois e-mails, un coup de téléphone et l'histoire est reconstituée ! À partir de là, je suis lancée. Il n'y a plus grand-chose qui pourra m'arrêter. Mais le chemin va devenir plus ardu…

Plusieurs personnes me parlent d'un historien qui a bien connu Paul et qui l'a même interviewé. Il s'agit d'un spécialiste de la Résistance dans le Gard, Aimé Vielzeuf. Malheureusement, il est décédé. Mais, en bon historien, il aura sûrement conservé ses interviews, un Saint-Graal auquel je préfère ne même pas penser. Je veux mettre la main dessus. Ce serait tellement incroyable d'écouter la Résistance racontée par la voix de mon arrière-grand-père ! Commence alors une quête qui durera de longs mois. Avec des espoirs : « Les archives de Vielzeuf se trouvent aux Archives départementales du Gard. » Et des désillusions : « Non, il s'agit d'un homonyme. » Je lance mes recherches tous azimuts : je contacte, au hasard, les Vielzeuf habitant à Nîmes, repérés dans l'annuaire, pour retrouver ses descendants. En vain. C'est un ami de Vielzeuf qui m'assènera la nouvelle : « Le neveu de Vielzeuf a hérité des archives. Une partie a été endommagée par une inondation. Il a balancé le reste… » Je reste sans voix. C'est la mémoire d'une région qu'il a jetée ! Les interviews de dizaines d'hommes et de femmes…

En désespoir de cause, je me rabats sur les livres de Vielzeuf. Une dizaine d'ouvrages en tout. Je m'inscris à la médiathèque de Nîmes pour dénicher des allusions à Paul. J'arrive au Carré d'Art, un grand bâtiment lumineux en face de la Maison Carrée. Je monte, une à une, les marches des escaliers qui mènent au grand hall. Un mélange d'ancien et de moderne. Un bâtiment frais alors qu'il fait si chaud dehors. Les ouvrages arrivent au compte-gouttes. Il n'y a aucun index de noms. Je passe des heures à survoler des milliers de pages. La tête m'en tourne. Et puis, à un moment, miracle, je tombe sur le nom de mon arrière-grand-père.

On est en mai 1944. Le débarquement approche. Paul est contacté par un autre médecin engagé dans la Résistance, le Dr Arnal, pour partir à Barcelonnette soigner les blessés qu'il pourrait y avoir lors de l'insurrection organisée après le débarquement.

Paul témoigne : *Nous ne connaissions pas encore la date du débarquement, mais les messages préalables commençaient à être diffusés. Et je crois bien me souvenir que le 2 ou 3 juin, j'ai capté le message : « Le gendarme ne dort que d'un œil » qui nous prévenait de nous tenir prêts à partir pour le maquis. Le 4 juin, le docteur Arnal et moi, nous sommes partis dans ma voiture pour gagner Barcelonnette* […]. *J'avais posé sur la banquette arrière une boîte d'instruments chirurgicaux* [1].

Ce que Paul ne sait pas c'est que les Allemands ont arrêté, quelques jours plus tôt, un résistant du nom de Sailly [2]. Après

1. Paul s'est trompé sur la date : le code « Le gendarme ne dort que d'un œil » a été diffusé un jour plus tard, le 5 juin. Source : Aimé Vielzeuf, *Ardente Cévenne, chroniques : la Résistance en Languedoc*, Nîmes, Lacour, 1988.

2. Sailly est l'un des responsables de l'Organisation de la résistance de l'Armée, créée en 1943.

l'avoir torturé, ils lui font avouer qu'une réunion doit se tenir à Avignon. Les policiers conduisent Sailly sur le lieu de rendez-vous, le pont d'Avignon, où il sert d'appât pour les responsables qui viennent à sa rencontre.

Sailly est posté sur le pont. Derrière lui, des hommes de la Gestapo. Le piège est tendu.

Lorsque la voiture de Paul traverse le pont, le Dr Arnal aperçoit Sailly qu'il connaît, et dit à Paul au volant de la voiture : « Arrêtez-vous une seconde. Je vois là un type que je connais, je vais lui dire bonjour. »

Paul se souvient :

Je stoppe. Arnal descend. Un instant après un bras passe par la portière avec un pistolet et j'entends :

— Haut les mains ! Pas de rouspétance ! Qui êtes-vous ?

— Je suis le docteur Cabouat, chirurgien à Nîmes. D'ailleurs, voyez ma boîte d'instruments sur la banquette arrière.

L'homme de la Gestapo – je l'ai su après –, qui était français, m'a fait sortir de la voiture et m'a accompagné jusqu'à un petit groupe formé par Arnal, un autre homme jeune (par la suite, j'ai appris qu'il s'agissait de Sailly) et un troisième homme de la police allemande, qui paraissait inquiet, et braquait un pistolet sur mon confrère.

[L'homme de la Gestapo] *qui m'accompagnait lui a dit : « Non, non, ça va très bien ! Vous pouvez laisser aller, c'est normal ! »*

Arnal m'a dit après que, reconnaissant [Sailly] *dont les Allemands se servaient comme appât, il s'était approché de lui en disant : « Bonjour, cher ami. »*

Sailly eut la présence d'esprit de répondre : « Mais, monsieur, je ne vous connais pas ! »

Arnal a immédiatement compris, et s'est aperçu que son camarade […] *était escorté. Il a répondu : « Je vous demande pardon. J'avais le soleil dans les yeux. »*

L'individu, qui surveillait Sailly, a sorti son pistolet, et a exigé qu'Arnal lui montre ses papiers. Ce dernier a sorti une carte d'identité qui datait de 1939, et était en français et en anglais, ce qui a accru les soupçons du policier. À ce moment-là, je suis arrivé avec son compère qui l'a rassuré.

Nous avons regagné notre véhicule, et nous sommes partis sans demander notre reste [1] *!*

Paul et Arnal rejoignent Barcelonnette, où commencent les combats. Ils y soignent indifféremment résistants français et soldats allemands. C'est à cette occasion que Paul attire malicieusement l'attention d'un officier allemand, qu'il vient d'opérer, sur le projectile qu'il lui a retiré du bras : « Il est d'origine allemande et provient sûrement de stocks abandonnés par les troupes de Rommel après la débâcle de Tunisie. »

Mais l'insurrection de Barcelonnette est un échec. « Quand les Allemands ont repris la ville, ils ont voulu fusiller les blessés français restés sur place. Certains Allemands ont dit : « Non ! C'est un médecin français qui nous a sauvé la vie. »

— Donc Paul a sauvé la vie de ces Français-là [2] ! me dira le fils de Paul, Jean-Pierre, visiblement ému.

1. Pierre Mazier, *Quand le Gard se libérait, un ancien du CDL raconte*, Nîmes, Lacour, 1984, rééd. 1992.

2. Je trouverai confirmation de ce témoignage dans le livre de Jacques Lecuyer, Sapin et quelques autres, *Méfiez-vous du toréador : des soldats sans uniforme témoignent de leur combat pour chasser l'occupant.* À la page 144 : « La répression des Allemands aurait pu être beaucoup plus grave, si les Allemands n'avaient retrouvé leurs prisonniers intacts, leurs blessés normalement soignés… »

5

Au début de mes recherches, l'une des premières choses que j'ai faites a été de consulter la page Wikipédia consacrée à Paul Cabouat. Je lis que Paul est devenu maire de Nîmes en 1944. Une phrase me frappe : *La première décision de Paul Cabouat en tant que premier maire de Nîmes à la Libération fut de nommer Paul Marcelin directeur du Muséum d'histoire naturelle.* Quoi ? C'est ça sa première décision en tant que maire de Nîmes à la Libération ? Nommer le directeur du Muséum d'histoire naturelle ? J'espérais un geste symbolique, je trouve une décision administrative… Je suis déçue, mais bon, passons. Je ne m'attarde pas sur ce détail. Je mets ça sur le compte du côté un peu *geek* de mon arrière-grand-père, passionné de paléontologie et grand fan du Muséum d'histoire naturelle.

Je me trompe lourdement, mais je ne le sais pas encore…

J'ai de nouveau rendez-vous chez Jean-Pierre, le fils de Paul, pour éplucher les archives familiales. Jean-Pierre pour l'occasion, a étalé tous les documents d'époque sur la table basse du salon. Il y a plusieurs piles : les lettres, les photos, les certificats de résistance. Je prends un album sur les genoux. À travers ces photos émergent les souvenirs d'une époque :

un bébé plein de vie, les boucles au vent. Ce bébé qui me sourit, c'est Mamou, ma grand-mère, qui a aujourd'hui 94 ans… Jean-Pierre me montre, avec un sourire malicieux, une photo de lui à 5 ans « déguisé en papillon ».

« Je me souviens encore de la chanson que je devais chanter. »

Et Jean-Pierre, ancien ambassadeur de France, grand résistant, ancien conseiller relations internationales de la Croix-Rouge française, se met à fredonner :

— *Le papillon se pose et dit aux fleurs « bonjour »*
Bonjour, bonjour, bonjour,
Il faut te marier papillon couleur de neige,
Il faut te marier par-devant le grand mûrier.

Une enveloppe blanche attire mon attention. Sur cette enveloppe, deux mots : *PASSEMARD. 1938.* Me revient alors en mémoire une discussion avec ma grand-mère. Mamou m'avait parlé d'un couple ami de Paul et Juliette, devenus collabos sous l'Occupation. « C'est allé très loin, m'avait-elle dit, on prétend qu'ils assistaient aux tortures de résistants dans la baignoire… Ils s'appelaient les "Passemard". »

« Passemard » : c'est bien le nom qu'elle a évoqué !

J'ouvre l'enveloppe.

Je trouve des clichés en noir et blanc, souvenirs d'un après-midi sur la plage en vêtements des années 1930.

— Là, c'est papa et Mme Passemard, et là c'est Marcelin, me dit Jean-Pierre. Ils étaient tous passionnés de paléontologie. Marcelin était directeur du Muséum d'histoire naturelle avant la guerre. C'était un autodidacte, un ancien plombier d'une intelligence exceptionnelle. Il a caché des Juifs et des résistants antifascistes sous l'Occupation. Passemard a profité de ses complicités au sein du gouvernement de Vichy pour évincer Marcelin et prendre sa place à la direction du musée en 1941. Ça a provoqué la rupture des amis.

Je regarde les clichés de ces hommes et de ces femmes. Sur cette photo, ils sont encore amis. Mais d'ici quelques années, ils feront des choix aux antipodes les uns des autres : l'un cachant des Juifs, et l'autre torturant des résistants dans une

Paul Cabouat, à gauche, suivi d'un inconnu, puis Luce Passemard et Paul Marcelin en chemise blanche.

baignoire. Une photographie de la France sous l'Occupation dans tous ses extrêmes…

Cette histoire d'amitié qui s'effondre sous l'Occupation m'intrigue et me poursuit. Comment peut-on être amis et suivre des voies si différentes ? Par curiosité, je tape le nom « Passemard » sur Internet. Je tombe sur un livre écrit par un certain docteur Salan. Il y raconte les exécutions de collaborateurs auxquelles il a assisté en 1945, en tant que médecin à la prison de Nîmes. À chaque exécution, Salan épingle, à hauteur du cœur du condamné, un carton blanc pour aider les bourreaux à viser la cible.

Paul Cabouat et Luce Passemard.

Il raconte l'exécution de Passemard :

J'avais eu directement affaire à lui à la Milice, et je situais ce savant distingué au-dessous de l'humain. Je ne tins cependant pas à prendre une revanche, et fis en sorte qu'il ne me vit pas davantage lors du cortège funèbre, que lorsque je lui épinglai le carton blanc. Je l'entendis seulement dire […] *qu'il faisait don de son corps à la Science, si celle-ci en voulait bien.*

Mais celle-ci n'en voulut pas…

Passemard mort, je retirai le carton et le regardai. Il était perforé en deux endroits. J'en ai fait un sous-verre qui porte une date : 7 janvier 1946.

Je crois que cette exécution fut la seule après laquelle je ne me sentis pas humilié d'en avoir été témoin [1].

1. Georges Salan, *33 ans de centrale, 1938-1970*, Paris, Les Presses contemporaines, 1971.

6

L'histoire des Passemard passe au second plan de mes recherches : je suis absorbée par d'autres pistes. Et puis, un jour, je tombe sur ce texte du fils de Paul [1] :

C'est un miracle que Paul n'ait pas été tôt ou tard arrêté. Je ne peux l'expliquer que par l'image très positive dont mes parents bénéficiaient à Nîmes, image qui leur a valu, à coup sûr, des complicités spontanées et discrètes jusque dans la police nîmoise.

Et là, mon esprit fait le lien : se pourrait-il que Passemard, l'ami d'avant-guerre, ait pu aider Paul sans le lui dire ? Se pourrait-il qu'il l'ait prévenu de son arrestation possible, ou qu'il lui ait conseillé de s'enfuir ?

Comment vérifier cette possibilité ?

Si Passemard, le milicien, a effectivement protégé Cabouat, le résistant, il aura pris soin de ne laisser aucune trace.

Ça semble invérifiable.

Autant chercher une aiguille dans une botte de foin…

Je laisse tomber.

Quelques mois plus tard, alors que je discute avec Jean-Marc Berlière, un historien spécialiste de la police en France,

1. Témoignage de Jean-Pierre Cabouat. À la demande de ses enfants et des ses petits-enfants, Jean-Pierre a écrit quelques pages de Mémoires.

l'histoire des Passemard me revient soudainement à l'esprit. Je lance à tout hasard :

— J'ai une question pour vous. Elle me paraît à 99 % impossible à résoudre, mais bon, j'essaye quand même ! Mon arrière-grand-père était résistant. Plusieurs personnes de la famille pensent qu'il a pu être spontanément protégé par quelqu'un de la police ou de la Milice. Son ami d'avant-guerre, Passemard, a travaillé dans la Milice… Vous pensez qu'il y a moyen de vérifier si ce Passemard a couvert mon arrière-grand-père, au nom de leur amitié passée ?

— Qu'est-ce qu'il est devenu Passemard après la guerre ?

— Il a été exécuté.

— Exécuté comment ? Dans les bois ? Il a eu un procès ?

— Il a été exécuté dans une prison. Je ne sais pas s'il a eu un procès.

— Si vous avez de la chance, il en a eu un. Et si c'est le cas, vous pourrez peut-être trouver aux archives du Gard son dossier judiciaire, c'est-à-dire les minutes du procès, les témoignages à charge et à décharge. S'il a aidé votre arrière-grand-père, Passemard l'aura dit au procès, pour sauver sa peau.

Je tiens peut-être une piste…

Je contacte les archives du Gard. Un responsable m'envoie un e-mail quelques semaines plus tard.

Ils ont le dossier Passemard.

7

— Passemard ? Très curieux, comme personnage ! Il est arrivé à Nîmes, venu du Moyen-Orient. Il participait à des fouilles en Syrie. Il se disait « préhistorien ». Ça fait penser à Agatha Christie, hein ? Il avait un charisme extraordinaire. À mon âge, je ne me rendais pas compte, mais mon père a été séduit.

C'est le fils de Paul Marcelin, le directeur du Muséum d'histoire naturelle évincé par Passemard, qui me raconte ça.

Le fils de Marcelin a 94 ans. J'ai retrouvé sa trace assez facilement. Il habite à Nîmes, à quelques rues de chez ma grand-mère. Je me rends chez lui à pied. Il fait très chaud ce jour-là. Marcelin m'accueille dans son salon. Les rideaux sont tirés. On s'installe dans une obscurité relative. Marcelin est un petit homme avec une immense mémoire, et des dizaines d'histoires à raconter.

— Passemard était comme le serpent qui regarde les gens. Il a vraiment captivé mon père et ma mère les deux dernières années avant la guerre. Je me suis demandé s'il n'était pas dans les services secrets en Asie Mineure. C'était quand même un nid d'espions, ces pays-là !

Je lui demande s'il pense que Passemard aurait pu aider Paul directement ou indirectement sous l'Occupation.

Silence.

— Ça, j'en sais rien.

Je m'apprête à prendre congé, quand Marcelin me lance :

— Attendez ! Avant que vous partiez, j'aimerais vous montrer une photo de mon père.

Il va fouiller dans l'immense armoire en bois du salon et revient tenant une photo dans ses mains :

— Elle est belle, cette photo, hein ? Vous savez qui l'a prise ? C'est Passemard. Il l'avait dédicacée à mon père Paul Marcelin : « À mon ami d'Artagnan ! »

Après avoir quitté Marcelin, je rejoins ma grand-mère, qui prend le thé en terrasse avec ses frères. Je m'assois à leur table. Mamou me sert une tasse, et je leur raconte ma visite.

Ma grand-mère et ses deux frères ont tous connu Passemard. Je m'adresse à eux :

— Et vous ? Vous pensez que Passemard aurait pu protéger Paul ?

Silence perplexe.

C'est le plus jeune, Daniel, qui réagit en premier :

— Passemard avait demandé à plusieurs amis communs si Paul était dans la Résistance. Donc il devait se douter de quelque chose. Alors, a-t-il empêché ses gars d'aller chercher Paul ? Je ne sais pas…

— Passemard a peut-être protégé papa en souvenir de leur amitié ancienne…, suggère ma grand-mère.

Après avoir discuté de choses et d'autres, je prends congé pour interviewer une petite-fille de Paul, Sophie, dont la jolie maison se trouve au fond du jardin. « Elle a bien connu Paul, tu sais ! » m'a-t-on dit. Quand j'arrive, la nuit est déjà tombée. On s'assied confortablement dans les canapés du salon. L'ambiance est intime, cosy. Sophie est de la génération de ma mère. Elle n'a pas vécu ces événements elle-même. Elle n'a jamais rencontré Passemard, mais elle se souvient de discussions entendues, petite, à la table familiale. On a l'impression qu'elle a bu les paroles des adultes. Or, sur les Passemard, ses souvenirs divergent complètement de ceux des aînés :

— Paul l'appelait « ce salopard de Passemard ». Comme un seul nom. Moi, dans mon oreille de petite fille, c'était « ce-salopard-de-passemard ». « Comment tu t'appelles ? — Je m'appelle ce-salopard-de-passemard. » Je n'ai jamais vu Paul aussi violent dans ses propos qu'à l'égard de cet homme. Je ne sais pas ce que Passemard a fait. Mais pour que Paul l'appelle « ce salopard de Passemard », il en fallait…

— Paul t'a raconté d'autres choses ?

— Moi, ce que j'ai entendu, c'est que Passemard venait sonner à la porte pour pister Paul. Paul devait veiller sur Jean-Pierre et ses amis résistants, cachés au mazet derrière la maison. Quand Passemard venait sonner, et c'est arrivé – d'après Paul – une ou deux fois, Paul allait appuyer sur la sonnette cachée sous le tapis du salon, indiquant aux gens du mazet qu'ils devaient s'enfuir. Passemard faisait des visites de courtoisie qui n'en étaient pas. Il suspectait Paul d'être tête de réseau. Il avait décidé d'avoir sa peau, d'après ce que j'ai compris…

Je suis très surprise par le récit de Sophie. Tout ça me paraît assez extrême.

— C'est bizarre, ça ne correspond pas du tout à ce que disent les autres… Ceux qui ont rencontré Passemard pensent qu'il aurait pu aider Paul…

— Moi, c'est mon souvenir de petite fille. C'est le souvenir des conversations que j'ai entendues à la table des adultes, des années plus tard. C'est possible que ça ait été déformé.

De retour chez ma grand-mère, je discute du témoignage de Sophie. La réaction de ma grand-mère et des deux frères est unanime :

— Passemard n'aurait jamais été pervers au point d'aller frapper à la porte de son ancien ami pour essayer de le coincer !

Le couple Passemard.

8

Rendez-vous est pris aux archives départementales pour consulter le dossier Passemard.

Je pose mes valises pendant deux semaines près de Nîmes, dans une ferme entourée de pêchers, au cœur d'une magnifique vallée. Mes cousins m'ont prêté une petite maison au bord de la piscine. Leurs enfants sont là. On vit avec chiens et chats. Bref, la vie est belle.

Le jour du fameux rendez-vous arrive. C'est une magnifique journée. Je prends la voiture pour aller aux archives. Je vois les champs de pêchers défiler par la fenêtre.

Les archives se trouvent dans un bâtiment lumineux, tout en verre. Je suis la procédure habituelle : je dépose mes affaires au vestiaire. Je n'emporte avec moi qu'une valise transparente (pour vérifier que je ne vole aucun papier). Je laisse au vestiaire la pochette de mon ordinateur (pour la même raison) et mes stylos (pour que je n'écrive pas aucun papier). Une fois dans la salle de lecture, je montre l'acte de décès de Passemard avec une légère appréhension. Je dois encore prouver, pour avoir accès à son dossier, qu'il est bien mort depuis plus de vingt-cinq ans. Peut-on encore m'en refuser l'accès ? Non, c'est bon.

Au bout de quarante-cinq minutes, on m'apporte trois ou quatre dossiers. Je ne peux en consulter qu'un à la fois, et sous le regard des archivistes, dont le bureau surplombe la pièce. Il s'agit de dossiers « sensibles ».

Il règne ce jour-là une atmosphère de suspicion aux archives. L'homme assis en face de moi a commis plusieurs « forfaits ». Il est assis à la table des « documents sensibles ». Un homme très sérieux, 60 ans bien tassés. Lunettes et chemise à carreaux, « bien sous tous rapports », comme dirait ma grand-mère. Et pourtant, éclats de voix dans la salle de lecture : les archivistes s'aperçoivent qu'il écrit sur les documents ! L'homme se justifie : « C'est juste une croix au crayon de papier ! » Énervement des employés : « C'est complètement interdit ! »

Lors d'une de mes pauses, une archiviste se dirige vers moi pour me raconter, outrée, qu'elle a vu ce même homme glisser des papiers dans sa serviette. Il risque l'exclusion. Elle ajoute, en me regardant droit dans les yeux : « Comme ça, vous savez. »

Quelle ambiance !

Bien, je m'attaque au dossier Passemard. Et là, je dois dire qu'il y a un avant et un après cette journée : avant, je voyais la consultation des archives comme le summum de l'ennui.

Comme je me trompais… !

Ce jour-là, je découvre, pièce par pièce, tous les documents originaux d'une enquête. C'est mieux qu'un roman policier : c'est vraiment arrivé ! Je découvre – dans le style et la typographie de l'époque – l'ordre d'arrestation, le *On a repéré le couple Passemard aux alentours de…* Puis les premières paroles de Passemard : *Je ne parlerai pas sans un conseil* [un avocat]. Il y a aussi les témoignages de la victime (quand elle vit encore), du père de la victime, du voisin ou du facteur qui passait par là. Chacun livre son point de vue. Et c'est à moi de me faire une idée. J'entre – sans le vouloir – dans la peau d'un juge d'instruction.

J'ouvre soigneusement le dossier de Mme Passemard. Il est très abîmé. Certaines pages sont si fines que j'ai peur de les déchirer. Elles ont cette odeur caractéristique des documents restés enfermés pendant des décennies. Y a-t-il même une seule personne qui les ait consultées avant moi ?

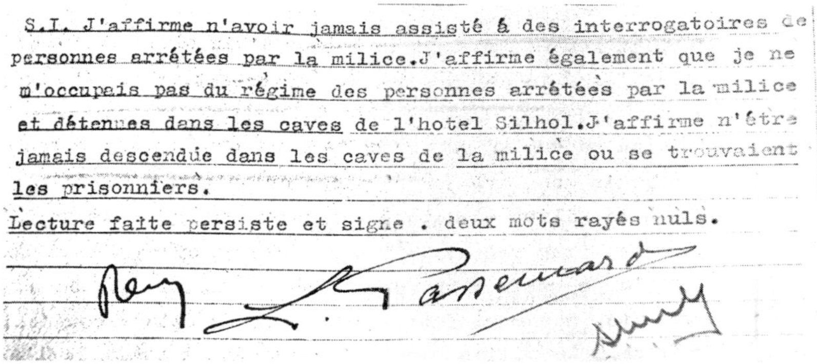
S.I. J'affirme n'avoir jamais assisté à des interrogatoires de personnes arrêtées par la milice.J'affirme également que je ne m'occupais pas du régime des personnes arrêtées par la milice et détenues dans les caves de l'hotel Silhol.J'affirme n'être jamais descendue dans les caves de la milice ou se trouvaient les prisonniers.

Lecture faite persiste et signe . deux mots rayés nuls.

Extrait du témoignage de Luce Passemard conservé aux archives départementales du Gard.

J'ai tellement de questions : Quel rôle Passemard a-t-il joué dans la Milice ? Est-ce qu'il avait une vraie autorité ? À la Libération, beaucoup d'hommes ont été exécutés lors de règlements de comptes. Ils n'étaient pas forcément coupables de ce dont on les accusait. Est-ce le cas de Passemard ? Passemard va-t-il parler de mon arrière-grand-père ? L'a-t-il protégé ?

Je découvre d'abord les prémices de l'arrestation des Passemard. Une note du 16 août 1945 indique :

Le sieur Passemard Emmanuel, 70 ans, ancien conservateur du Musée de Nîmes (Gard) milicien notoire [...] *se trouverait réfugié en vue de s'y cacher au Château de Cordès, par Orcyval (Puy-de-Dôme) chez des membres de sa famille* [...]. *Actuellement dans cette résidence, les époux Passemard ne sortiraient jamais. Le mari serait certainement armé. Étant un personnage bien connu dans le Midi, mais aucunement dans le Puy-de-Dôme, il aurait laissé pousser sa barbe. De plus, il serait en possession de faux papiers d'identité au nom* [...] *de jeune fille de sa mère.*

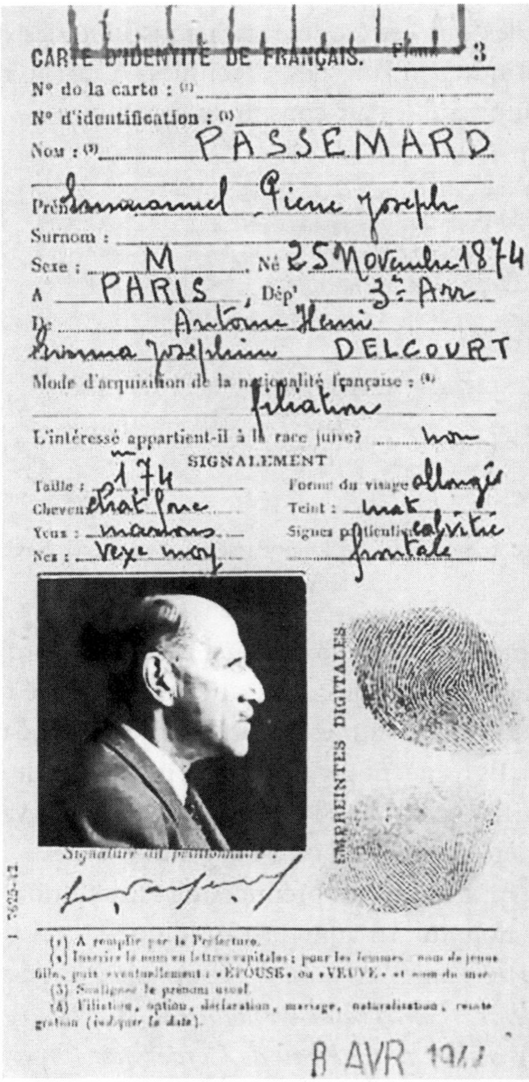

CARTE D'IDENTITÉ DE FRANÇAIS. 3

N° de la carte : (1)

N° d'identification : (1)

Nom : (2) PASSEMARD

Prénoms : Emmanuel Pierre Joseph

Surnom :

Sexe : M Né 25 Novembre 1874

A PARIS, Dép' 3e Arr

De Antoine Henri

Emma Joséphine DELCOURT

Mode d'acquisition de la nationalité française : (4) filiation

L'intéressé appartient-il à la race juive ? non

SIGNALEMENT

Taille : 1 m 74 Forme du visage allongé

Cheveux châtain Teint : mat

Yeux : marrons Signes particuliers calvitie frontale

Nez : vexe moy

EMPREINTES DIGITALES

Signature du titulaire :

(1) A remplir par la Préfecture.
(2) Inscrire le nom en lettres capitales ; pour les femmes nom de jeune fille, puis éventuellement : « ÉPOUSE » ou « VEUVE » et nom du mari.
(3) Souligner le prénom usuel.
(4) Filiation, option, déclaration, mariage, naturalisation, réintégration (indiquer la date).

8 AVR 1941

Carte d'identité d'Emmanuel Passemard.

Les Passemard sont arrêtés et inculpés d'intelligence avec l'ennemi. Une lettre de l'avocat de Passemard, datée du 3 octobre 1945, donne une idée de l'ambiance du procès :

M. Passemard s'inquiète d'être conduit au palais de justice, à l'occasion de son instruction, par l'extérieur. [...] *Il affirme avoir été en butte, à cette occasion, à des manifestations d'hostilité qui l'incitent à craindre pour sa vie.*

Je tombe alors sur une liasse – que dis-je ? – une litanie de témoignages ! Je ne les ai pas comptés. Il y en a des dizaines peut-être…

Passemard.

Ils concordent sur un point : Passemard n'est pas un second couteau dans la Milice. Il mène la danse. S'il n'est pas le chef officiel de la Milice de Nîmes, il en est le chef officieux. Voici quelques extraits :

Témoignage de F. L. [1] 40 ans. Employé SNCF :

Passemard se contenta de me donner quelques coups de poing, mais ses agents me frappèrent sauvagement alors que j'étais tout nu. Passemard a assisté à toute la scène. [...] À un moment donné, il me menaça de son revolver en me déclarant : « J'ai le droit de vie et de mort. Il faut parler. [...] Le meilleur système pour sauver sa tête, c'est de donner celle des autres. »

Il y a aussi ce témoignage de S. I. :

Passemard au cours d'un interrogatoire a cassé le nez d'un nommé C. [...] avec la crosse de son revolver. C'est C. lui-même qui me l'a raconté en rentrant en cellule. C. est décédé.

Mme S. est restée plusieurs jours enfermée dans les caves, sans boire ni manger :

C'est Mme Passemard qui s'est occupée personnellement de ma détention. Lorsque j'allais aux cabinets, j'étais accompagnée de deux miliciens. Le troisième ou quatrième jour, alors que je me rendais au cabinet, j'ai demandé la permission de me laver les mains. Tout en me lavant les mains, j'en ai profité pour m'humecter quelque peu les lèvres et apaiser ma soif qui me faisait terriblement souffrir. Mme Passemard, qui passait dans le couloir et qui s'en aperçut, se précipita vers moi et interdit dorénavant aux miliciens de m'emmener aux cabinets sans sa présence. Elle voulait certainement m'empêcher de m'humecter les lèvres. Elle a d'ailleurs déclaré aux gardiens : « Vous ne voyez donc pas que lorsque vous avez le dos tourné, elle en profite pour s'humecter les lèvres ! » Jusqu'à la fin de ma détention, à chaque fois que j'allais aux cabinets, Mme Passemard était appelée et m'y accompagnait avec mes deux gardiens. Je dois dire d'ailleurs, à la décharge de ces derniers, qu'ils étaient

1. Je n'ai conservé que les initiales des témoins pour respecter leur anonymat. Les noms complets se trouvent dans le dossier de procédure de Passemard.

beaucoup moins méchants que Mme Passemard, et qu'ils tournaient volontiers le dos pour me laisser boire. Mme S. précise qu'à chaque interrogatoire il y avait de l'eau sur la table. *On versait l'eau par terre en ma présence. Cela constituait pour moi un véritable supplice.* [...] *Je suis restée un an au camp de Belzen en Allemagne, mais* [...] *je n'y ai jamais autant souffert qu'à la milice de Nîmes où je suis restée huit jours sans boire ni manger.* [...]

Persiste et signe.

Je relève la tête. J'ai besoin de souffler devant toutes ces tortures. Je ne pensais pas que mes recherches m'amèneraient à lire ce genre de témoignages. Je dois faire une pause. Je pousse

Luce Passemard.

la porte de la salle de lecture et me retrouve soudain en plein soleil. Je respire un grand coup, fais quelques pas, éblouie par la lumière. Je profite de la chaleur sur ma peau.

Puis, je repars dans la salle climatisée des archives. Je retourne en 1945.

Cette fois, c'est le juge qui s'adresse à Passemard :

Vous possédez le diplôme de docteur ès sciences. Vous n'avez jamais été condamné. [...] *Vous avez été réformé après votre service militaire. Vous n'avez pas fait la guerre de 1914-1918. Au moment des faits qui vous sont reprochés, vous étiez conservateur au Muséum d'histoire naturelle de Nîmes. Vous ne semblez pas avoir eu d'activités politiques, jusqu'au jour où vous avez adhéré au groupe Collaboration dirigé à Nîmes par le nommé Garette, agent de la Gestapo. En octobre 1943, vous avez donné votre adhésion à la Milice où vous avez rapidement été placé à la tête du 2e service, chargé* [...] *de recueillir les renseignements.*

À la question du juge : *Qu'avez-vous à dire ?* Passemard répond :

Je n'ai jamais martyrisé personne. Et je n'ai jamais donné d'ordre dans ce sens. Il est exact, cependant, que certains prisonniers aient été frappés par des membres appartenant à mon service, parfois en ma présence, mais jamais torturés.

En réponse aux différents témoignages indiquant que certains détenus ne mangeaient pas pendant six à huit jours, Passemard affirme qu'il n'était pas au courant des privations qui leur étaient infligées. Il prétend que lorsqu'il s'en est rendu compte, au bout de huit jours, ils ont reçu de la nourriture.

Les interventions de Passemard puent la mauvaise foi à plein nez. Je ne compte plus les témoignages de tortures. Et ils se recoupent : « Il m'a cassé le nez » ; « Sa spécialité, c'était de casser le nez »...

Insidieusement, l'idée germe petit à petit : et si la petite-fille de Paul, Sophie, avait raison ? Et si Passemard était assez pervers pour rendre visite à son ancien ami, Paul Cabouat, pour réunir des preuves contre lui ? Vu les tortures évoquées, je commence à me poser la question.

Je tombe alors sur le témoignage du docteur Salan, le médecin qui a assisté à l'exécution de Passemard :

Je fus, huit jours durant, enfermé dans une cave, les mains menottées dans le dos, sans qu'il ne me fût jamais donné à boire ou à manger. Durant ces huit jours, je fus, à plusieurs reprises, interrogé par Passemard, seul ou en compagnie. [...] *Il s'attachait particulièrement à essayer d'obtenir de moi que je compromette des gens, dont il pressentait sans doute l'activité, mais contre lesquels il n'avait pas de preuves suffisantes. C'est ainsi, en particulier, qu'il s'acharna à vouloir que je porte des accusations de complicité dans la Résistance à l'égard de mes amis, le docteur Bastide du Grau-du-Roi et* le docteur Cabouat *de Nîmes.*

Le « docteur Cabouat de Nîmes ». Mon arrière-grand-père. Son nom est écrit là devant moi.

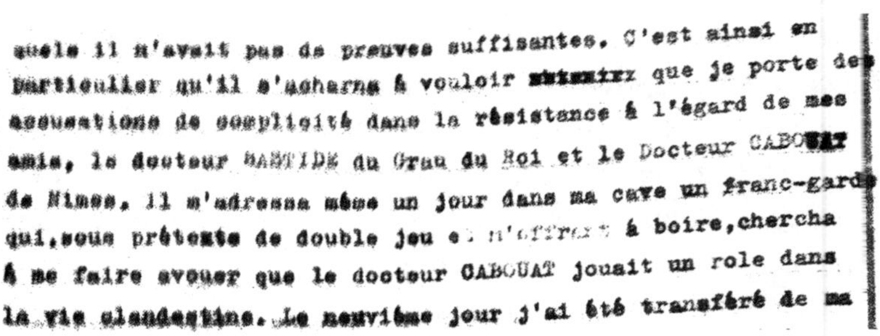
quels il n'avait pas de preuves suffisantes. C'est ainsi en particulier qu'il s'acharna à vouloir [illegible] que je porte des accusations de complicité dans la résistance à l'égard de mes amis, le docteur BASTIDE du Grau du Roi et le Docteur CABOUAT de Nimes. il m'adressa même un jour dans ma cave un franc-garde qui, sous prétexte de double jeu et m'offrait à boire, chercha à me faire avouer que le docteur CABOUAT jouait un role dans la vie clandestine. Le neuvième jour j'ai été transféré de ma

Extrait du témoignage du Dr Salan conservé aux archives départementales du Gard.

Non seulement Passemard n'a pas protégé Paul, mais il voulait sa peau... ! Et il la voulait activement ! Je laisse échapper une exclamation de stupeur dans le silence des archives. Les regards se tournent vers moi.

Je reste quelques instants, médusée. Je regarde fixement le document, puis je sors de la salle.

C'est une nouvelle trop énorme pour que je puisse la garder pour moi. J'appelle ma famille. Ma voix résonne dans le hall d'entrée des archives.

Comment peut-on arriver à une telle perversité... ? Je n'aurais jamais soupçonné ça.

*

Je suis de retour à la ferme de mes cousins pour l'heure de l'apéro. C'est une belle soirée d'été. On dîne en terrasse à la lueur des bougies. Repas succulent. Le chien se promène pas loin de nos jambes, les moustiques non plus... Je livre chaque soir le récit de mes découvertes. C'est comme un chapitre qui s'écrit au dîner, avec toute l'excitation et la consternation du moment. Mes cousins sont atterrés par le récit de l'affaire Passemard. La femme de mon cousin demande si les Passemard ont eu des descendants. Ce n'est pas le cas. Elle est rassurée. On évitera ainsi à une petite Passemard d'avoir à subir, soixante-dix ans plus tard, la révélation des agissements de ses aïeuls.

Le lendemain, j'essaye d'en savoir plus sur le docteur Salan. Je déniche un de ses livres. Salan y raconte sa détention dans les caves de la milice de Nîmes. C'est le sixième jour. Six jours sans presque rien boire, ni manger :

On m'appelle à travers le judas. Je dresse l'oreille :

— Psstt ! Psstt !

— Qu'est-ce que c'est ?

— Vous n'avez pas soif ?

— Ne fais pas l'idiot et fous-moi la paix !

— Venez ici, je vous apporte à boire.

J'y vais quand même sachant bien que c'est là une nouvelle façon de me torturer, et je suis abasourdi quand je vois que l'on me passe à travers le judas le goulot d'une bouteille de bière. Je le saisis avidement entre mes lèvres, tandis que de l'autre côté de la porte, on incline une bouteille pour que je puisse boire. C'est de l'eau, un quart de litre environ. Je le bois d'un trait, après quoi je regarde. Dans l'ombre, je devine le visage d'un franc-garde [de la Milice]. *Mais que font donc les deux sentinelles ?*

Le Dr Georges Salan.

Et voilà que ce franc-garde si charitable parle : « Ce sont vos amis qui m'envoient. J'ai vu le docteur Cabouat. Il va vous faire évader, mais il faut le mettre en rapport avec le groupe franc. Il m'a dit que vous lui donniez une adresse et un mot de passe, nous partirons tous ensemble ensuite en Angleterre. J'ai averti votre père que vous étiez ici. Donnez-moi un nom pour le docteur Cabouat. Demain, je vous apporterai encore de l'eau et du pain. »

Ah Passemard ! Comme tout cela est cousu de fil blanc et que vous êtes idiot, malgré tous vos diplômes !

Mais pourquoi en vouliez-vous tant au docteur Cabouat[1] *?*

Que s'est-il passé entre Paul et Passemard pour que ce dernier lui en veuille autant ?

Je n'ai pas de réponse à cette question. Salan non plus.

Je ne peux que suivre mon intuition : quand Passemard a évincé en 1940 son ancien ami, Marcelin, le directeur du Muséum d'histoire naturelle, pour prendre sa place, je ne serais pas étonnée que Paul lui ait dit vertement ce qu'il pensait de son attitude. Il n'était pas du genre à garder sa langue dans sa poche. Peut-être Passemard en a-t-il conçu une rancune tenace ?

Paul se doutait-il du danger qu'il courait quand Salan a été arrêté ? A-t-il envisagé de partir dans la clandestinité à ce moment-là ? A-t-il su, après la guerre, qu'il lui devait une fière chandelle… ? Sans doute. Salan et Paul sont restés en contact après la guerre. C'est Salan qui demandera l'attribution de la Légion d'honneur à Paul.

Au final, mon arrière-grand-père doit la vie sauve, non pas à Passemard, mais à Salan. Salan qui n'a jamais parlé sous la torture.

C'est lui qui a protégé Paul.

Pas ce-salopard-de-Passemard.

1. Georges Salan, *Prisons de France et bagnes allemands*, Uzès, La Capitelle, 1946.

9

Ça y est, je me suis mise à écrire. Je raconte mes recherches au jour le jour, dans un journal.

Souvent, des idées me viennent en marchant. Je les note de façon un peu fébrile sur un prospectus, un bout de papier déchiré. Surtout ne pas oublier. Après, je rassemble le tout, comme autant de pièces d'un puzzle, dans des carnets « juillet 2012 », « août 2012 ».

Je ne dis pas : « Je commence un livre », mais « je tiens le journal de mes recherches ».

C'est moins impressionnant, moins paralysant.

Et l'écriture se fait de plus en plus facile.

Après plusieurs mois, je saute le pas et décide de montrer à deux amis les vingt premières pages de mon manuscrit sur la Grande Guerre. C'est une étape importante : pour la première fois, mes écrits sont lus par d'autres. L'un est journaliste, il a publié deux livres. L'autre est néophyte.

Quelques jours plus tard, mon amie revient vers moi. On se retrouve autour d'un café. Elle me dit :

— J'aime bien ta démarche. Tu prends tout le monde à contrepied. On pense que c'est un bouquin sur le passé, et c'est une histoire actuelle. On pense que le bouquin va être triste, et c'est pétillant. D'un côté, tu as les mecs qui partent la fleur au fusil, de l'autre tu as la vieille qui caresse son chat dans la Creuse. En fait, ton bouquin, c'est l'enquête d'une trentenaire qui n'est pas experte en histoire, et qui découvre le passé de sa famille. C'est « Bridget Jones qui enquête sur la Première Guerre mondiale » !

Elle se penche vers moi et dit :

— Et ce parti pris, c'est ta force !

Deux jours plus tard, mon autre « correcteur » m'appelle :

— Écoute, ne le prends pas mal, hein ? On a du mal à sentir vraiment ce que tu veux raconter. Ça correspond sûrement à tes hésitations. Veux-tu parler de Paul ou de toi ? On s'y perd un peu. Il y a trop d'allers-retours entre la guerre et toi. Parfois, c'est de toi qu'il est question et, au moment où on va en savoir plus, tu nous replonges cent ans avant.

Ses remarques me paralysent. Elles font ressurgir cette voix, jusqu'ici tenue à distance, cette voix qui me dit : « Lucie, de toute façon, tu ne sais pas écrire. Tu n'as jamais écrit de ta vie. Imprime un polycopié avec ce que tu as trouvé, distribue-le à ta famille et ce sera très bien. »

Un peu plus tard, je raconte cette conversation à Emmanuel Guibert. Il réagit :

— Lucie, vous ne POUVEZ pas montrer les vingt premières pages de votre projet. C'est beaucoup trop court. Ne montrez rien tant que vous n'êtes pas sûre. Rien ne presse : il ne faut pas avoir peur du temps. J'ai fait échouer des projets comme ça. Ils sont revenus avec trop de traces de doigts. C'est à vous d'enlever les faiblesses de votre livre. Votre force viendra du travail. Les autres sont les cadets de vos soucis. Vous êtes les autres. Si ça vous plaît, ça plaira aux autres. Oubliez-les. Vous seule savez si vous jouez du pipeau.

C'est la grande difficulté de l'écriture : on écrit ce qu'on est.

10

On m'a conseillé de contacter Maurice Rochaix, un collègue de Paul qui a dirigé l'hôpital de Nîmes après la guerre. Peut-être aura-t-il d'autres histoires à raconter ? En cherchant dans l'annuaire, je trouve trois numéros : l'un à Dijon, l'autre à Megève et le dernier dans un village dont j'ai oublié le nom. J'appelle le premier.

Le téléphone sonne.

Une femme répond :

— Allô ?

— Allô bonjour, je m'appelle Lucie Tesnière. Je fais des recherches sur mon arrière-grand-père, Paul Cabouat, dont je pense qu'il a peut-être connu votre mari, Maurice Rochaix. Serait-il possible de lui parler ?

La femme pose le combiné pour aller chercher son mari.

Si je dois appeler trois Maurice Rochaix, autant simplifier mon accroche ! Je décide de faire court, histoire d'être fixée. Un homme s'empare du combiné :

— Allô ?

— Allô, bonjour, je suis l'arrière-petite-fille du docteur Paul Cabouat.

Long silence…

— Ah madame, vous allez m'émouvoir !

Maurice Rochaix a une admiration sans bornes pour Paul. Il insiste pour m'appeler « Madame ». Il ne sait rien au final de la vie de Paul pendant la guerre, mais, d'une voix toute faible, il me dit :

— Vous savez, j'ai travaillé avec Chaban-Delmas, avec Raymond Barre. Eh bien, je peux vous dire que c'est Paul Cabouat qui m'a le plus apporté. C'était un homme exceptionnel. Il avait un sens civique hors du commun.

Je raccroche, perdue dans mes pensées et marquée par les mots que je viens d'entendre…

La sonnerie de mon portable me ramène à la réalité. Bizarre : c'est mon boss. On avait convenu qu'il ne m'appellerait pas pendant mon congé sabbatique. Je décroche :

— Lucie, il y a 99,5 % de chances pour que notre association cesse d'exister. La décision doit être prise au prochain conseil d'administration dans une semaine.

Puis il enchaîne sur les conditions possibles de mon licenciement.

Notre association est en grande difficulté, à cause d'un contrat immobilier signé huit ans auparavant.

J'ai travaillé sept ans dans cette association, sept ans qui m'ont vue grandir. Si je suis licenciée immédiatement, j'ai droit à des indemnités équivalentes à sept mois de salaire. J'ai peur de me retrouver au chômage, et en même temps, une petite voix, tout au fond de moi, chuchote : « Sept mois de salaire : c'est exactement ce dont tu as besoin pour mener à bien ton projet… ! »

Je ne souhaite pas la fin de notre association, ni de l'emploi de mes collègues auxquels je suis très attachée. Mais quelle chance ce serait de pouvoir terminer ce projet sans me préoccuper des conditions financières ! C'est peut-être une opportunité pour moi. Ma famille, elle, est inquiète.

Quelques jours plus tard, je reçois un SMS de mon boss : notre association va survivre.

11

Mes recherches sur Paul commencent à s'essouffler. Il est temps de passer à autre chose.

Je décide alors d'interviewer le fils de Paul, Jean-Pierre, sur son parcours de résistant. Jean-Pierre est une figure dans la famille. Résistant. Ancien ambassadeur. Père de huit enfants.

Je lui propose de me retrouver dans le jardin familial de Nîmes. J'ai fait appel à son fils et à son petit-fils, tous deux réalisateurs et producteurs de documentaires, pour le filmer. Ils sont arrivés de Paris avec leurs caméras et leurs micros. Une première pour moi.

J'annonce à tout le monde que je pars en « week-end de tournage ».

Je suis dans les starting-blocks.

JEAN-PIERRE

1

— Jean-Pierre. Première !

CLAP !

— Ça tourne, là ?

— Oui, c'est bon, on peut commencer l'interview.

Jean-Pierre se redresse légèrement. Derrière la caméra, son fils et son petit-fils. En bruit de fond, le ruissellement d'une fontaine.

Je me tourne vers Jean-Pierre. Je ne suis pas encore à l'aise avec la caméra. J'entends ma voix un peu guindée demander :

— Alors, Jean-Pierre, comment s'est faite ton entrée dans la Résistance ?

— Tu peux parler plus fort, s'il te plaît ? Parce que là, je ne vais rien entendre !

— COMMENT S'EST FAITE TON ENTRÉE DANS LA RÉSISTANCE ?

Jean-Pierre se met à raconter son engagement avec son cousin Jacques Dupuy au sein des mouvements Libération, puis Combat : la diffusion clandestine du journal, le plastiquage nocturne de boutiques de collabos.

— C'était pas très malin ! Mais enfin… On le faisait quand même !

Les choses s'accélèrent pour lui en 1943. Il est convoqué à 21 ans au Service du travail obligatoire (STO). Il décide alors de rejoindre Londres en passant par l'Espagne. Il entre en contact avec des passeurs et prévoit de prendre le train jusqu'à la frontière espagnole, puis de traverser à pied les Pyrénées. Ils sont tout un groupe à tenter le passage. Jean-Pierre ne connaît pas les autres :

— On est monté dans le train. La Gestapo a réclamé nos papiers. J'ai montré les miens. Ils sont passés au suivant, un coiffeur des Sables-d'Olonne, qui avait détruit sa carte d'identité. Il s'est retourné vers moi et m'a demandé : « Qu'est-ce que je dis ? » Quel crétin ! La Gestapo a alors fouillé nos affaires, sous l'œil ironique des soldats allemands du wagon accourus à cette aubaine : des « Franzose » pincés ! Ils ont trouvé des cartes d'Espagne, des pesetas… Résultat : On était deux retenus sur une dizaine.

On a passé la nuit dans une salle de garde sous le portrait du Führer. On m'a interrogé : « Pourquoi partiez-vous en Espagne ? — J'allais chercher des oranges pour ma grand-mère qui est malade. »

Puis on nous a ramenés à Perpignan entre deux soldats allemands, les menottes aux mains. On a été incarcérés à la citadelle, où les Allemands avaient installé une prison pour les personnes arrêtées au passage des Pyrénées. Chaque nuit, la porte s'ouvrait pour laisser entrer de nouveaux prisonniers, des militaires démobilisés, et surtout des jeunes qui, comme moi, fuyaient le STO. Il y avait aussi des Algériens, quelques Belges et des Polonais qui avaient traversé l'Europe et surmonté mille difficultés pour échouer si près du but…

Nous étions une quarantaine dans une cellule de douze places. Le moral était excellent : histoires marseillaises, chansons en tous genres de la « Java bleue » au « Chant du départ », ou des mélodies arabes à la « brabançonne ». Mais l'instant que nous attendions avec joie était celui où les Allemands, rentrant de l'exercice, s'engageaient en chantant sous le porche de la citadelle. Nous entonnions à ce moment-là d'une voix tonitruante qui les couvrait totalement : « Vous n'aurez pas l'Alsace et la Lorraine » !

Un matin vers 5 heures, branle-bas de combat. Trente-cinq de nos camarades ont été appelés pour être emmenés à la gare où des wagons « spéciaux » les attendaient. Tous les quinze jours, il y avait un convoi qui partait pour l'Allemagne. Le hasard voulut que je ne fasse pas partie de ce convoi : il manquait une fiche à mon dossier. Et j'ai pu m'enfuir avant le train suivant. Mais c'était le hasard total. J'aurais dû partir !

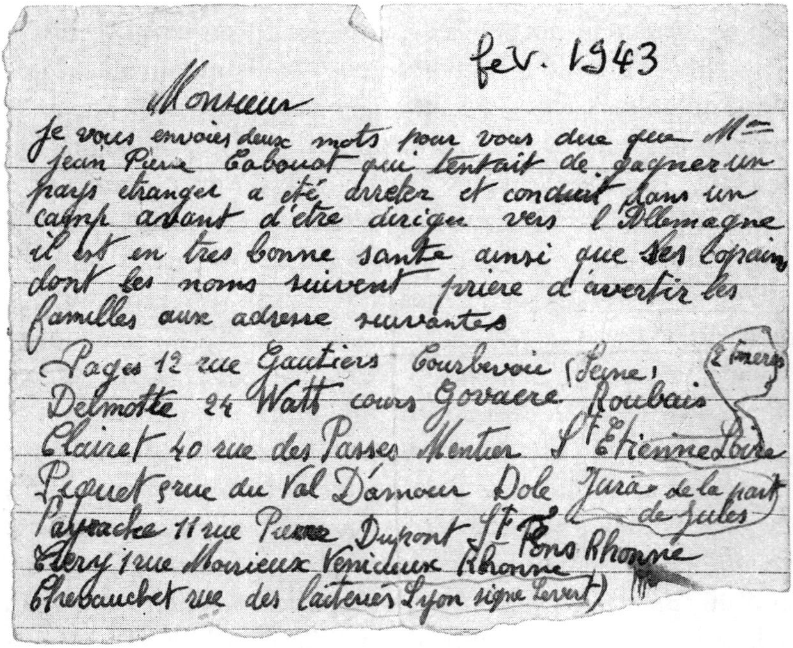

fev. 1943

Monsieur

Je vous envoies deux mots pour vous dire que Mr
Jean Pierre Cabouat qui tentait de gagner un
pays étranger a été arrêter et conduit dans un
camp avant d'être dirigé vers l'Allemagne
il est en très bonne santé ainsi que ses copain
dont les noms suivent prière d'avertir les
familles aux adresse suivantes

Pages 12 rue Gautiers Courbevoie (Seine) (2 frères)
Delmotte 24 Watt cours Govaere Roubaix
Clairet 40 rue des Passes Mentier St Étienne Loire
Pequet 9 rue du Val D'amour Dole Jura
Payracka 11 rue Pierre Dupont St Fons Rhonne
Clery 1 rue Mouvieux Venicieux Rhonne
Chesaucbet rue des laiteries Lyon signé Levret)
de la part de Jules

Lettre informant de l'arrestation de Jean-Pierre.

D'ailleurs, c'est ce qu'on attendait tous [1]. On pensait qu'on s'évaderait du train. C'était l'idée ferme qu'on avait en tête ! En fait, c'était pas si évident…

Dans la citadelle, j'ai fait la connaissance de deux gars et de passeurs catalans. Tous les cinq, on a décidé de s'évader. On a vu qu'il y avait une lucarne dans notre cellule, par laquelle on pouvait se faufiler, à condition d'enlever les barreaux. Malgré le contrôle de nos geôliers, j'avais réussi à garder mon couteau suisse. La lucarne donnait sur un petit couloir, qui conduisait à l'extérieur de la forteresse. La nuit, on a tordu le barreau. Je suis passé à travers la lucarne. Moi, ça allait

1. Nombreux sont ceux qui ont été ensuite déportés dans les camps de concentration nazis.

encore, mais parmi les cinq, il y en avait un, un peu plus corpulent, qui a eu toutes les peines du monde à s'extirper ! On a débouché sur une galerie qui permettait de sortir de la forteresse entre deux rondes de la sentinelle allemande. On avait préparé des cordages avec des draps. On est tombé à l'extérieur de la forteresse, et on est passé dans la ville.

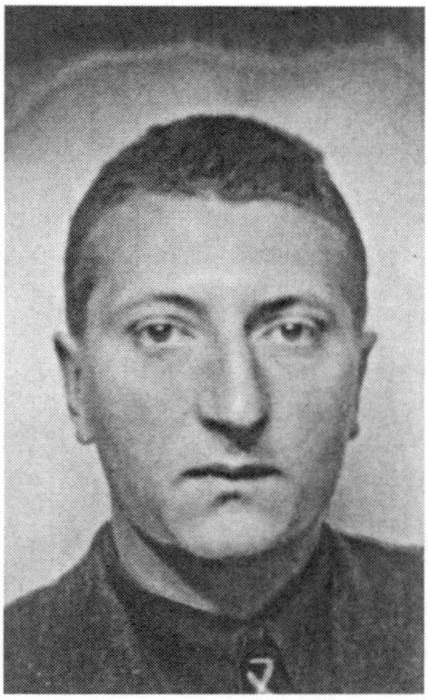

Jean-Pierre Cabouat en mai 1943.

Au bout de quelques jours, Jean-Pierre franchit la frontière espagnole avec les autres fugitifs. Des franquistes les livrent *illico* à la police. Ils sont incarcérés à la prison de Figueiras.

— On y a retrouvé des républicains espagnols qui étaient là depuis au moins un an ou deux. Ils avaient été faits prisonniers par les franquistes, et étaient en train de pourrir dans cette prison. Et, au matin, on les tuait, on les exécutait. C'était atroce. Les soirs où il y avait des exécutions, tous les républicains espagnols chantaient un adieu… Ils chantaient l'adieu aux copains qui allaient mourir…

Tu vois, ça me fait presque pleurer…

Je préfère ne pas en parler…
C'était tellement émouvant…

*

Les caméras continuent de tourner, braquées sur Jean-Pierre. De temps en temps, son petit-fils se déplace. Il filme les mains de son grand-père, son profil.

Jean-Pierre poursuit :

— À partir de là, on a fait le tour des prisons espagnoles : Figueiras, Gérone, Barcelone… ! À la prison de Barcelone, on m'amène entre deux flics pour entrer dans une cellule. Plus ou moins menotté. On ouvre la porte et qui je vois ? Mon cousin Jacques Dupuy et mon ami Pierre Maroger ! Par hasard ! Jacques crie et bondit vers moi. On est tombés dans les bras les uns des autres ! Les gardiens – voyant qu'on se connaissait – nous ont séparés. On a juste eu le temps de s'embrasser. Mais c'était pour nous une information énorme ! Voilà, le hasard fait les choses de manière bizarre… Je n'ai revu Jacques qu'après la guerre. Pierre, lui, a été tué pendant la libération de Paris.

En 1943, Jean-Pierre envoie une lettre à ses parents, où il raconte cette rencontre. Mais la lettre est tellement codée, qu'elle en devient incompréhensible pour nous :

Chère Mademoiselle,

Je veux vous remercier de vos lettres si affectueuses qui ont été pour nous un sérieux réconfort. Mes enfants ont passé heureusement ce mauvais pas et ont été ravis de se retrouver tous ensemble ici. Je pense que d'ici quelques semaines, cette longue maladie ne sera plus qu'un mauvais souvenir.

Figurez-vous que Pierrette a retrouvé Jacqueline ici, mais les risques de contagion sont encore trop grands et je n'ai pu les

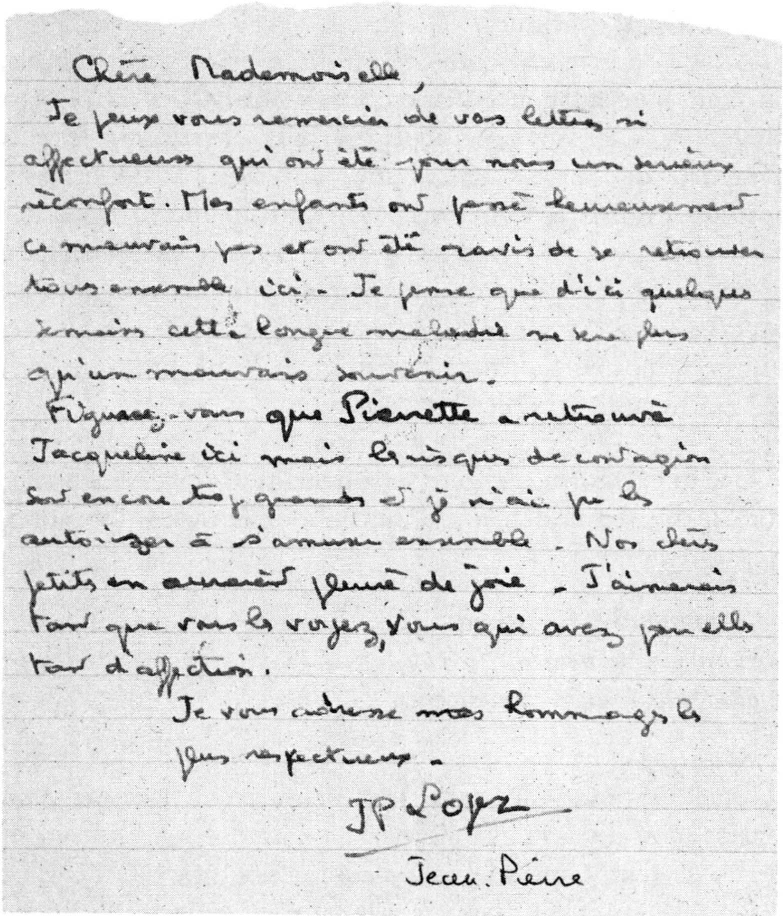

Chère Mademoiselle,

Je peux vous remercier de vos lettres si affectueuses qui ont été pour nous un sérieux réconfort. Mes enfants ont passé heureusement ce mauvais pas et ont été ravis de se retrouver tous ensemble ici. Je pense que d'ici quelques semaines cette longue maladie ne sera plus qu'un mauvais souvenir.

Figurez-vous que Pierrette a retrouvé Jacqueline ici mais les risques de contagion sont encore trop grands et je n'ai pu les autoriser à s'amuser ensemble. Nos deux petits en auraient pleuré de joie. J'aimerais tant que vous les voyiez, vous qui avez pour elles tant d'affection.

Je vous adresse mes hommages les plus respectueux.

JP Lopez

Jean-Pierre

autoriser à s'amuser ensemble. Nos chères petites en auraient pleuré de joie. J'aimerais tant que vous les voyiez, vous qui avez pour elles tant d'affection.

Je vous adresse mes hommages les plus respectueux,

J.-P. Lopez.

— Avant mon départ, on s'était mis d'accord avec les parents pour donner des prénoms de petites filles à mes cousins dans nos lettres. Donc ils savaient exactement de qui je parlais.

Jean-Pierre continue :

— À la prison espagnole, si on disait qu'on était français, on était livré au gouvernement de Vichy. Alors, la plupart disaient : « Je suis québécois, je suis américain. Je suis n'importe quoi ! » En ce qui me concerne, j'ai déclaré être portugais, donc ça, c'était original ! Un copain portugais m'a fait passer pour son frère. On a eu la visite du consul du Portugal. Je dépendais de lui pour obtenir un visa pour ce pays. Le consul savait parfaitement que j'étais français. (Il s'est adressé à moi en français.) Il m'a dit : « Vous dites que vous êtes portugais ? Très bien. Je vous donne un visa ! »

Une fois au Portugal, Jean-Pierre demande à intégrer la France libre. Je trouve aux archives de Vincennes sa lettre de motivation.

Excellence,

Je, soussigné J.P. Cabouat [...], *désire être placé sous la protection du Gouvernement de Sa Majesté George VI.* [...] *Je désire rejoindre la France combattante.*

Rien que ça...

Quelques jours plus tard, Jean-Pierre reçoit la visite d'un représentant de la France libre.

Peu de temps après, il s'envole pour Londres.

Un télégramme adressé au général de Gaulle annonce son arrivée.

GORLIER À GÉNÉRAL DE GAULLE
POUR RECRUTEMENT : STOP
VOLONTAIRE CABOUAT PARTI HIER SOIR PAR
AVION POUR LONDRES
Lisbonne, le 2 juillet 1943.
CH. GORLIER

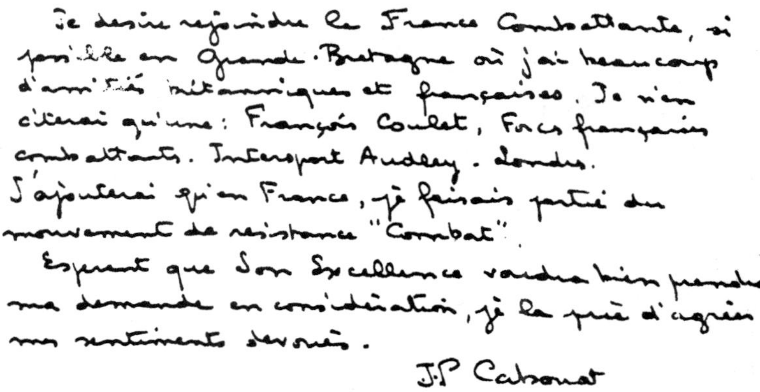

Je désire rejoindre la France Combattante, si possible en Grande-Bretagne où j'ai beaucoup d'amitiés britanniques et françaises. Je ne citerai qu'une : François Coulet, Forces françaises combattantes. Interport Audley. Londres.
J'ajouterai qu'en France, je faisais partie du mouvement de résistance "Combat".
Espérant que Son Excellence voudra bien prendre ma demande en considération, je la prie d'agréer mes sentiments dévoués.
J.P Cabouat

La « lettre de motivation » de Jean-Pierre Cabouat
pour entrer dans la France libre.

Alors, je sais : Charles de Gaulle n'a pas reçu lui-même ce télégramme. (C'est un peu comme si, aujourd'hui, on écrivait un e-mail à PrésidentdelaRepublique@gouv.fr. C'est une boîte aux lettres générale.)

Mais quand même.

Il en jette, ce télégramme.

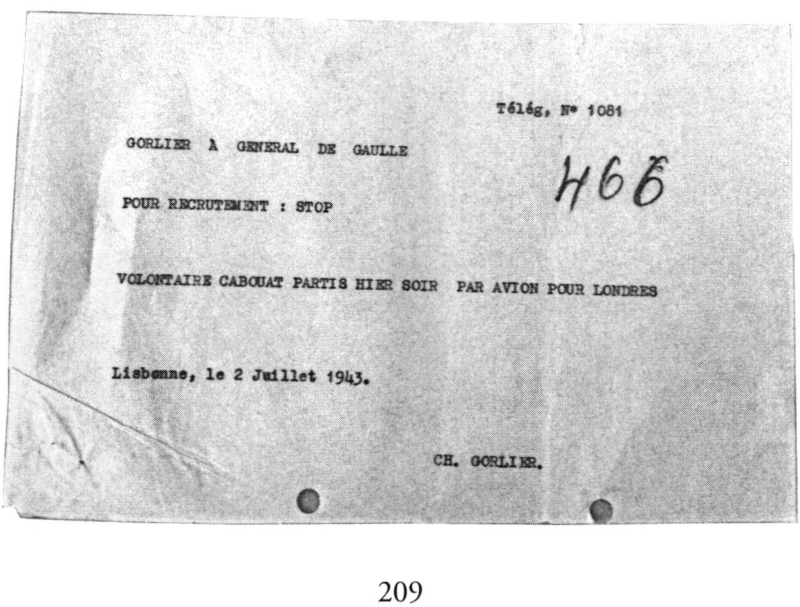

Télég, N° 1081

GORLIER A GENERAL DE GAULLE

466

POUR RECRUTEMENT : STOP

VOLONTAIRE CABOUAT PARTIS HIER SOIR PAR AVION POUR LONDRES

Lisbonne, le 2 Juillet 1943.

CH. GORLIER.

2

Une fois en Angleterre, Jean-Pierre est placé en résidence.

— On était mis sous clé, quoi ! Tous ceux qui arrivaient étaient enfermés pour vérifier qu'ils n'étaient pas des espions allemands.

Jean-Pierre s'engage au Bureau central de renseignements et d'action, le BCRA.

— Dans un château à la campagne, on nous a appris l'usage des explosifs, le morse, l'art du cambriolage et le parachutisme. À Londres, il y avait une ambiance de guerre la nuit, à cause des bombardements. Mais, dans la journée, l'atmosphère était très vivante, jeune. On voyait dans la rue des militaires canadiens, américains. Ils étaient très touchés qu'il y ait des Français. (« *Oh you are French ! How wonderful !* ») Il y avait des bals tous les soirs où on allait en uniforme. Il y avait beaucoup de femmes en uniformes aussi !

C'est à Londres que Jean-Pierre rencontre sa première femme : Claire est franco-anglaise. Le 18 juin 1940, elle a entendu à la radio l'appel de de Gaulle et a décidé de rejoindre Londres avec son père.

— Vous vous connaissiez depuis combien de temps quand vous vous êtes mariés ?

— Un mois.

Jean-Pierre cherche à donner de ses nouvelles à sa famille. Il fait lire un message anonyme à la BBC, en espérant que ce message atteindra ses destinataires : « J'ai trouvé un moyen de parler de moi sans donner mon nom. »

Encore une bouteille à la mer lancée de l'autre côté de la Manche…

Messages des Volontaires français,
adressés à leurs familles.

No. 1007.

-"CHARLES-HENRI, né le 15 Septembre, à mère de Josette, Croix de Lorraine: bien arrivé, bonne santé, vous embrasse tous."

-"Le brigand du village fait dire à ses amis auvergnats et à ses parents à Lyon qu'il est en bonne santé en Angleterre, qu'il pense beaucoup à eux et les embrasse tous."

-"JEAN-PIERRE, né le 25 Décembre 1921, embrasse toute sa famille, ses frères Claude et Daniel, sa filleule Nicole. I a vu le Professeur Double-Mètre. Tous en bonne santé. Bon courage. = JEAN-PIERRE."

Il lit aussi à la radio un texte en souvenir de son incarcération en France et conclut : « Nous n'oublierons jamais la citadelle de Perpignan. »

La famille de Jean-Pierre a-t-elle reçu ces messages ?
Pour répondre à cette question, je suis allée voir le petit frère de Jean-Pierre : Daniel.
En 1943, Daniel a 13 ans. Il vit à Nîmes dans la maison familiale.
Ses souvenirs croisent ceux de Jean-Pierre. C'est la même histoire vue à travers les yeux d'un gamin.

Daniel Cabouat, sa nièce Nicole et son frère Claude.

Quand Jean-Pierre est parti pour Londres, les parents ont fait croire à Daniel que son frère était parti avec « Jeunesse et Montagne », une organisation pétainiste.

— Tu comprends, on ne parlait pas aux enfants. On pensait : « Moins ils en savent, plus ils sont protégés. »

Daniel poursuit :

— Un jour, vers 19 heures, coup de sonnette. Je vois papa sortir de son contrôle habituel : les voisins arrivent avec une grosse radio. À l'époque, les radios étaient grandes comme ça ! [vaste geste de Daniel] Ils installent la radio. Une prise de courant. Un fil pour avoir un bout d'antenne. Papa tâtonne pour trouver la station. Attente interminable… Et puis, on entend : « Ici, Londres. Un jeune Français, arrivé il y a peu de temps en Angleterre, va vous parler. » Alors excitation de mon père, qui était quand même rarement excité ! Je crois d'ailleurs que c'est la seule fois de ma vie où j'ai vu mon père excité ! Ma mère, elle, disait : « Non, c'est pas possible, c'est pas possible. » Et Jean-Pierre a commencé à parler dans les brouillages. Ça n'a pas duré longtemps, mais sur les premiers mots… Mon père… (sanglot de Daniel) a fait la bêtise de dire : « C'EST LUI ! » sans voir que j'étais dans son dos ! Et c'est comme ça que j'ai appris. Personne n'a compris le choc d'un ado à qui on a caché la vérité.

J'aurais tellement voulu en savoir plus !

J'avais 13 ans.

Et c'était la première fois que le mur de silence qui nous entourait, nous les petits, était rompu.

3

Décembre 1943. Londres.

Jean-Pierre apprend qu'il va être parachuté en France :

— Une voiture m'a emmené à l'aéroport. Là, il y avait un local spécial. On m'a vêtu en civil. On m'a confié une valise pleine de billets de banque, une autre avec des vêtements de marques françaises pour éviter, si j'étais arrêté, d'être identifié par une marque britannique. On m'a aussi donné une capsule de cyanure. Quand on allait à un rendez-vous, on mettait la capsule entre les dents. Si on fermait la mâchoire, on mourait instantanément. J'ai mis ce cyanure dans ma bouche chaque fois que j'allais à un rendez-vous. On m'avait dit : « Si vous êtes pris, il vaut mieux vous supprimer », et j'étais bête et discipliné… ! [Rire de Jean-Pierre]

On m'a donné une nouvelle identité. Après ça, ils m'ont remis des messages pour la Résistance et hop dans l'avion ! L'avion a décollé à la nuit tombante. Je me souviens encore de l'officier canadien, qui m'a fait signe de sauter.

Et voilà.

J'ai sauté.

À l'arrivée, j'ai eu des problèmes. On avait changé de terrain parce qu'il était occupé par les Allemands. Le truc, c'est que je n'ai pas été prévenu. Donc, je me suis retrouvé tout seul. Il y avait pas loin de moi une dizaine de containers d'armes éparpillés dans la nature. J'ai passé la nuit à attendre. C'est seulement au matin que j'ai eu la joie d'entendre les autres maquisards.

C'est comme ça que j'ai atterri en Ardèche.

Après mon parachutage, comme je devais rester quelques jours sur place, le gars qui me recevait a accepté de contacter mes parents. Il est parti pour Nîmes avec un mot de passe pour que mes parents lui fassent confiance. Je lui avais dit : « Dans ma chambre, il y a un dessin de Hansi représentant l'entrée des Français dans Strasbourg en 1918. »

Jean-Pierre se met à pleurer en évoquant ce souvenir.

— C'est stupide…, dit-il.

À ce moment-là, le témoignage de Daniel, son petit frère, m'est à nouveau précieux. Daniel se souvient du comportement surprenant de ses parents, le jour où ils ont été prévenus du retour en France de Jean-Pierre.

— Tout d'un coup, effervescence chez maman. Elle fouille dans la chambre de Jean-Pierre, prend ses habits, et fébrilement découd les marques de fabrique ! Le lendemain, papa et maman sont partis en emportant ses affaires, sans dire où ils allaient. Là, je savais qu'ils allaient voir Jean-Pierre, c'était pas possible autrement ! Et encore, on ne m'a rien dit. Ils sont rentrés, ils avaient l'air satisfaits. Mais motus, toujours. Et tu vois, à cet âge-là, on gamberge, on essaye de raccrocher les nouvelles entre elles. Depuis qu'on a une radio, j'ai entendu parler de parachutage… C'est curieux, non ? Si les parents sont partis en voiture avec ses affaires, Jean-Pierre ne doit pas être très loin. D'où la liaison entre les deux.

Moi, j'ai su que mon frère était parachuté en France sans qu'on me le dise !

4

— Si on se faisait une petite pause ?

On arrête les caméras. Jean-Pierre prend un verre d'eau. Mon cousin remplace la cassette et fait des essais de son : « Lucie, fais attention à ne pas entrer dans le champ. Parfois, on voit un bout d'épaule. »

Je soupire, étire mon dos et fais quelques pas.

Notre cousine apporte des orangeades. On boit en silence. Je regarde la terrasse et le jardin autour de moi. On entend le clapotis de la fontaine, où des oiseaux viennent se rafraîchir.

— On reprend l'interview ?

— Ça marche.

— Jean-Pierre. Deuxième.

CLAP.

— J'ai été envoyé en France comme délégué militaire régional adjoint. On assurait la liaison entre les réseaux de Résistance en France et l'état-major des Forces françaises de l'intérieur (FFI) à Londres, dirigé par le général Koenig. D'un côté, on informait Londres des besoins en armes des réseaux de Résistance. De l'autre, on réceptionnait les demandes d'information de Londres. L'avantage ? Ce qu'on disait à Koenig, il le croyait. Si ça venait des FFI, il ne l'aurait pas forcément cru. Mais, en même temps, on était regardé avec méfiance par les FFI : « Ces gens-là, ça va encore être la dictature de de Gaulle ! »

L'équipe à laquelle appartient Jean-Pierre est responsable de la région A, c'est-à-dire des départements du nord de la France [1].

— J'ai été parachuté en Ardèche parce que le réseau du Nord avait été démantelé. Mais je devais rejoindre le Nord. Le trajet Lyon-Paris, c'était pas très gai, parce que j'avais deux valises pleines de documents et d'argent que j'apportais de Londres pour la Résistance. Il y a eu un contrôle allemand à la sortie de la gare de Lyon ! J'ai eu de la chance, je suis passé… Et après le passage, j'ai remis les valises à la fille qui m'attendait. C'était l'agent de liaison de Chaban-Delmas. À Paris, j'ai été mis en contact avec Chaban-Delmas, qui était délégué militaire du territoire français. Il m'a informé dans un bistrot porte Maillot des arrestations qui avaient eu lieu. Quelques jours plus tard, j'avais rendez-vous avec lui, près des Champs-Élysées. Il se précipite vers moi : « Cher ami, je suis désolé, j'ai de très mauvaises nouvelles de votre mère, il faut absolument que vous veniez avec moi ! » Il voulait me dire que le rendez-vous était brûlé. On a foutu le camp tout de suite. Je me souviendrai toujours de cette entrevue manquée ! Voilà, c'était la vie de la Résistance : il y avait toujours une haute part de risque.

— Et le débarquement, tu t'en souviens ?

— Oui. Quand les Alliés sont arrivés en Normandie, le 6 juin 1944, on était à Paris. On subissait des bombardements anglais et américains terribles. Je dormais dans le VIe arrondissement lorsque j'ai été réveillé par les forteresses volantes.

1. Le Pas-de-Calais, le Nord, l'Aisne et la Seine-Inférieure (la Seine-Maritime aujourd'hui).

On est parti le lendemain à vélo pour rejoindre notre QG dans le Nord : il n'y avait plus de train jusqu'à Amiens. À mi-chemin, on a fait du stop. Des Allemands faisaient du stop aussi. C'est comme ça qu'on s'est retrouvés dans un camion, pendant trente kilomètres, avec des Allemands. Quand on passait dans des forêts, ils montraient les sous-bois en disant : « ATTENTION ! TERRORISTES ! » [Rires] Ça nous faisait marrer ! On reprenait : « ATTENTION ! TERRORISTES ! » Et on avait sur nous des plans et des papiers compromettants ! On aurait été bons s'ils nous avaient fouillés !

On se croirait dans une scène de *La Grande Vadrouille* !

Jean-Pierre poursuit :

— Un jour, je suis parti avec l'un des dirigeants de la Résistance locale récupérer des armes parachutées. On va les chercher, on remplit la traction avant, pour rejoindre le maquis. En route, on tombe sur un village bourré d'Allemands : ils étaient en train de mettre en place un système de contrôle ! Alors, on est passé doucement sans accélérer... en serrant les fesses ! Parce que les Allemands étaient tout autour de nous ! S'ils nous avaient arrêtés, on était bons ! On pouvait raconter tout ce qu'on voulait. Ils auraient vu les armes. Elles n'étaient même pas cachables !

On a appris que dix minutes après, ils avaient mis en place les contrôles.

Voilà. Mais on a serré les fesses, ça, je peux te le dire !

Jean-Pierre continue :

— Je me souviens aussi d'une réunion à Arras en 1944 avec des dirigeants de la Résistance. J'arrive et qui je vois assis à table ? Mon oncle Jean ! Jean Cabouat ! Qui me dit : « Bonjour Jean-Pierre ! Comment vas-tu ? » J'étais stupéfait ! Il m'a dit : « J'ai été nommé préfet du Pas-de-Calais de la Résistance. À la Libération, c'est moi qui vais exercer. Je savais que tu allais venir. » Mais, moi, je n'étais pas au courant, évidemment ! Alors, on s'est fait la bise, et puis on s'est séparé parce que chacun avait son boulot à faire.

Je pose une dernière question à Jean-Pierre :

— Tu te souviens de l'arrivée des Américains ?

— Tu penses ! Comme si c'était hier ! J'étais à l'orée d'un village. Tout à coup, on entend des tanks arriver. Alors on se planque, évidemment ! On ne savait pas qui c'était. On regarde : des GI's ! Ils étaient assis là, tranquilles. Eux, ils savaient bien qu'il n'y avait plus d'Allemands à cet endroit-là. Ils nous ont versé de la bière. On a fêté ça ! Puis ils ont continué, et ils sont tombés en panne d'essence à quelques kilomètres [rire].

Avec l'arrivée des premiers blindés américains, j'ai eu l'impression de vivre une nouvelle vie ! J'étais tellement persuadé qu'un jour ou l'autre on allait y passer. Il y avait quand même une chance sur deux d'y rester ! Et d'un coup, c'était la renaissance !

Alors, bien sûr, la guerre n'était pas terminée. Il y avait des bombardements.

Mais enfin, pour l'essentiel, on voyait l'horizon s'éclairer…

5

L'interview est terminée. Jean-Pierre saisit sa canne. Il se relève :

— Ça va ? Tu es contente de notre entretien ?

— Très !

Mon cousin va faire quelques prises de vues de la maison sous les pins. On range les caméras.

Je reste avec Jean-Pierre et sa femme.

— J'ai l'intention d'organiser une réunion familiale pour raconter mes découvertes sur la Seconde Guerre mondiale.

Jean-Pierre se penche vers moi :

— Une personne que tu devrais explorer avant ta réunion, c'est Jeannette.

— C'est qui, Jeannette ?

— Tu sais… Jeannette ! C'était la sœur de Paul.

— Ah oui, la petite sœur à qui il écrivait pendant la Première Guerre mondiale ?

— Oui ! En 1941, Jeannette est devenue agent de liaison pour la Résistance. Elle a été arrêtée et déportée. C'était un sacré bout de femme, Jeannette ! Toute petite, mais quel caractère ! Elle est morte il y a quelques années, mais sa fille, Jenny, pourrait te parler d'elle.

— Ça marche ! Je vais essayer de la contacter. Mais, pour l'instant, ma priorité, c'est de trouver un endroit pour vivre.

— Tu n'as plus ton appartement à Bruxelles ?

— Non, je l'ai confié à ma remplaçante. J'aimerais avoir un « chez moi », une base à Paris, et me déplacer à partir de là. Il va falloir que je commence sérieusement à chercher une colocation.

La fin du week-end arrive. Tout le monde repart. Je reste à Nîmes. L'après-midi est consacrée à la recherche d'un logement sur Internet. Juste avant d'aller me coucher, coup de téléphone d'une amie de Bruxelles, Ariane, française elle aussi :

— Alors, ton congé sabbatique ?

— C'est cool. Là, je suis en pleine Seconde Guerre mondiale ! Et accessoirement à la recherche d'un appartement à Paris ! Et je m'aperçois que le prix que je paye à Bruxelles pour un appart de 50 mètres carrés me permet uniquement d'avoir une chambre de bonne à Paris !

— Pourquoi tu ne vas pas habiter dans mon appart ?

Silence…

— Quel appart ?

— L'appartement que j'ai à Paris aux Buttes-Chaumont.

— Tu as un appartement aux Buttes-Chaumont ?!

— Oui, j'y vais de temps en temps, et je le prête aux amis de passage.

— Tu plaisantes ?

— Non.

— Et le loyer serait de combien ?

— Tu aurais juste les charges à payer.

— Tu déconnes, là… ?

— Non !

Et c'est comme ça que, grâce à Ariane, j'ai pu poser mes valises pendant la durée de mon congé sabbatique dans un appartement calme, à cinq minutes des Buttes-Chaumont, pour un loyer plus que modeste.

La question du logement étant réglée, il ne me reste plus qu'à trouver un lieu où travailler. Je commence à chercher un espace de coworking. Je repère un lieu dédié à l'écriture et à l'édition. Ce serait parfait pour moi ! Mais je ne pourrai le visiter que dans une semaine. Je découvre aussi un autre espace au nom étrange : MUTINERIE. Il n'est pas dédié aux gens qui écrivent, mais il est juste à côté des Buttes-Chaumont. J'y passe par curiosité.

C'est un lieu original qui mélange design ancien et moderne. Les gens prennent le temps de se parler, sont souriants, chaleureux. J'y trouve des initiatives inspirantes. Je tombe en arrêt devant un ami que je n'ai pas vu depuis cinq ans ! Il me croyait à Bruxelles, je le pensais à Londres ! Bref, je repars enthousiasmée. Dommage que cet espace ne soit pas réservé aux gens qui écrivent, j'y serais bien restée…

Le lundi qui suit, je vais visiter l'espace de coworking spécialisé dans l'écriture : ça ressemble à un bureau normal. Il n'y a pas d'espace de parole. Personne pour m'accueillir. J'entends le moteur du frigo, à côté de moi. Vingt minutes plus tard, je suis dehors.

À partir de là, mon choix est fait. J'irai à MUTINERIE.

Je ne l'ai jamais regretté.

6

Mes talons résonnent sur les pavés des ruelles de Montmartre.

Rue Gabrielle. C'est ici.

J'ai contacté la fille de Jeannette, Jenny, qui a accepté de me rencontrer. J'ai appris son existence le jour où Jean-Pierre m'a parlé d'elle. Je sonne à la porte de son atelier d'artiste.

Il fait beau le matin où je vais la rejoindre. Il règne une atmosphère de vacances sur la butte. En contrebas, des gars organisent un spectacle de rue qui fait rire les touristes.

J'entends un pas claudiquant derrière la porte, puis Jenny m'ouvre :

— Tu ne m'en voudras pas si je ne reste pas longtemps debout, cocotte, j'ai un problème à la hanche.

Elle s'installe sur le canapé. Je m'assieds en face d'elle.

— Alors, tu fouilles les archives de la famille ?

— C'est ça.

— Et tu veux en faire quoi ? Un livre ?

— Oui. J'ai commencé par l'histoire de Paul et François pendant la Première Guerre mondiale. Aujourd'hui, je fais des recherches sur la Seconde Guerre mondiale. Tu crois que tu pourrais me raconter l'histoire de Jeannette ?

— Oooh, ma bichette, ça, je pourrais t'en parler pendant des heures…

J'allume mes deux enregistreurs.
Et j'écoute Jenny dérouler le fil de l'histoire de sa mère.

JEANNETTE

1

Jenny, la fille de Jeannette, dans les années 1940.

— Maman a été arrêtée en 1942. Je me souviens de chaque seconde. Je m'en souviendrai toujours. J'avais 7 ans. Elle était partie cueillir des capucines dans le jardin. Il y avait un soleil merveilleux. Ça devait être un jeudi parce que j'étais à la maison [1]. Ils sont arrivés – comme dans les films –, des types habillés en cuir noir, des grands blonds costauds de 1,90 m. À l'époque, c'était pas courant. Ils ont demandé très

1. À l'époque, le congé hebdomadaire des écoliers a lieu le jeudi.

poliment à voir maman. Papa était là. Il y avait une amie de maman. Et tout le monde s'est rameuté. Elle est arrivée avec les fleurs à l'entrée du jardin. Je la revois encore. Oooh… Ils ont été très corrects. Ils ont voulu voir son armoire, l'endroit où elle rangeait ses papiers. Ils n'ont pas essayé de fouiller la maison. Ça ne les intéressait pas. Seulement l'armoire. Il n'y avait rien dedans, manifestement. Le plus beau, c'est que papa aussi était dans la Résistance, mais ils ne s'en sont jamais parlé. Ils ont fait ça en secret l'un de l'autre. Donc papa est tombé des nues quand on est venu arrêter maman ; il s'est proposé, bien sûr : « Emmenez-moi ! » Mais le type de la Gestapo a dit en rigolant : « C'est pas vous qu'on vient chercher ! C'est Madame ! » Ils l'ont embarquée dans une de ces grosses voitures qui avaient, tu sais, la petite lunette arrière. Elle nous faisait des signes ! Oh… Ça a été vite emballé.

Je pleurais toutes les larmes de mon corps.

Elle, elle était fière. Elle était impressionnante. Elle est partie de bonne humeur. En tout cas, c'est ce qu'elle a montré.

Moi, je savais que je ne la reverrais pas.

On sent ces choses-là.

2

Jeannette et ses enfants : Jenny, Jean-Claude et Biniou.

La première rencontre entre Jeannette et son mari Albert a été arrangée par leurs mères avant la guerre.

— Je me souviens que ça amusait beaucoup maman, parce que c'était au rayon chaussettes des Galeries Lafayette. Leurs mères ont fait semblant de se tomber dessus par hasard : « Ah, chère amie, comment allez-vous ? » Et pendant que les dames discutaient, papa et maman ont fait connaissance au salon de thé des Galeries Lafayette. Ils sont tombés amoureux et se sont mariés.

Jeannette et Albert s'installent à Plozévet, dans le Finistère, où Albert devient député radical-socialiste. Ensemble, ils ont trois enfants : Biniou, Jean-Claude et Jenny.

Jenny poursuit :

— On dotait les femmes à ce moment-là. Or le père de maman a refusé de le faire. Maman a été extrêmement blessée de devoir demander de l'argent à papa. Il y a eu cette espèce de malentendu au départ qui a mal fait commencer cette union.

En 1939, à la déclaration de guerre, Albert s'engage pour se battre contre les Allemands. Après quelques mois de combats et la retraite de l'armée française, il rejoint en juillet 1940 l'Assemblée nationale réunie à Vichy.

Albert et Jeannette avec leurs enfants,
Jean-Claude, Biniou et Jenny, en 1940.

Albert est l'un des quatre-vingts députés à avoir voté contre l'attribution des pleins pouvoirs au maréchal Pétain. Il se souvient, dans un article écrit en 1945, des journées précédant ce vote historique :

Députés et sénateurs affluaient de toutes les parties de la France. Ils étaient effondrés pour la plupart, sans réaction devant le désastre. […] *Pétain – maintenant que l'armistice était signé – paraissait le seul sauveur possible, le seul homme qui pût sauver ce qui pouvait encore être sauvé.* […] *Il s'agissait de faire avaler au Parlement une dure pilule : lui faire voter sa mort, en même temps que la fin de la République.*

Chaque jour, les Parlementaires se réunissaient vers 4 h 30 dans la salle du petit casino de Vichy, où l'on donnait jadis des opérettes légères, de petites pièces grivoises. […] *Laval, je l'ai dit, est aimable. Il est venu chaque jour devant les Chambres, répondant à toutes les questions, reprenant toujours son thème : « Le Maréchal Pétain est la seule solution possible (avec moi derrière implicitement). Les Allemands ne veulent plus entendre parler de Démocratie, ni de Députés. Ils ne veulent traiter qu'avec un gouvernement autoritaire, qu'avec nous. »* […]

Nous étions quand même quelques-uns à ne pas plier. […] *Il fallait quelque courage pour cela. Ybarnegaray, me prenant dans un coin, me dit que de graves sanctions atteindraient ceux qui voteraient contre les pleins pouvoirs au Maréchal. Je lui répondis : « J'ai eu dans ma vie et il y a peu de temps pas mal de contact avec la mort. Elle ne m'épouvante pas du tout. » Le bruit courait qu'un général (dont je ne dirai pas le nom, par pudeur, car il a fait de belles choses depuis) était à Clermont-Ferrand avec sa brigade, prêt à marcher sur Vichy en cas de refus.*

Nous fûmes quatre-vingts à voter contre. […]

Vainement Badie essaya de développer le point de vue des premiers résistants que nous étions à la tribune. Les huées, inspirées par la peur ou la haine, lui coupèrent la parole.

Après la proclamation du scrutin, une voix cria :

« Vive la République quand même ! »

[...] *Un journaliste de mes amis qui assistait à la séance me disait dernièrement :*

« Sais-tu quelle fut ta dernière parole en entrant en séance, lorsque je t'interrogeai sur ton vote ? Tu me répondis alors : je vote contre pour dire merde à Hitler"[1]. »

Le 1er septembre 1940, Albert s'engage dans la Résistance au sein du réseau Musée de l'Homme. Très vite, il monte une organisation pour aider soldats anglais et français à s'évader par la mer et à regagner l'Angleterre.

Jeannette, elle, a rejoint ce réseau un mois avant son mari, à 36 ans. Est-il possible qu'un mari et une femme s'engagent au sein du même réseau en cachette l'un de l'autre ? Certes, ils portent des pseudonymes, mais ça paraît incroyable. Jeannette dira plus tard : « Mon mari ne veut pas que je fasse de la Résistance. » Ont-ils eu cette discussion à ce moment-là ?

Quoi qu'il en soit, cela n'empêche pas Jeannette l'année d'après de devenir agent de liaison pour le réseau Georges France 31. Elle transmet à Paris des informations sur la construction de bunkers allemands en Bretagne, destinés à prévenir le débarquement allié.

— J'avais bien senti, moi, que maman était dans la Résistance. Je ne comprenais pas ce qui se passait, mais il y avait une atmosphère de secret que j'avais saisie. Tu sais, les enfants sentent beaucoup de choses, sans pouvoir se les expliquer. Pourtant j'étais une gamine. J'avais 7 ans, quoi ! Maman, par

1. Articles du journal *Le Citoyen*, parus les 7, 14 et 21 juillet 1945.

Albert et Jeannette, en 1924.

exemple, avait des lettres écrites à l'encre sympathique. C'est une encre qui n'apparaît que quand on la chauffe.

Jeannette est arrêtée en septembre 1942 et incarcérée à la prison de la Santé.

— Quand maman était en prison, elle a fabriqué une petite poupée pour moi. Elle a utilisé de la mie de pain pour faire son corps. Je l'ai toujours. Elle est là sur les planches, près des pinceaux. Tu veux la prendre ?

Je me lève et reviens, tenant entre mes mains une petite poupée désarticulée.

— Elle est très bizarre, cette poupée, continue Jenny. Elle est lugubre, à vrai dire. Elle a un petit air triste, blême.

Mais je l'aime beaucoup.

Elle raconte à elle seule l'histoire de maman pendant ces années-là.

3

Je suis en train de terminer l'interview de Jenny quand mon portable se met à sonner :

— Allô, bonjour, on m'a dit que vous faisiez des recherches sur la famille Cabouat ? Je suis une amie d'une de vos grands-tantes qui a dû partir en maison de repos. Elle m'a chargée de trier ses affaires pour les donner. Voulez-vous jeter un coup d'œil chez elle ? Il y a peut-être des documents qui seraient utiles pour vos recherches.

J'accepte à tout hasard. Je n'ai rencontré cette grand-tante qu'une fois dans ma vie : quand j'ai trouvé chez elle les Mémoires de Jules sur la Grande Guerre. Je débarque quelques jours plus tard dans son appartement. J'y vais, mais pour trouver quoi ? Je ne sais pas. Je cherche. Par où commencer ? Le salon ? le bureau ? la chambre ? Il y a des affaires partout ! On ouvre les fenêtres pour faire entrer un peu d'air. Où pourrais-je dénicher des documents dont j'ignore l'existence… ? Moi qui ai toujours rêvé d'être archéologue, je suis servie ! À genoux sur la moquette du salon, je fouille parmi les factures d'électricité de 1953, je déterre les « prières pour célibataires ».

Et puis, soudain, coup de chance ! Je tombe sur une enveloppe avec un timbre à l'effigie de Hitler et un tampon « Konzentrationslager Ravensbrück » coincée entre les pages d'un petit cahier d'écolier. Jeannette a envoyé des lettres du camp de concentration !

Je ne savais même pas que c'était possible.

Elle écrit à sa famille au crayon à papier dans un allemand hésitant, suivant en cela les ordres qui lui sont donnés :

Meine liebe,

Ich denke viel an Sie. [Je pense beaucoup à vous.] *Es geht mir ganz gut.* [Je me porte très bien.] *Ich warte auf Post euch.* [J'attends de vos nouvelles.] *Schreibt nur auf deutsch und schenck mir öft Packchen Lebensmittel und Nagelburste, Zahnpaste, und meinen alten brauen Pull-over.* [Écrivez seulement en allemand et envoyez-moi souvent des colis de vivres, une brosse à ongles, de la pâte dentifrice et mon vieux pull-over brun.] *Gib mir Nahricht von ganze Familie und kleinen Corentin, geht er selbst allein ?* [Donnez-moi des nouvelles de toute la famille et du petit Corentin. Marche-t-il tout seul ?] *Arbeiten Kinder gut ?* [Les enfants travaillent-ils bien ?] *Ich grüsse und küsse alle.* [Je vous salue et vous embrasse tous.]

Jeannette.

Dans une autre lettre envoyée grâce à la Croix-Rouge française, je lis en caractères d'imprimerie : « 25 mots au maximum, nouvelles de caractère strictement personnel et familial. » Jeannette écrit en allemand à son frère :

Cher Pierre – Suis heureuse d'apprendre santé famille – Ai reçu un paquet Croix-Rouge – Je suis en bonne santé – Je vous embrasse de tout mon cœur. Jeannette.

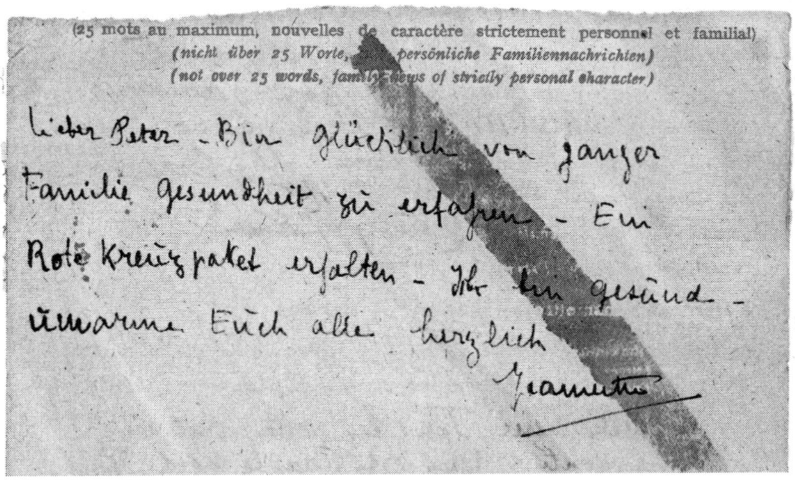
(25 mots au maximum, nouvelles de caractère strictement personnel et familial)
(nicht über 25 Worte, nur persönliche Familiennachrichten)
(not over 25 words, family news of strictly personal character)

Lieber Peter - Bin glücklich von ganzer Familie Gesundheit zu erfahren - Ein Rote Kreuzpaket erhalten - Ich bin gesund - umarme Euch alle herzlich

Jeannette

Je continue de feuilleter le cahier d'écolier. Peut-être a-t-il d'autres trésors à révéler ? Entre les pages glisse alors un petit morceau de papier.

Il tombe tout doucement sur la moquette.

Je me penche pour le ramasser.

Il est plié en quatre. On dirait une réclame des années 1940. Le genre de papier qu'on jetterait directement à la poubelle.

Jeannette a griffonné ces mots sur un papier d'emballage dans le train qui l'emmenait en Allemagne pour les camps de concentration. Le message a été retrouvé sur le ballast par un cheminot français qui l'a envoyé à la famille.

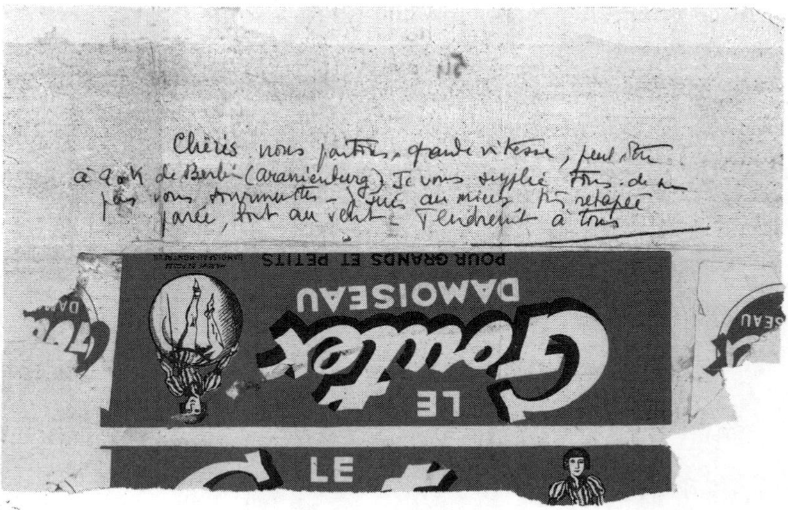

Je lis à haute voix :

Chéris, nous partons, grande vitesse, peut-être à 90 km de Berlin (Oranienburg).

Je vous supplie tous de ne pas vous soumettre [1].

Je suis au mieux, très <u>retapée</u>, parée, bout au vent.

Tendrement à tous.

---

1. J'ai découvert deux ans plus tard qu'il pouvait y avoir un doute sur le mot « soumettre ». Jeannette a-t-elle supplié de ne pas se « soumettre » ou de ne pas se « tourmenter » ? Après examen minutieux, il est probable qu'elle ait supplié de ne pas se « tourmenter ». Mais, ce jour-là, et pendant deux ans, j'ai cru qu'elle avait supplié de ne pas se « soumettre ».

4

— J'aimerais organiser une réunion de famille pour raconter mes recherches sur la Seconde Guerre mondiale. Tu pourrais te joindre à nous ?

Je suis revenue à Montmartre interviewer Jenny, la fille de Jeannette.

— Ce serait quand ?

— Le 12 janvier.

— Ma bichette, tu sais, je me fais opérer de la hanche en décembre. Envoie toujours tes invitations. On verra si je suis sur pied à ce moment-là.

Jenny doit me raconter aujourd'hui la vie de sa mère au camp de concentration. Elle est en petite forme, avec une toux persistante.

— Au camp, maman travaillait dans un atelier de confection qui fabriquait des uniformes pour l'armée allemande. En 1942, sur les champs de bataille, les Boches prenaient les habits des soldats morts. Il fallait les découdre pour en faire de nouveaux uniformes. Toute la journée, elle grattait les coutures et enlevait les fils. C'était ça, son boulot. Elle avait des crevasses plein les doigts. Le plus dur, c'est que les filles jeunes mouraient très vite. Maman m'a dit après la guerre : « J'avais envie de vous revoir, les enfants, ça ne m'est pas venu à l'idée que je ne vous verrais plus. » Alors elle a essayé de sauver des filles, elle a vu mourir des gens jeunes, parce qu'ils n'avaient pas d'idéal. [...] On pouvait sauver les gens dès qu'ils avaient quelque chose à quoi se raccrocher. Et les gens jeunes ne se raccrochaient à rien, ils se laissaient mourir...

La fille de Jeannette a une quinte de toux. Je lui apporte un verre d'eau. Elle boit une gorgée et repose le verre :

— Merci, cocotte. Alors, tu sais bien, dans les camps, il y avait les droits communs et les politiques. Elle faisait partie des politiques. Maman avait pensé qu'il y aurait une solidarité entre elles. Mais, dans le camp, les communistes faisaient une coterie. On la traitait quasiment de « sale bourgeoise ». Elle était une ennemie dans le camp de concentration même. Ça l'a beaucoup déçue, parce que la solidarité, elle, elle ne la plaçait pas dans les partis politiques. Elle m'en a parlé plusieurs fois.

Jenny poursuit :

— Comme les femmes ne pouvaient pas manger et qu'elles avaient faim, elles se racontaient des recettes de cuisine. Maman a consigné ces recettes sur des morceaux de papier. C'était pas des recettes de temps de guerre, des gâteaux aux carottes, comme on en faisait quand il n'y avait plus de farine ! Non. Il y avait de tout là-dedans, de la crème, tout ce que tu veux ! Elle a d'ailleurs réussi à rapporter les recettes en France.

— Tu les as encore, ces recettes ?

— Maman était très bordélique. Elle ensevelissait tout. Elle faisait des strates comme ça, des tas qu'elle poussait contre les murs. Dessus, elle mettait de beaux tapis. J'ai aperçu les recettes à un moment, et puis, un jour, elle les a ensevelies dans les strates... Et elles ont disparu.

— Donc, tu penses qu'on ne retrouvera pas le carnet ?

— Jamais ! D'ailleurs, c'était pas un carnet du tout ! C'était des morceaux de papier empilés ! Et dans le tout, il y avait du papier de chiottes ! Et pourtant, il n'y avait pas de papier de chiottes dans les camps, hein… !

Maman parlait des camps surtout avec mon frère, Biniou, qui lui aussi a été à Ravensbrück. Moi, je les écoutais. À Noël, on leur a donné une soupe qui contenait – non pas quelques morceaux de betteraves –, mais des nouilles… Une soupe de nouilles avec du lait. Ils ont gardé un souvenir magnifique de cette soupe ! Une soupe dont, toi et moi, on n'aurait certainement pas voulu ! Ils ont essayé de la refaire à la maison ! Mais ce n'était pas la même chose ! [Rires]

Je demande, incrédule :

— Tu veux dire qu'ils ont essayé de reproduire la soupe qu'ils ont eue à Noël au camp de concentration ?

— Oui. Ça a été pour eux un souvenir extraordinaire, cette soupe !

En avril 1945, le comte suédois Bernadotte négocie la libération de détenues du camp de Ravensbrück pour les emmener en Suède, avec la Croix-Rouge suédoise.

— Maman est rentrée par la Suède, avant de venir à Paris, parce qu'ils voulaient les retaper avant de les renvoyer. Elles avaient tendance à trop manger. On les a bien soignées en Suède. Elles y sont restées deux mois. C'était quelqu'un de spécial, maman. Elle avait demandé à louer un vélo pour pouvoir faire des ménages à Göteborg. Elle était sortie de Ravensbrück depuis quelques jours seulement ! Les gens n'ont pas eu envie de le lui refuser. Une concentrationnaire qui voulait faire des ménages… ! Je me souviens du jour où elle est revenue. Elle est arrivée par l'hôtel Lutetia, comme tous les rescapés. Elle nous a appelés un matin. Mon père a pris le téléphone. Elle a dit : « Je suis là. Je rentre dans une heure. » Elle est arrivée avec des cadeaux, grâce aux ménages qu'elle avait faits en Suède.

Je ne suis pas sûre de comprendre :

— Jeannette est rentrée des camps de concentration avec des cadeaux… ?

Sa fille acquiesce :

— Oui. Oh, c'était une femme extraordinaire, maman. Elle m'a dit des années plus tard : « Quand je suis arrivée, toi, tu étais le long du mur, dans l'entrée, tu t'es changée en statue de sel. Tu me regardais, et tu ne disais rien. » Et sûrement, j'étais sous le coup !

— Jeannette a su qui l'avait dénoncée ?

— Dès qu'elle a été arrêtée, maman s'est posé la question : « Qui a fait ça ? » Et elle n'avait qu'une personne en tête, c'était lui. Quand elle est rentrée des camps, l'homme qui l'a dénoncée est passé en jugement. Elle a pu aller témoigner.

Je ne sais pas, au final, s'il a été fusillé.

Je n'ai pas voulu en parler à maman.

Je ne voulais pas revenir là-dessus.

5

Moi, j'ai voulu revenir là-dessus.

J'ai voulu savoir qui était l'homme qui avait dénoncé Jeannette.

Au début, pour retrouver sa trace, je n'ai que cette phrase de la fille de Jeannette : « Le réseau de maman a été infiltré par un agent double pour de l'argent. »

C'est en consultant le dossier de Jeannette aux archives de Vincennes que je trouve le nom de l'agent double : « DIEBOLD dit Roger. » Sur Internet, je tombe sur le témoignage d'une résistante, Marie-José Chombart de Lauwe, qui évoque « Roger Diebold, l'agent double qui nous a vendus [1] ». Ne restait plus qu'à mettre la main sur les minutes du procès Diebold. Je contacte les Archives nationales qui reviennent vers moi : « Nous détenons, en effet, l'arrêt de la Cour de justice de la Seine condamnant Roger Diebold et son dossier de procédure. »

YES !

Mais, il y a un hic… Forcément…

Je n'aurai accès à ces documents que lorsque j'aurai fourni la preuve que Roger Diebold est mort depuis plus de vingt-cinq ans !

1. Marie-José Chombart de Lauwe, *Toute une vie de Résistance*, PopCom, 2002.

Or je ne sais même pas si Roger Diebold est mort. D'après la fille de Jeannette, il a été condamné à mort, mais elle croit aussi que cette peine de mort a pu être commuée en peine de prison.

Comment avoir la preuve du décès de quelqu'un, quand on ne sait ni où, ni quand, ni même s'il est mort ?

Je me rends – à tout hasard – sur le site Internet de la mairie de Paris et j'introduis une demande d'avis de décès pour Roger Diebold, en mettant tout ce que je sais (c'est-à-dire pas grand-chose) : son nom, la date probable de sa mort « entre 1945 et 1952 », et c'est TOUT. Je demande aussi la copie intégrale de l'acte de naissance, où l'on peut trouver la date du décès.

Je reçois un avertissement du site Web : « La réponse peut mettre deux mois à arriver. »

Patience…

De toute façon, les archives ne vont pas s'envoler.

6

Coup de chance ! Diebold est né à Paris. Je reçois son extrait de naissance avec la date du décès : il est mort depuis plus de vingt-cinq ans : j'ai le droit de consulter son dossier judiciaire.

Je pars donc pour les Archives nationales.

— Bonjour, c'est la première fois que vous venez ?

— Oui.

— Vous avez la place numéro 9, là-bas.

— J'aurais aimé m'asseoir près des fenêtres pour photographier les documents à la lumière du jour ? C'est possible ?

— Non, pour les documents que vous consultez, vous devez rester près de la présidence de salle.

Je m'installe à la table indiquée.

Le dossier de Diebold est là, sous mes yeux.

Est-ce que je vais réussir à comprendre ce qui l'a mené à dénoncer tout un réseau ?

Est-ce que Jeannette a vraiment témoigné à son procès ?

Tout ce que je sais sur elle, je le tiens des autres. Je n'ai jamais entendu sa voix sur ces événements. Ce serait une première.

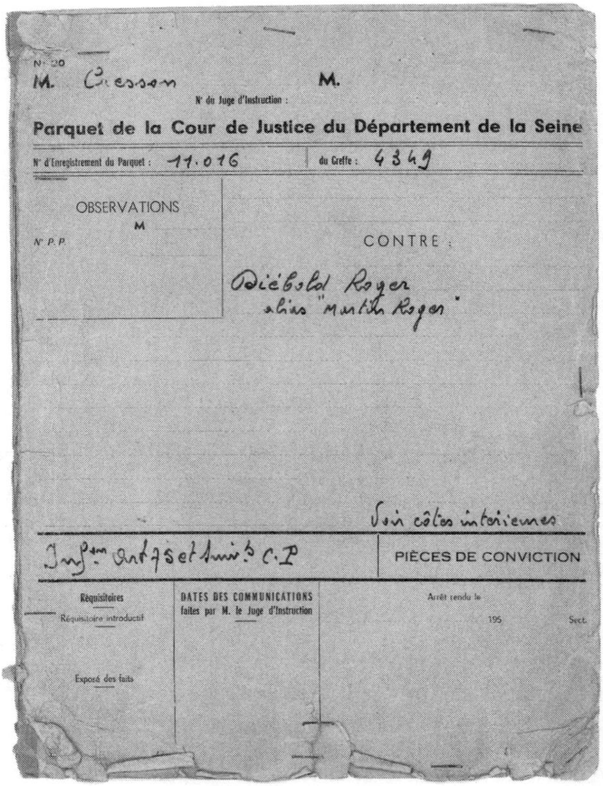

N° 20

M. M.

N° du Juge d'Instruction :

Parquet de la Cour de Justice du Département de la Seine

N° d'Enregistrement du Parquet : 11.016 du Greffe : 4349

OBSERVATIONS
M
N° P.P.

CONTRE :

Diebold Roger
alias "Martin Roger"

PIÈCES DE CONVICTION

Réquisitoires
Réquisitoire introductif

Exposé des faits

DATES DES COMMUNICATIONS faites par M. le Juge d'Instruction

Arrêt rendu le 195 Sect.

Le dossier de Diebold conservé aux Archives nationales.

Je pose le dossier sur la table et me penche pour examiner les documents. Jeannette figure sur la liste des témoins !

Imperceptiblement, j'entends derrière moi les pas d'un gardien :

— Votre pull-over, Madame, il ne doit pas être sur la table. Merci de le mettre sur une chaise.

Je m'exécute rapidement et reprends la lecture.

Je me nomme Cabouat Jeanne […]. *De temps à autre, j'apportais des renseignements à Mme Vincent, lors de passages à Paris. J'habitais dans le Finistère. Mme Vincent m'invita à aller chez*

elle, et ce jour-là, j'y rencontrai [...] *un individu que je ne connaissais pas et que l'on me présenta sous le nom de Roger* [...]. *Par son mutisme et son air insignifiant, il me parut aussitôt suspect. Et c'est pourquoi, lorsque, au cours de la conversation, M. Charpentier me parla de pièces que j'avais apportées en février, je lui répliquai vivement qu'il savait fort bien que mon mari s'opposait à ce que je travaille dans la Résistance et je ne pouvais rien faire.* [...] *Toujours est-il que je fus arrêtée le 9 septembre 1942* [...].

Lors de mon interrogatoire en février 1943, l'Allemand qui m'interrogeait n'avait aucun renseignement, aucune charge contre moi. Il me reprocha seulement d'avoir apporté des papiers chez Mme Vincent en février. J'essayais de le nier, mais à force de discuter, j'ai fini par avouer ce fait, et ce fait seul, m'étant rendu compte qu'il n'en connaissait aucun autre.

L'officier montre alors à Jeannette une photo de Diebold.

Je ne pus m'empêcher de rougir. L'officier allemand n'insista pas, mais sourit devant mon trouble.

À ce moment du procès, on demande à Diebold de réagir au témoignage de Jeannette :

Je ne me souviens pas de Madame, et je ne me rappelle nullement la conversation à laquelle elle fait allusion.

Jeannette persiste :

Je maintiens intégralement ma déposition. Ce fait très précis est bien gravé dans ma mémoire.

7

Selon la cour de justice de la Seine, une quinzaine de personnes auraient trouvé la mort à cause de Diebold et de ses compères.

Diebold a 36 ans au moment des faits. Lors du procès, il raconte comment il va, de café en café, à la recherche d'étudiants qui pourraient l'introduire au sein d'un réseau de Résistance. Il agit sous la houlette d'un certain « M. Paul ». Ensemble, ils prétendent travailler pour les services secrets britanniques : *Pour mettre en confiance ceux qu'ils savaient appartenir à un réseau de Résistance, ils ne manquaient pas de donner le mot de passe du Comité de Londres et de fournir des renseignements très précis sur différentes personnes très connues des milieux « clandestins », renseignements qu'ils devaient tenir vraisemblablement des personnes arrêtées*[1].

Comment Diebold est-il entré en contact avec le réseau de Jeannette ?

Mme Wilbort, la mère de Marie-José Chombart de Lauwe, fait partie du réseau de Jeannette, le réseau Georges France 31. Un étudiant de sa connaissance lui propose de rencontrer Diebold. Elle accepte. Et se renseigne sur lui au

1. Lettre du président de la Cour de justice à M. le garde des Sceaux du 9 décembre 1947. Dossier de procédure de Diebold. Z/6/439. 4349.

préalable. Les renseignements ne sont pas bons : Diebold fréquente quelqu'un qu'elle suspecte d'avoir joué un rôle dans des arrestations. Elle annule le rendez-vous.

L'étudiant cherche à comprendre pourquoi.

Mme Wilbort explique.

Il insiste.

Si bien qu'elle se rend au rendez-vous et demande à Diebold de prouver qu'il appartient bien aux services secrets britanniques. Pour montrer sa bonne foi, Diebold affirme qu'en fin de semaine, le camp allemand de Coëtquidan, sera – à sa demande – bombardé par la Royal Air Force.

Le jour indiqué, le camp est bombardé.

C'est ainsi que Diebold rejoint le réseau de Jeannette, qu'il devait anéantir…

*

16 h 45. C'est l'heure de fermeture des Archives. Je remballe mes affaires et me dirige vers le métro Saint-Denis-Université. Il fait gris. J'entre dans la station.

Le lendemain, 10 heures, je suis de retour à mon poste.

Comment Diebold se défend-il lors du procès ? Sa ligne de défense est simple. Il ne savait pas qu'il travaillait pour les Allemands : il pensait renseigner les Anglais !

C'est culotté !

Son argument est le suivant : les autres ont été floués. Ils ont cru que M. Paul faisait partie des services secrets britanniques. Lui aussi. Il affirme n'avoir compris que très tard qu'il travaillait pour les Allemands. Ce n'est qu'en voyant « M. Paul » sortir d'un hôtel occupé par les Allemands qu'il aurait eu des doutes. Diebold aurait alors eu peur des représailles : il continue son job pour les Allemands, mais demande à ne faire que des missions « économiques ».

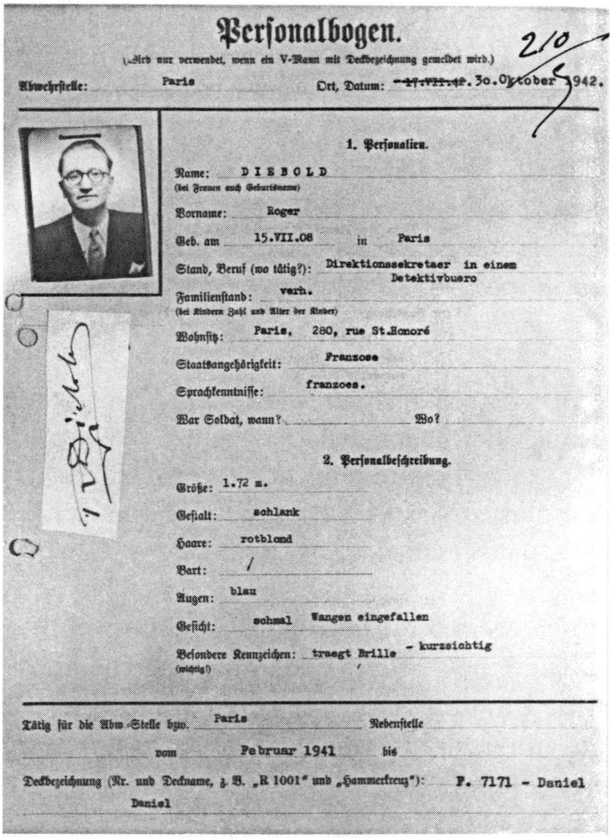

Personalbogen.

(Wird nur verwendet, wenn ein V-Mann mit Deckbezeichnung gemeldet wird.)

Abwehrstelle: Paris — Ort, Datum: ~~17.VII.42.~~ 30.Oktober 1942.

2/10

1. Personalien.

Name: DIEBOLD
(bei Frauen auch Geburtsname)

Vorname: Roger

Geb. am 15.VII.08 in Paris

Stand, Beruf (wo tätig?): Direktionssekretaer in einem Detektivbuero

Familienstand: verh.
(bei Kindern Zahl und Alter der Kinder)

Wohnsitz: Paris, 280, rue St.Honoré

Staatsangehörigkeit: Franzose

Sprachkenntnisse: franzoes.

War Soldat, wann? — Wo?

2. Personalbeschreibung.

Größe: 1.72 m.

Gestalt: schlank

Haare: rotblond

Bart: /

Augen: blau

Gesicht: schmal Wangen eingefallen

Besondere Kennzeichen: traegt Brille - kurzsichtig
(wichtig!)

Tätig für die Abw.-Stelle bzw. Paris — Nebenstelle

vom Februar 1941 bis

Deckbezeichnung (Nr. und Deckname, z. B. „R 1001" und „Hammerkreuz"): F. 7171 - Daniel
Daniel

Fiche de l'Abwehr de Diebold.

L'une des failles de sa défense, c'est qu'à chaque interrogatoire il repousse la date à laquelle il a pris conscience qu'il travaillait pour les services secrets allemands. Il déclare :

Ma mémoire est très déficiente, et contrairement à ce que je vous ai déclaré le 22 août, contrairement également à ma déclaration du 6 février 1945, c'est en août-septembre 1942 ou peut-être juillet-août, que j'ai vu M. Paul sortir du Royal Vendôme occupé par les Allemands.

Il repousse donc la date à trois reprises.

Quel est l'enjeu de ce changement de dates ?

Montrer que Diebold n'est pas responsable des arrestations qui ont eu lieu, pour la plupart, avant septembre 1942.

Diebold ne convainc pas :

Si l'on peut admettre que la bonne foi de Diebold ait été surprise lors de son engagement, il est plus difficile de croire qu'il ait pu être inconscient du rôle qu'il jouait jusqu'en août 1942. [...] *Diebold devait fatalement se rendre compte que les vides se faisaient autour de lui, alors qu'il jouissait d'une impunité constante*[1].

Les services secrets allemands (l'*Abwehr*) ont aussi une fiche à son nom, indiquant qu'il travaille pour eux depuis février 1941, qu'il est « intelligent » et « très sûr ». Cette fiche mentionne plusieurs affaires d'espionnage contre la France et l'Angleterre, dans lesquelles il a rendu « de précieux services ».

À la suite de son procès, Diebold est condamné à mort. Sa peine est commuée en travaux forcés à perpétuité, puis en vingt ans de travaux forcés. Écroué en 1945, il sera libéré en 1955 suite au recours en grâce introduit par son frère, ancien juge d'instruction, « pour des raisons de famille, et notamment l'âge des parents ».

Il aura fait, en tout et pour tout, dix ans de prison.

Roger Diebold est mort à Nice, en 1982.

1. Exposé du commissaire du gouvernement adjoint. Dossier de procédure de Diebold. Z/6/439. 4349.

8

Pendant les recherches que je mène sur Jeannette, il y a un grand absent. Un témoin clé. C'est son fils.

Le fils aîné de Jeannette, comme sa mère, s'est engagé dans la Résistance en Bretagne.

Comme elle, il a été déporté au camp de Ravensbrück.

Il s'appelle Georges-François.

Mais tout le monde l'appelle Biniou.

Jeannette et son fils Biniou.

BINIOU

1

Biniou s'est éloigné de la famille Cabouat. Ou la famille Cabouat s'est éloignée de Biniou. On ne sait plus…

La brouille a eu lieu il y a plus de quarante ans. Cinquante ou soixante, peut-être ? Personne ne sait ce qu'il est devenu. Est-il toujours vivant ? On n'est pas sûr. On ne connaît plus vraiment la raison de son éloignement.

« Peut-être parce qu'il était communiste ? » suggère quelqu'un.

« C'est une brouille avec sa mère, Jeannette », avance un autre.

« On n'a jamais compris comment une mère et son fils qui ont tous les deux vécu l'enfer des camps ont pu se disputer pour ne plus jamais se revoir. »

Une chose est claire : je ne peux pas faire ce livre sans parler à Biniou. Je dois le retrouver.

Mais comment ?

Pendant un an, j'enquête auprès de toute la famille. En vain. Personne ne sait où il habite. Je tape sur Internet : « Georges Le Bail », puis « déporté ». Je tombe sur un article de *Ouest-France* de 2013 :

Le fils du député Albert Le Bail (1898-1952) a découvert un film sur son retour à Plozévet. Il évoque son passé de résistant et son année sombre à Neuengamme.

Biniou est vivant ! C'est une première victoire !

Je cherche son nom dans l'annuaire du département indiqué.

Bingo ! J'ai son numéro de téléphone.

Fébrile, j'appelle immédiatement.

Ça fait un an que je cherche Biniou, et je suis peut-être sur le point d'entendre sa voix !

Est-ce qu'il va me raccrocher au nez ? Est-ce qu'il aura envie de me parler ?

Le téléphone sonne. Trois sonneries. Quatre sonneries.

Un homme répond enfin :

— Allô ?

— Allô, bonjour, j'aimerais parler à Georges-François Le Bail, s'il vous plaît ?

— C'est moi-même.

— Bonjour… Je suis l'arrière-petite-fille de Paul Cabouat.

— Le chirurgien ?

— C'est ça.

J'attends quelques secondes, et puis je lâche :

— J'ai eu du mal à vous retrouver, vous savez !

Biniou accepte de me rencontrer. Mais il faudra me déplacer pour le voir : il habite en face de fort Boyard, à Fouras. Je propose de le rappeler pour fixer une date. On raccroche.

Victoire ! Ma persévérance a payé !

J'appelle immédiatement Mamou, ma grand-mère. Elle est tout heureuse d'apprendre que j'ai retrouvé son cousin. Elle n'en revient pas.

La semaine d'après, je tente de contacter Biniou pour lui proposer une date. Le téléphone sonne dans le vide. Je commence à m'inquiéter. Est-ce qu'il filtre mes appels ? Peut-être ne veut-il finalement plus me parler ? Je serais la première personne de la famille qu'il voit depuis des décennies. Je téléphone alors d'un numéro inconnu. Personne ne répond.

Lui est-il arrivé quelque chose ?

Après plusieurs tentatives, je parviens finalement à le joindre. On fixe la date du rendez-vous. Je n'ose pas lui demander si je peux rester dormir chez lui. On ne sait jamais, si ça se passe mal, je ferais peut-être mieux de réserver une chambre d'hôtel ?

La date du départ approche. Je ne sais toujours pas où je vais passer la nuit.

La veille de notre rencontre, Biniou m'invite à rester chez lui. Allons-y. Je tente le tout pour le tout !

Un cousin me prête sa voiture. Je pars, direction fort Boyard.

J'arrive au bout de quelques heures à Fouras. Il est 15 heures.

Le soleil est bas sur la mer. Je gare la voiture et appelle Biniou pour le prévenir de mon arrivée.

L'océan est là, devant moi. Je suis seule sur la plage. Le vent me fouette le visage.

Au loin, fort Boyard. J'ai l'impression d'être au bout du monde.

Une voiture arrive.

Un homme en sort.

C'est Biniou.

2

Biniou m'emmène dans le pavillon avec jardin où il habite avec sa femme, Geneviève. Je dépose mes bagages dans la chambre d'invité. Un déjeuner réchauffé m'attend sur la table de la salle à manger.

Une fois rassasiée, je m'installe dans le salon. Biniou s'attaque au vif du sujet :

— Bon, alors, j'ai mis de côté ce dossier pour toi.

Je sors mon enregistreur :

— Ça t'ennuie si j'enregistre ?

— Non, non, répond Biniou.

Je mets en marche l'appareil et commence à feuilleter les documents.

Plus tard, lorsque j'écouterai l'enregistrement pour recopier notre entretien, j'entendrai ma voix toute joyeuse dire : « Génial, tu as des photos ! » Puis, quelques secondes passent, ma voix a baissé d'un ton. C'est une voix très basse, presque un souffle : « C'est toi, là... ? » Biniou vient de me montrer une photo de lui prise à la libération du camp de Ravensbrück. Un camarade de déportation l'a identifié sur cette photo grâce à ses lunettes et la lui a donnée. Sur ce cliché, il a presque 20 ans, mais il a l'air d'en avoir 60. Il prend un bain avec un autre détenu. Biniou a marqué sous la photo :

« On se débarrasse des poux et des conséquences de la dysenterie. »

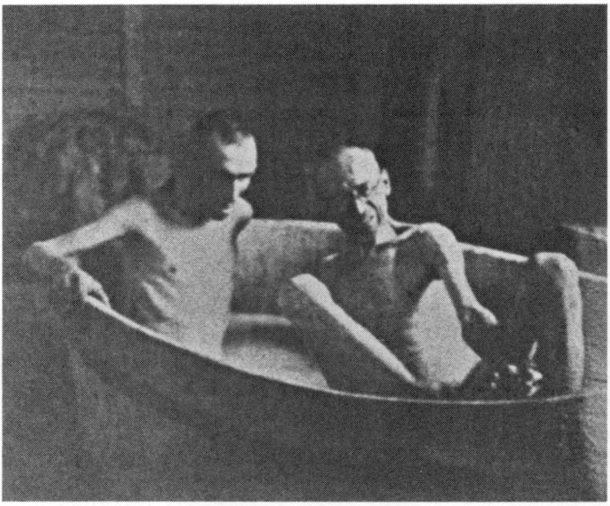

Photo prise lors de la libération du camp en avril 1945.

Je réalise que je n'ai jamais interviewé un déporté.

— Geneviève, tu peux mettre la télévision moins fort ?

Biniou se retourne vers moi :

— Alors, qu'est-ce que tu veux que je te raconte ?

— Raconte-moi comment tu es entré dans la Résistance.

— J'avais 16 ans en 1941. C'est ma mère, Jeannette, qui m'a embauché. Elle m'a fait jouer le rôle d'agent de liaison. Il y avait un gars, Pierre Quéré, qui travaillait dans une entreprise de travaux publics qui construisait les défenses allemandes. Pierre Quéré nous communiquait les plans des défenses, et on les transmettait à Paris. Les plans devaient ensuite partir pour l'Angleterre. Dans les premiers mois, on cachait les messages dans des colis de victuailles. Je mettais les plans dans le guidon de ma bicyclette pour les transporter jusqu'à la poste de Quimper. À la poste, je donnais un faux nom et une fausse adresse. Je faisais ça avant d'aller au lycée ou en en sortant.

Je ne connaissais que l'existence de Pierre Quéré, et c'était une bonne chose de ne pas m'avoir mis dans les confidences. Après l'arrestation de ma mère en septembre 1942, j'ai continué à fournir des renseignements. Un jour, mon père a été saisi d'un pressentiment. Il a proposé de me faire passer en Angleterre *via* l'Espagne. J'ai dit non. Quelques semaines plus tard, j'étais arrêté.

Le 28 février 1944, Biniou est au lycée, à La Tour-d'Auvergne, à Quimper.

La Gestapo demande au proviseur si Biniou est là. Le proviseur répond qu'il est sorti.

— Non, répond sans réfléchir une femme de service, je l'ai vu revenir…

Biniou poursuit :

— J'étais en cours de sciences naturelles quand le concierge du lycée est venu me prévenir que le proviseur m'attendait dans son bureau. Deux gars de la Gestapo étaient dissimulés derrière la porte. Ils m'ont ordonné de les suivre. Ils étaient habillés comme dans les films : un long imperméable noir et un chapeau. On a traversé la cour de récréation, vide à cette heure-là. Interrogatoire. Pour eux, je n'étais qu'un petit gibier : «Vous, facteur », m'ont-ils dit. Conciliabules en allemand. Ils ne se doutent pas que je parle un peu leur langue. Je comprends que ces messieurs connaissent les noms et prénoms de Pierre Quéré, l'informateur qui relevait les plans des défenses allemandes, mais pas son adresse. Quelques coups pour m'inciter à parler… J'ai le temps d'imaginer un subterfuge pour aiguiller leurs recherches sur un Pierre Quéré, qui n'est pas le bon. « Vous connaissez Pierre Quéré ? — Oui, c'est un locataire de mon père à Plozévet. »

Sur place, la Gestapo va rencontrer un homme âgé, qui comprend à peine le français, ne sait pas écrire, et qui s'appelle Pierre Quéré. Dans l'intervalle, le « vrai » Pierre Quéré, prévenu de mon arrestation, a eu le temps de se planquer. Il s'est sauvé en se déguisant en femme. Il y a même deux soldats allemands qui lui ont fait des avances… ! [Rires]

Biniou est transféré à Compiègne, d'où il part pour les camps en juillet 1944 :

— J'étais à Compiègne au moment du débarquement. On a vu les forteresses volantes américaines en route pour l'Allemagne. Il y en avait plein le ciel ! Elles volaient très haut en essaim serré. Elles envahissaient le ciel. Il y en avait, il y en avait ! C'était terrible !

Au moment où Biniou raconte ça, me revient en mémoire le témoignage de Jean-Pierre, qui, le même soir, entend ces forteresses volantes. Elles traversent le ciel de Paris, du VIe arrondissement où Jean-Pierre se prépare à rejoindre les réseaux de Résistance du Nord, à Compiègne où Biniou attend son départ pour les camps.

Je demande à Biniou s'il s'est senti rassuré par la vision de ces forteresses volantes, par la perspective d'une libération des Alliés :

— Tu sais, on s'en faisait pas trop : les Allemands avaient fait courir le bruit qu'on serait des travailleurs dans des usines, des travailleurs normaux, quoi.

C'est dans les wagons qu'on a commencé à souffrir. C'était des wagons de la guerre de 14 : « 40 hommes, 8 chevaux ». Sauf que nous, on était 100 ! Tout le monde ne pouvait pas être assis à la fois. Dans un coin, il y avait une tinette [1] qui débordait. On a passé trois jours là-dedans. Puis on est arrivé au camp de Neuengamme. Là, on a commencé par nous

1. Baquet faisant office de toilettes.

foutre à poil. Plus de montre. Plus de vêtement. Pffuit. Plus rien ! Je n'ai jamais vu autant de bonshommes à poil ! [Rires] J'ai passé un mois là-bas. Puis j'ai fait partie d'un convoi pour le camp de Wattenstadt, en août 1944. [...] Là, si je m'en suis sorti, c'est que j'ai été aidé par des gens du parti communiste. Il y avait aussi un résistant de Brest, qui était à l'infirmerie. Comme il connaissait ma famille, il m'a pris sous sa protection et m'a fait rester à l'infirmerie plus que la normale pour que je me retape un peu la santé. Alors, l'aide, c'était pas grand-chose, hein ! C'était surtout moral, mais enfin, le moral, c'était quelque chose d'important. Il y avait des gens très cultivés, dont un ancien ministre polonais, qui imaginaient l'avenir. Ils réfléchissaient par exemple au sommaire d'une revue qu'ils allaient fonder sur des sujets de société. Ils se projetaient en dehors du camp.

On travaillait douze heures par jour dans une usine à fabriquer des obus. Certains contremaîtres étaient des travailleurs libres français...

À ce stade, j'interromps Biniou : que veut-il dire par « des travailleurs libres français » ? S'agit-il de Français arrivés en Allemagne dans le cadre du Service de travail obligatoire, le STO ?

— Non, non ! insiste Biniou, c'étaient des VO-LONTAIRES ! Ils venaient en Allemagne pour gagner leur croûte et pour la plus grande gloire de Hitler. Ah oui ! Tous les Français n'étaient pas résistants, hein... !

Les gens qui avaient des lunettes, comme moi, étaient très mal vus des gardiens. Si je voulais passer inaperçu, il fallait que je les retire. Il y avait un Allemand qui m'avait pris en grippe. Quand ça lui prenait, il me tapait juste ici, devant le cou, et mes lunettes volaient au loin.

Un jour, comme ça, j'étais en train de balayer, parce que, vers la fin, je n'avais plus tellement de forces. On m'avait donné un balai. J'étais là avec mon balai. La porte du camp était ouverte. Une sentinelle allemande la gardait pour qu'on ne s'échappe pas. Cet imbécile m'a dit : « *Lauf! Lauf!* » « Cours ! » Eh bien, j'ai refusé de courir, parce que l'homme, en disant ça, il était en train de charger son arme. Oui, oui, oui… Pour tout te dire, j'en ai pissé dans mon froc ! J'ai vraiment eu peur, ce jour-là ! Il aurait été décoré pour avoir flingué un gars qui essayait de fuir !

En avril 1945, la ville la plus proche du camp de Biniou est en passe d'être libérée. Les Allemands transfèrent alors les détenus vers le camp de Ravensbrück. Le voyage dure sept à huit jours dans des wagons à charbon à ciel ouvert.

— On a été plusieurs journées sans boire. Il y avait des morts tous les jours. On les mettait dans le wagon de queue. Quand je suis arrivé à Ravensbrück, il y avait une fontaine. Je n'ai pas pu boire tellement ma bouche était sèche. Quand ta bouche est complètement sèche, tu ne peux pas déglutir. Tu es paralysé. Les gens qui meurent de soif dans le désert, c'est comme ça qu'ils meurent. Il a fallu que je me rince la bouche tout doucement, que j'humidifie toutes les parois de ma bouche, et ensuite j'ai pu boire.

Quand Biniou arrive au camp de Ravensbrück, sa mère y est aussi. Il le sait.

— Jeannette ne m'a pas vu, mais elle a entendu parler de moi, sans doute par Marie-Claude Vaillant-Couturier, la femme de Paul Vaillant-Couturier. C'était une égérie des communistes.

Marie-Claude Vaillant-Couturier, je le saurai plus tard, a eu un destin incroyable. Reporter dans les années 1930, elle photographie clandestinement le camp de concentration de Dachau. Résistante, elle est déportée dans un de ces camps qu'elle a contribué à dénoncer. Elle racontera en 1986 pour le quarantième anniversaire du verdict de Nüremberg : *J'ai eu la chance miraculeuse de sortir d'Auschwitz et de Ravensbrück et de me trouver à Nüremberg en face de Göring et des autres hauts dignitaires nazis. Vous pouvez imaginer que j'éprouvais un sentiment extraordinaire. Je pensais en les regardant : Regardez-moi car, à travers mes yeux, ce sont des centaines de milliers d'yeux qui vous regardent, par ma voix ce sont des centaines de milliers de voix qui vous accusent.*

Le 30 avril 1945, le camp de Ravensbrück est libéré.

— Un prisonnier de guerre français a pris des photos de la libération du camp. Il y a une photo de moi. Le jour de la libération, je pesais 42 kg pour 1,78 m. Pendant plusieurs semaines, j'ai pris environ 500 g par jour. Et, tu vois, sur cette photo, mes lunettes sont toujours là ! Les Kapos qui les avaient fait voler plusieurs fois en me tapant dessus n'ont pas eu raison d'elles ! C'est une vague, lors d'une baignade à Plozévet, en août 1945, qui les a définitivement emportées… ! [Rires]

— Tu te souviens de ton retour ?

— Oui. On a été rapatriés par la zone anglaise. Je suis arrivé le 15 juin, gare du Nord. Des gens en Belgique relevaient les noms des déportés et avertissaient nos familles de notre arrivée. Mon père a été prévenu. Il est venu à la gare. Il était là sur le quai. Moi, je ne m'attendais pas à le voir.

La voix de Biniou se met à trembler.

— Je… je crois bien qu'on a chialé… tous les deux.

3

Le récit de la Seconde Guerre mondiale est terminé. La discussion avec Biniou dévie sur la famille Cabouat. C'est Biniou qui lance le sujet. Je m'étais promis de ne pas poser de questions sur cette brouille familiale. J'écoute simplement.

La distance avec la famille Cabouat est due à une dispute entre Biniou et sa mère. Le mariage de Biniou a joué un rôle certain dans cet éloignement, Jeannette n'acceptant pas la femme de son fils, et celle-ci le lui rendant bien. Pourquoi ce conflit, qui aurait pu rester mineur, a-t-il pris de telles proportions ?

On ne le saura jamais de façon certaine. De caractères assez tranchés, Jeannette et Biniou semblent être passés d'une relation très proche, presque fusionnelle, à la rupture, chacun se construisant une image de l'autre parée de tous les défauts. Les événements familiaux qui ont eu lieu après cela n'ont fait que renforcer les reproches mutuels.

La discussion se termine.

J'ai besoin de souffler et me dirige vers la salle de bains pour me rafraîchir le visage et me laver les mains. Une pause apaisante après cette longue interview. On passe à table.

Biniou et Jeannette en 1945 à Plozévet.

— Allez, champagne ! s'exclame Biniou en faisant sauter le bouchon d'une bouteille. C'est pas tous les jours qu'on retrouve la famille, hein !

Au menu : champagne rosé, haricots du jardin, crème au chocolat et autres réjouissances… Biniou me ressert plusieurs fois. J'ai peur d'épuiser ses provisions.

— Penses-tu ! Tu vas voir qu'il en reste pas mal !

Il ouvre alors trois portes d'un buffet rempli de bocaux de légumes.

Biniou et sa femme sont touchants.

— Il y a des couples à nos âges qui font chambre à part. Je ne comprends pas : ces femmes ne doivent pas avoir froid aux pieds ! dit la femme de Biniou, cette jeune fille de 88 ans.

On va se coucher. Je me dirige vers la penderie de la chambre d'invité pour prendre une taie d'oreiller. Pas de taie d'oreiller, mais je trouve une cinquantaine de boîtes de conserve.

Je m'allonge sur le lit, la tête sur l'oreiller, impossible de dormir. Tout repasse tour à tour dans ma tête : le récit des camps, les dissensions entre le fils et sa mère, l'image que cette dispute jette sur ma famille…

Cette nuit-là, je ne dors pas. Vers 3 heures du matin, je note mes impressions : la brouille, les camps, les boîtes de conserve, les yeux de Biniou qui me regardent, ces mêmes yeux qui ont vu Ravensbrück… Je fais des exercices de yoga entre le lit et la penderie. J'essaye de dormir. En vain. C'est une soirée de discussions trop intense, trop riche en émotions pour simplement poser la tête sur l'oreiller et m'endormir.

Le lendemain, je suis sur le départ. Au moment de prendre la voiture, j'invite Biniou à la prochaine réunion familiale lors de laquelle je prévois de raconter mes recherches.

Biniou accepte de venir !

Après deux heures de trajet en voiture sur l'autoroute, je m'aperçois que j'ai oublié mon portefeuille, mon téléphone portable et les clés de mon appartement chez Biniou ! Demi-tour pour Fouras. Détour de quatre heures. Je suis plus marquée par cette rencontre que je ne le pense…

Quelques mois passent. La date de la réunion familiale approche. J'appelle Biniou pour lui indiquer le lieu et l'horaire :

— Lucie, je vais te décevoir, dit-il. Je ne viendrai pas. Je ne veux pas me laisser tyranniser par le passé. Il y a des gens à qui j'en veux. Et ils seront là.

Je cherche à savoir de qui il parle. Ces personnes sont celles-là mêmes qui ont envie de le revoir ! Elles ne savent pas que Biniou leur en veut. Mais sa décision est prise.

— Bien sûr, ma porte te reste ouverte, dit Biniou. Si tu as besoin de quoi que ce soit, je serai là.

4

— Alors, Lucie, tu es prête pour la réunion familiale ? me demande un cousin.

— Oui. J'ai préparé une présentation. Mais il manque quelques photos d'époque. Tu sais où je pourrais trouver ça ?

— L'une des descendantes de Jean a hérité de plusieurs albums. Peut-être pourrais-tu trouver quelque chose chez elle ?

— Jean ? Tu veux dire le plus jeune frère de Paul ?

— Oui.

— Elle habite où ?

— Dans le XVe arrondissement, à Paris.

JEAN

1

Paris, XVe arrondissement. J'ai rendez-vous chez la petite-fille de Jean.

Jean est le plus jeune frère de la fratrie. C'est lui qui s'est engagé pendant la Grande Guerre après la mort de François.

Passé les deux portes d'entrée, j'arrive dans une petite cour. C'est au deuxième étage. Une belle femme blonde dynamique d'une cinquantaine d'années me reçoit. À peine arrivée, je suis propulsée dans le salon, devant les albums photos.

— Tu veux un jus d'orange ? me lance-t-elle de la cuisine.

— Volontiers ! dis-je, en sortant l'appareil photo de mon sac.

Elle ouvre les albums.

— Voilà, tout est là !

La petite-fille de Jean raconte :

— Quand la Seconde Guerre mondiale éclate, Jean a 41 ans. Il est préfet du Lot, à Cahors. Il décide de s'engager, alors qu'il est mutilé depuis la Grande Guerre. C'est l'un des rares préfets de la IIIe République à s'engager volontairement. Son engagement a été raconté par un journaliste du *Figaro*, en février 1940. Tiens, voilà l'article :

> « Avant de partir pour le front comme lieutenant de chars d'assaut, M. Cabouat a reçu le personnel de la préfecture qui

lui offrait une paire de jumelles d'officiers. Il était assisté de Mme Cabouat à qui fut remise une gerbe de fleurs… » Je ne vous cacherai pas que je lis ces lignes dans le *Journal du Lot*, lequel rend compte, sur le ton ordinaire de ses comptes rendus, des adieux du préfet de Cahors à ses collaborateurs. Ce compte rendu, en un autre temps, nous aurait peut-être fait sourire. Car rien n'y manque, ni « l'assistance » de la préfète, ni la gerbe de fleurs, ni l'atmosphère un peu compassée des préfectures, ni le personnel « empressé », ni même le champagne d'honneur. « On choqua les coupes », écrit notre confrère. Oui, toutes ces choses nous rappellent des images de notre province qui ont illustré notre littérature. […] Et en d'autres temps, on eût souri.

Mais on apprend dans le même compte rendu que M. Cabouat, le préfet, s'est engagé déjà durant l'autre guerre quand il n'avait que 17 ans, et qu'il y fut grièvement blessé. Il eût pu aujourd'hui demeurer dans sa vieille préfecture, à l'ombre de la cathédrale, entre son épouse, ses deux enfants et ses administrés. Or il a préféré contracter un nouvel engagement : dans les chars d'assaut. Et sur le point de quitter ses bureaux, remerciant le personnel […], il a dit ces mots : « Ce que j'ai fait à la préfecture du Lot, et ce que je vais essayer de faire là-bas, ce n'est qu'une même chose sous différents aspects : il s'agit de servir, de servir tout simplement. Il faut le faire de son mieux… S'il est des moments où l'on peut hésiter, je n'ai pu, moi, rester insensible à l'appel du front, et si je puis dire à l'appel de la Finlande… » […] Je n'ai jamais vu de ma vie ni M. Cabouat, ni aucun de ses proches. Le hasard m'a transmis seul son nom et son discours. Et d'ailleurs, je les transcris ici non comme un hommage personnel (quoiqu'il le mérite et que ce soit touchant, cet appel symbolique de la Finlande qui retentit au fond du Lot…), mais pour montrer encore un certain aspect de la France, constant et profond qui nous déçoit parfois, et qui, dans le même cadre doucement fané, avec les mêmes êtres de tous les jours, rayonne soudain d'une force invincible et simple.

La petite-fille de Jean poursuit :

— Jean a participé à la bataille de Dunkerque. Il s'est échappé en embarquant sur un navire anglais. Il a obtenu plusieurs citations pendant cette période, dont la croix de guerre. Voici le texte de l'une d'entre elles : *Le 18 juin 1940, chargé d'une action retardatrice particulièrement délicate, s'est offert spontanément, sa mission terminée, pour couvrir la retraite d'une unité d'artillerie, qui a pu, ainsi, rentrer dans nos lignes.*

Après la défaite, Jean est réintégré au corps préfectoral. Sur ces photos, tu le vois, en uniforme de préfet, faire la quête un 11 Novembre pour les veuves de guerre à Carcassonne. Ça doit être au début des années 1940.

Jean a été préfet de la Creuse en 1940-1941, et préfet de l'Aude en 1941-1942. Sur cette photo, il discute avec le maréchal Pétain lors d'une visite officielle.

Je ne sais plus en quelle année c'était. Ça devait être à Carcassonne ou à Guéret…

Je reste comme hypnotisée par ces photos. Ça fait un an que je fais des recherches en mode « ma famille, ces résistants »… Et là je tombe sur des photos de mon arrière-grand-oncle quasiment main dans la main avec le maréchal Pétain !

La petite-fille de Jean poursuit son récit en feuilletant les pages. Mes yeux suivent les photos, mais les questions se bousculent dans ma tête :

Qu'est-ce que ça veut dire être préfet sous le gouvernement de Vichy ?

Qu'est-ce que Jean a bien pu faire ?

*

La petite-fille de Jean continue :

— La femme de Jean, Andrée, était juive. Jean a récupéré ses beaux-parents, Albert et Marthe Hendlé, à Drancy, avant qu'ils soient mis dans un train pour l'Allemagne. Il y est allé. Et là, c'était Monsieur le Préfet : « J'arrive et je fais sortir mes beaux-parents. Ces personnes ont été arrêtées par erreur. Elles ne sont pas juives ! » Il a sorti les Hendlé de Drancy. Il leur a procuré des faux papiers. Il en a fabriqué pour ses belles-sœurs aussi. […] Andrée, toute sa vie, a été reconnaissante à son mari d'avoir sauvé sa famille !

Je prends congé. De retour à la maison, cette histoire me poursuit. Je découvre aux Archives nationales une lettre signée dénonçant les origines juives de la femme de Jean au ministère de l'Intérieur :

Le sous-intendant de la Préfecture, M. Lévy, est juif. Mme la préfet est, paraît-il, juive et le beau-frère du préfet, un M. Weil, juif aussi, est contrôleur des prix à Guéret. On ne comprend pas que des Juifs occupent de semblables places en un moment pareil, et toute la population est dressée contre la Préfecture, alors que votre gouvernement qui a sauvé le pays mérite tous les respects. Monsieur le Président, débarrassez le département de la Creuse de ces hommes néfastes qui ne vous aiment pas. J'écris cette lettre dans l'intérêt de mon pays et crois ainsi avoir fait mon devoir.

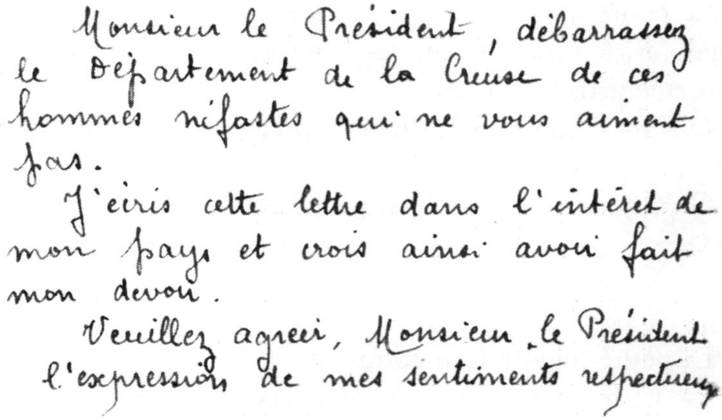
Monsieur le Président, débarrassez le Département de la Creuse de ces hommes néfastes qui ne vous aiment pas.
J'écris cette lettre dans l'intéret de mon pays et crois ainsi avoir fait mon devoir.
Veuillez agréer, Monsieur le Président l'expression de mes sentiments respectueux

Le ministère demande alors des comptes à Jean qui répond : *Je suis en effet marié depuis dix-huit ans avec une femme de confession israélite. S'il a pu m'arriver d'en pâtir, j'ai, au moins, la compensation de n'avoir jamais eu à en rougir*[1]. Jean évoque ensuite M. Weil (qui n'est pas son beau-frère) : il occupe un poste *qui lui a été attribué grâce à ses titres d'ancien combattant, à ses citations et par dérogation à la loi du 3 octobre 1940* [selon laquelle les Juifs ayant été anciens combattants peuvent rester dans la fonction publique] […]. *La situation de M. Lévy est identique.* […] *L'un et l'autre sont des gens fort respectables et inattaquables.*

Je découvre que le mémorial de la Shoah détient les listes d'arrivées à Drancy. Je les contacte pour savoir s'ils ont des

1. Lettre de Jean Cabouat du 31 mars 1941 à l'Inspecteur général. Dossier de préfet de Jean Cabouat. Archives nationales. F/1bI/736.

informations sur les beaux-parents de Jean. Quelques jours plus tard, le mémorial me répond et m'envoie une liste indiquant leurs noms, ainsi que les sommes d'argent qui leur ont été confisquées. C'est un papier à en-tête estampillé « Préfecture de police de Paris ».

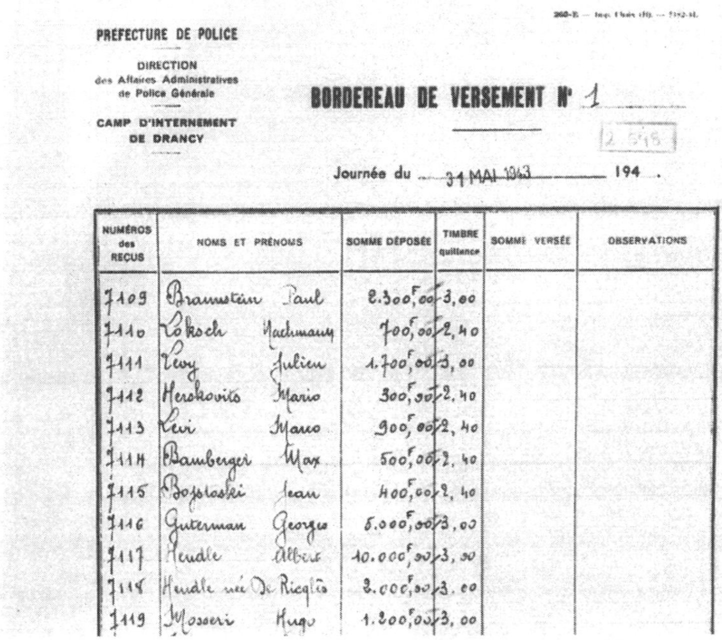

PREFECTURE DE POLICE

DIRECTION
des Affaires Administratives
de Police Générale

CAMP D'INTERNEMENT
DE DRANCY

BORDEREAU DE VERSEMENT N° 1

2 515

Journée du 31 MAI 1943 194 .

NUMÉROS des REÇUS	NOMS ET PRÉNOMS	SOMME DÉPOSÉE	TIMBRE quittance	SOMME VERSÉE	OBSERVATIONS
7109	Braunstein Paul	2.300F,00	3,00		
7110	Lokoch Nachmann	700F,00	2,40		
7111	Lévy Julien	1.700F,00	3,00		
7112	Herskovits Mario	300F,00	2,40		
7113	Levi Marco	900F,00	2,40		
7114	Bamberger Max	500F,00	2,40		
7115	Bojolaski Jean	400F,00	2,40		
7116	Guterman Georges	5.000F,00	3,00		
7117	Hendle Albert	10.000F,00	3,00		
7118	Hendle née De Riegltis	2.000F,00	3,00		
7119	Mosseri Hugo	1.200F,00	3,00		

Fiche du camp de Drancy indiquant les sommes confisquées à Marthe et Albert Hendlé à leur arrivée.

Albert et Marthe Hendlé sont arrivés à Drancy en mai 1943. Ils sont partis, une quinzaine de jours plus tard, pour l'hôpital de Rothschild, l'annexe médicale du camp de Drancy. Ce départ pourrait accréditer la thèse d'une intervention de Jean Cabouat.

Un détail me frappe : quand les Hendlé sont à Drancy en mai 1943, Jean Cabouat n'est plus préfet. Il n'a donc pas pu se servir de son autorité préfectorale pour les faire sortir.

C'est un descendant de Jean qui va me révéler la véritable histoire du sauvetage des Hendlé. Elle se trouve dans *Cinq Ans de patience*, un livre rédigé par le directeur du cabinet du préfet de police de Paris, Maurice Toesca.

Jean Cabouat a bien sauvé ses beaux-parents, mais pas comme le dit la légende familiale, pas comme la petite-fille de Jean me l'a raconté.

Albert Hendlé.

Marthe Hendlé.

[En 1943, le préfet de police, Bussière, est prévenu] *par un coup de téléphone de notre collègue Jean Cabouat, ancien secrétaire général de la Seine : son beau-père, M. Hendlé, a été arrêté dans le jardin de sa villa de banlieue. M. Hendlé est juif ; il a près de 80 ans ; autrefois préfet, il a occupé des postes très importants* [...].

D'abord, savoir où on l'a embarqué, et pour quels motifs. Par le capitaine Hüttemann, j'apprends assez vite qu'il a été arrêté sur les ordres de la section anti-juifs, vraisemblablement parce qu'il ne respectait pas l'ordonnance concernant le port de l'étoile jaune.

Son gendre conteste cette information. Mais les Allemands précisent que « ce Juif avait accroché une languette à la poche de son veston, et, en la rabattant, dissimulait l'étoile ».

Le capitaine Hüttemann ne peut rien faire. Seul le général Oberg a autorité pour dégager notre protégé – s'il le veut bien.

Audience est demandée. Après plusieurs jours d'attente, au cours desquels la villa des Hendlé est complètement pillée par les Allemands de la section des affaires juives, convocation chez Oberg, boulevard Lannes à 9 heures du matin. Muni du dossier, je m'y rends. On me fait attendre dans le hall d'entrée. Toute la matinée, je vois entrer et sortir des soldats, des officiers de tout grade et de toutes armes. Personne ne semble se souvenir que je suis là. Je connais trop la brutalité des SS pour m'enquérir des raisons qui font que l'on me laisse sur mon banc. Et puis, je ne dois rien faire pour compromettre les maigres chances que j'ai d'obtenir quelque adoucissement du sort des Hendlé. Patience, donc !

À 13 heures, un officier jeune, mince, sanglé dans un uniforme de gros drap, claque les talons devant moi, me fait signe de le suivre. Je remarque qu'il est amputé de l'avant-bras droit.

Oberg lit un rapport ; il ne lève pas les yeux ; l'officier manchot m'invite à m'asseoir.

Finalement, le général lève la tête. Une tête massive, au crâne rasé, très porcine, l'œil petit et de glace. Il ne s'adresse pas à moi, mais à l'officier interprète. Je comprends évidemment ce qu'il lui dit, mais lui, Oberg, ignore que je sais sa langue. « Parlez », me dit l'interprète. À mesure que je raconte, celui-ci traduit. Le visage du général marque des impatiences. Je demande que les

Hendlé soient libérés en raison de leur âge et aussi de l'insignifiance du délit dont on leur fait grief. Mais Oberg grogne : « Non, impossible..., me fait-il répondre. Que le préfet de police formule une requête écrite ; et on verra... » J'insiste alors sur l'urgence d'une décision : M. Hendlé est un vieillard malade ; ne peut-on pas le transporter à l'hôpital Rothschild ? À ce moment-là, Oberg tape du plat de la main sur la table, en disant : « Ein Jude ist kein Mensch » [Un Juif n'est pas un être humain]. *Que l'officier traduit : « Le général dit que rien n'est possible. »*

Je ne sais pourquoi je m'accroche ; je ne veux pas me donner l'excuse facile d'un refus même ferme. Je mets en avant le nom du préfet de police : « M. Bussière y tient personnellement ; M. Hendlé a été autrefois son chef administratif... » Et je me lance dans un développement sur l'importance du préfet dans notre administration française. Oberg m'écoute-t-il ? J'ai l'impression que ses doigts pianotent dangereusement, et je remarque, non loin d'eux, la présence d'un revolver. Qu'il me descende là, froidement, sans autre motif que l'agacement que je lui cause, qui le saura ? On m'aura délivré le « billet de sortie » ; je serai parti. Adieu ! Oberg dit alors doucement, presque entre ses dents, à l'adresse de l'interprète : « Quand un interlocuteur est bouché, il y a toujours cet argument pour le faire taire... » (L'argument, c'était le revolver). L'officier traduit : « La conversation est terminée. Le général répondra à la requête de M. Bussière. »

Deux jours plus tard, le général Oberg a fait téléphoner que M. Hendlé a été transporté à l'hôpital Rothschild. « Malheureusement, la villa ne peut être restituée. »

M. Bussière avise aussitôt son collègue Cabouat. Je lui envoie, moi aussi, quelques lignes. Au courrier suivant, je reçois un billet de gratitude qui me touche : « Cher collègue, je vous remercie de votre réponse et vous suis très reconnaissant d'avoir uni vos efforts à ceux du préfet. Je ne l'oublierai jamais. Bien vôtre. Cabouat[1] *».*

1. Maurice Toesca, *Cinq Ans de patience*, Paris, Émile-Paul Frères, 1975.

Je regarde sur Internet qui était Oberg. C'était le chef des SS : il était surnommé « le boucher de Paris » [1]. Charmant !

Je me penche aussi sur la biographie de Bussière, qui a sauvé Albert et Marthe. Il était préfet de police de Paris sous l'Occupation. C'est lui qui a dû mettre en œuvre la rafle du Vél d'Hiv, durant laquelle plus de 13 000 personnes ont été déportées, dont environ 4 000 enfants.

J'aurais adoré pouvoir considérer ceux qui ont sauvé Albert et Marthe Hendlé comme des héros. À la place de cela, me reste comme un goût amer dans la bouche. Je ressens une sorte de malaise…

En 1946, quand Bussière est traduit devant la Haute Cour de la justice [2], Albert Hendlé, le beau-père de Jean, écrit au président de la Cour :

Monsieur le Président,

Je voudrais qu'il me fût permis, au cours des douloureux débats qui se déroulent en ce moment devant la Haute Cour, de dire ce que je sais d'Amédée Bussière, de son passé, de son caractère, bien qu'ignorant tout de l'activité de l'ancien préfet de police […].

Le 31 mai 1943, nous fûmes, ma femme et moi, tous deux israélites et septuagénaires, arrachés à notre foyer par la Gestapo et […] *le pillage de notre maison fut commencé méthodiquement de la cave au grenier, par les Allemands, le jour même de notre arrestation.*

1. Oberg est condamné à mort en 1954 par les tribunaux français pour crimes de guerre. Sa peine est commuée en prison à perpétuité par le président de la République Coty. Il est libéré en 1962 sur ordre du général de Gaulle. Il meurt trois ans après.

2. Condamné aux travaux forcés à perpétuité, Bussière est libéré en 1951. Il meurt deux ans plus tard.

Je pus faire prévenir Bussière de notre malheur. À l'encontre d'un de ses collègues, qui devait et pouvait nous protéger et manquait de courage civique, Amédée Bussière intervint immédiatement, ouvertement et énergiquement, inlassablement, d'abord pour améliorer notre sort, puis pour obtenir notre élargissement.

Et c'est ainsi que nous demeurâmes seulement trois semaines dans l'immonde cloaque de Drancy, pour être ensuite incarcérés à l'Hospice rue Picpus. Et durant huit longs mois, il n'est pas de demandes réitérées, pressantes que ne fit Amédée Bussière pour obtenir, à la fin de décembre 1943, notre libération à la veille de la formation d'un convoi destiné à la déportation.

Nous lui devons le bonheur d'avoir retrouvé la liberté, d'avoir pu assister au triomphe final des armées alliées et de la France, d'avoir évité le douloureux voyage qu'ont accompli plus de vingt membres de notre famille vers les chambres à gaz et les fours crématoires, d'où l'on ne revient pas.

2

12 janvier 2014, Paris.

Chers tous,

J'aimerais vous raconter mes recherches sur l'histoire de la famille, et notamment la vie des frères et sœur Cabouat pendant la Seconde Guerre mondiale le dimanche 12 janvier à 16 heures. Merci d'apporter desserts et boissons. Je me réjouis de vous voir ou de vous rencontrer !

Lucie.

Cinquante personnes ont répondu à mon appel. La présentation a lieu chez un cousin de ma mère, le petit-fils de Jean. Il y a les descendants de Paul le médecin, de Jeannette qui a été déportée et de Jean le préfet. C'est la première fois, depuis trente ans peut-être, que les descendants des frères et sœur Cabouat sont réunis.

C'est un moment important pour moi. L'échéance de mon retour à Bruxelles est imminente. C'est la fin de mon congé sabbatique. J'ai demandé à le rallonger, mais ma boîte ne va pas bien : c'est impossible. Je dois rentrer à Bruxelles. Plus la date du retour approche, moins je réussis à avancer sur mon projet. Je suis angoissée de reprendre mon poste. Mes proches ne comprennent pas : « Mais tu aimais ton travail ! — Oui, mais pendant sept mois, j'ai découvert un autre univers : un univers où je prends mon temps, où je recueille, émue, amusée, les histoires d'hommes et de femmes. Je ne me sens pas prête à revenir tout de suite. »

Le retour à Bruxelles aura lieu deux jours après cette réunion familiale. Alors pour moi, cette rencontre, c'est un peu le point d'orgue de mon congé sabbatique.

La venue d'une des descendantes de Jeannette me touche particulièrement. C'est une femme dont j'ignorais l'existence un mois auparavant. On m'avait dit : « Elle, tu peux la rayer de la liste des invités : elle habite aux États-Unis. » Je ne lui avais donc pas envoyé d'invitation. Trois semaines après, je reçois un e-mail : « J'ai entendu parler de la réunion familiale que vous organisez. J'aimerais vraiment venir, mais j'habite Boston. La date est-elle fixée de façon certaine ? »

Le jour de la réunion, je ne connais pas la moitié de la salle. Je saisis des bribes de conversation : « On ne s'est pas vus depuis combien de temps ? Laisse-moi compter… Pétard ! Ça fait quarante-cinq ans ! À l'époque, tu m'avais appris à faire du cheval, tu t'en souviens ? »

Quelques personnes viennent me voir : « Alors ? Il paraît que tu as retrouvé Biniou ! C'est formidable ! Raconte ! » Ils sont impatients de connaître cette histoire, émerveillés d'avoir des nouvelles du fils de Jeannette.

Les gens s'installent sur les chaises disposées dans le salon. J'ai préparé une présentation avec des photos sur grand écran. Les lumières s'éteignent. Dans l'obscurité relative, je ne distingue pas les visages des uns et des autres. Il n'y a devant moi qu'une masse confuse.

Debout à côté de l'écran, je commence à raconter l'histoire de Jeannette : son arrestation par la Gestapo, son séjour dans les prisons parisiennes. Je m'adresse à la salle : « Ce que vous allez voir maintenant, c'est le message qui a été lancé par

Jeannette du train qui la menait en camp de concentration. Ce papier a été retrouvé près des rails, et posté à la famille, sans doute par un cheminot. »

Je clique sur la souris. Le mot s'affiche sur grand écran :

Chéris, nous partons, grande vitesse, peut-être à 90 km de Berlin (Oranienburg).

Je vous supplie tous de ne pas vous soumettre.

Je suis au mieux, très retapée, parée, bout au vent.

Tendrement à tous.

Pendant plusieurs secondes, absence totale de réaction dans la salle. Et puis, tout d'un coup, tout le monde s'agite, souffle, remue sur son siège comme si je leur avais donné un coup de pied dans le ventre !

Les gens parlent, s'exclament.

J'attends.

Il faut que les choses se disent.

Les descendantes de Jeannette parlent entre elles avec animation. Je leur demande de partager leurs échanges avec la salle.

L'une d'elles prend la parole :

— À la mort du mari de Jeannette, Albert, on a retrouvé le journal qu'il tenait pendant la guerre. Albert raconte qu'il est allé voir Jeannette en prison, et lui a demandé : « Comment as-tu pu faire ça ? Tu as pensé à ta famille ? » Et Jeannette lui aurait répondu : « J'ai préféré sacrifier ma famille, plutôt que de livrer la France aux Allemands. » Albert a aussi raconté qu'il s'est arrangé pour que Jeannette puisse s'échapper du camion qui la menait au train vers les camps de la mort. Selon Albert, Jeannette aurait pu s'enfuir. Mais elle a refusé. Elle est restée assise dans le camion. Elle a crié : « Vive la France ! » Et le camion est reparti.

Silence dans la salle.
C'est la consternation.

— Ce journal, vous l'avez encore ?
— Oui, je t'enverrai les extraits qui concernent Jeannette.

Je continue sur l'histoire de Biniou, le fils de Jeannette :
— Après plusieurs mois de recherches, j'ai retrouvé sa trace. Il vit en Charente-Maritime, dans une petite ville au bord de la mer. Je suis partie en voiture à Fouras pour le rencontrer.

Un des cousins me dira plus tard : « Là, on s'est tous regardé, et on s'est dit : “Mais elle est OUF cette fille ! Si elle est prête à faire des heures de voiture pour aller retrouver Biniou à Fouras, elle va rien lâcher !” »

Je raconte l'entrée de Biniou dans la Résistance, son arrestation, la vie à Ravensbrück. Je montre les photos prises le jour de la libération du camp. Un frémissement traverse la salle.

— On arrive maintenant au personnage le plus complexe de la famille : Jean Cabouat, le préfet. Je vais vous présenter ce que j'ai pu trouver jusqu'ici sur sa vie sous l'Occupation, mais il me reste de nombreuses archives à éplucher.

Les photos de Jean avec Pétain s'affichent sur grand écran. Le ton est posé. Tout le monde sait que j'aborde un passage délicat.

Je commence alors :
— Quelques jours après le vote des pleins pouvoirs à Pétain, Jean Cabouat a demandé à devenir préfet en zone occupée. Sous la pression des Allemands, le ministre de l'Intérieur refuse, et le mute en zone libre : Pourquoi ? Parce que sa femme est juive. Jean écrira le 20 novembre 1944 dans une lettre adressée au ministre de l'Intérieur : *Je fus sur le point de*

démissionner, afin de reprendre une pleine liberté d'action politique. [...] *Je m'ouvris de mes scrupules à M. Jules Jeanneney, alors président du Sénat*[1] [qui] *m'objecta que je n'avais aucune raison sérieuse pour quitter l'administration préfectorale, et je me garderai de rapporter ici les mots qu'il utilisa pour me convaincre de demeurer, du moins provisoirement, en fonction.*

Réaction dans la salle :

— Dommage ! S'il y avait bien des propos qu'on avait envie d'entendre, ce sont les raisons qui l'ont conduit à rester dans l'administration préfectorale. Que lui a dit Jeanneney pour le convaincre de rester préfet ?

Une personne intervient :

— Jeanneney voulait poursuivre la lutte en Afrique du Nord. Est-ce qu'il lui a dit : « Ne partez pas. On a besoin de gens comme vous à ces postes clés » ?

Je poursuis :

— Si je n'ai pu savoir ce qui a convaincu Jean de rester préfet, j'ai découvert les raisons qui l'ont conduit à quitter son poste.

On est en juillet 1942. Jean est préfet de l'Aude, à Carcassonne. Radio Londres appelle les Français de la zone non occupée à manifester lors de la Fête nationale. Les préfets reçoivent l'ordre de prévenir, et éventuellement d'empêcher toute manifestation anti-gouvernementale.

La veille du 14 Juillet, Jean convoque les organisateurs du rassemblement. Il tente d'abord de l'interdire. Mais un accord est finalement trouvé : Jean s'engage à « ne pas ériger en délit le fait de manifester ». En contrepartie, ses interlocuteurs donneront à cette promenade un caractère silencieux, sans emblème national, et ne chanteront pas *La Marseillaise*.

---

1. Jules Jeanneney, radical-socialiste, préside, en 1940, l'Assemblée nationale.

Le même jour, le directeur de la Légion française des combattants [1] informe Jean des instructions qu'il a reçues du chef national de la Légion, Darnand, pour interdire l'événement, au besoin par la force. Jean lui rappelle que la Légion n'a le droit d'intervenir sur la voie publique que sur ordre écrit du préfet et lui demande de rester à sa permanence.

Le 14 Juillet, deux mille personnes manifestent à Carcassonne. Jean est sur les lieux. Le directeur de la Légion et une soixantaine de gardes aussi. Cette *seule présence* constituait *une provocation manifeste*, raconte Jean. Les consignes de silence des organisateurs sont respectées, jusqu'au moment où le directeur de la Légion est pris à partie par les promeneurs. Il ne doit qu'à Jean d'être dégagé de la foule. Le directeur de la Légion raconte : *Le rassemblement* [...] *était si considérable, l'absence de police tellement évidente qu'il n'y avait plus de doutes pour nous. Non seulement la manifestation aurait lieu, mais toutes facilités lui étaient données de se dérouler, ce qui, administrativement parlant, me paraissait particulièrement grave.* Il demande alors à ses troupes [les services d'ordre légionnaires, les SOL] [2] d'intervenir contre la foule.

Jean s'oppose publiquement à cet ordre et exige des SOL *dans le style des commandements militaires* qu'ils arrêtent immédiatement. Les manifestants se mettent à entonner *La Marseillaise*. Dans une lettre envoyée à Jean Cabouat, le directeur de la Légion se souvient : *J'ai dû* [...] *faire sortir mes SOL et les déconsidérer,*

---

1. Organisation née de la fusion des associations d'anciens combattants. De la Légion émergeront le Service d'ordre légionnaire (SOL) et la Milice.

2. Le serment officiel des SOL était : « Je jure de lutter contre la démocratie, la lèpre juive et la dissidence gaulliste », selon Pascal Ory dans *Les Collaborateurs, 1940-1945*, Paris, Seuil, 1976.

cependant que vous-même étiez très applaudi et vous promeniez tout fier au milieu de cette foule, pourtant hostile au gouvernement puisqu'elle obéissait aux ordres de Londres [1].

Des courriers de l'époque interceptés relatent l'événement :

Une grande bagarre a été évitée par le préfet qui est intervenu à temps. Elle aurait été provoquée par les SOL. Sans le préfet, il y aurait eu des morts et des blessés.

Si vous aviez vu cette foule en délire, comme il y faisait bon ! On sentait un vent de liberté passer au-dessus de nos têtes. Comme c'était beau, des vieillards pleuraient, des poitrines se gonflaient comme jamais je ne l'avais vu. Des chants s'élevaient de tous les cœurs. Je ne puis vous décrire exactement, car c'était trop puissant, trop touchant. C'était quelque chose dont je me souviendrai toute ma vie [2].

La Légion dénonce dans un document confidentiel [3] : *Cette manifestation a eu lieu avec l'appui bienveillant de M. le préfet Cabouat, marié à une Juive, laquelle était membre du Secours rouge international pendant la guerre d'Espagne. Cette manifestation a revêtu un caractère d'hostilité outrancière vis-à-vis du gouvernement et particulièrement du président Laval.* [...] *Le mot d'ordre de la Radio Londres a été suivi par les gaullistes et francs-maçons. Même les Juifs ont manifesté en grand nombre.* [...] *Les SOL, qui ont voulu assurer l'ordre, ont bien failli aller en prison.*

---

1. Lettre du 7 avril 1945 de Jean Cabouat. Additif au Mémoire adressé à M. le ministre de l'Intérieur. Dossier du préfet Jean Cabouat.

2. Archives départementales de l'Aude sur le 14 juillet 1942. Interception postale. 42W5.

3. Document confidentiel envoyé par le comité central de la Légion contre le bolchevisme. Archives nationales. Dossier de préfet de Jean Cabouat. F/1bI/736.

Quelques jours plus tard, Jean reçoit une lettre de Joe Bousquet [1], écrivain et poète, ami d'Aragon et de Gide. Paralysé par une balle allemande depuis 1918, Joe Bousquet a été une importante « boîte à lettres » de la Résistance :

Cher monsieur Cabouat,

[...] *On m'a longuement parlé des incidents qui avaient marqué le 14 Juillet à Carcassonne.* [...] *Je dois vous dire que j'ai été pleinement réconforté de savoir avec quelle vigueur vous saviez maintenir l'ordre ou le rétablir. Il est rigoureusement vrai que ces incidents auraient mal fini si vous n'étiez pas intervenu et avec tant de mesure et d'à-propos. Tout le monde vous a loué, et vous avez, ce jour-là, acquis de grandes et fortes sympathies.*

Un homme, que vos prédécesseurs avaient retourné contre l'administration et qui était bien loin de réviser ses jugements, m'a fait votre éloge avec tant de chaleur que j'ai pu méditer sur ce que pouvait sur l'esprit public un acte accompli avec courage et humanité.

Mais, laissons cela. Je n'insiste sur ce point que par amour pour la paix et parce que je sais que vous maintiendrez la paix dans la ville, et qu'on pourra, tant que vous resterez, écrire, penser et vivre.

Quinze jours plus tard, le 20 août 1942, Jean est relevé de ses fonctions par le gouvernement de Vichy.

1. À ne pas confondre avec René Bousquet, secrétaire général de la police de Vichy.

3

Il n'y a aucun bruit dans la salle. Toute la famille est suspendue à mes lèvres. Je les replonge en octobre 1942.

Jean a quitté son poste de préfet. Il est contacté par un responsable gaulliste qui lui demande de s'engager à assurer la future direction administrative d'un département libéré à la suite du débarquement allié. Jean accepte [1]. Le 3 octobre 1943, il est nommé « préfet sans affectation » par le Comité d'action en France, basé à Alger et présidé par de Gaulle [2].

Les années passent.

Je fus, à plusieurs reprises, sur le point de rejoindre les Forces françaises libres en Afrique du Nord, raconte Jean, *mais j'en fus toujours dissuadé par mes amis méridionaux qui me rappelaient l'engagement de servir administrativement à l'époque de la Libération* [3].

---

1. Lettre de Jean Cabouat du 20 novembre 1944 au ministère de l'Intérieur. Dossier de préfet de Jean Cabouat. Archives nationales. F/1bI/1127.

2. René Bargeton, *Le Comité départemental de libération du Pas-de-Calais* (1943-1946), *op. cit.*

3. Lettre de Jean Cabouat du 20 novembre 1944 au ministère de l'Intérieur. Dossier de préfet de Jean Cabouat. Archives nationales. F/1bI/1127.

En 1943, Jean fait passer en Espagne Jean-Marcel, son fils de 19 ans, pour lui permettre de s'engager dans la 1re division française libre en Afrique du Nord [1].

Une des descendantes de Jean s'exclame alors :

— Oui, Père Jean a toujours dit à son fils : « D'accord pour rejoindre la lutte en Afrique du Nord, mais passe ton bac d'abord ! » Après son départ de la préfecture, Jean a été rétrogradé à un poste économique [2]. Mamie racontait que ça lui avait donné l'occasion de fabriquer plein de fausses cartes de rationnement pour alimenter la Résistance.

Je continue :

Avril 1944. On est à deux mois du débarquement. Le Comité de libération nationale à Alger n'a accepté que vingt nominations émanant du corps préfectoral de Vichy [3]. Jean est non seulement nommé préfet, mais il bénéficie d'une promotion puisqu'il devient préfet régional. Il entre alors dans la clandestinité, et quitte sa famille pour le Pas-de-Calais. Sur place, il contacte les chefs des organisations de Résistance pour préparer la prise de la préfecture. C'est à ce moment-là qu'il croise le chemin de son neveu, Jean-Pierre. Sur quatre mois, Jean occupe neuf résidences différentes. Recherché, il échappe plusieurs fois de justesse à la Gestapo.

— Mamie m'a raconté qu'une fois il est vraiment sorti par la porte de derrière, pendant que la Gestapo sonnait à la porte

1. Le fils de Jean débarque en 1944 en Italie, participe à la bataille de Monte Cassino, puis débarque à nouveau le 16 août 1944 en Provence. Il reçoit la croix de guerre à 20 ans.

2. Jean est chargé de mission auprès de la Direction générale du contrôle économique.

3. Alain Giévis, *L'Influence des rapports des préfets quant à la politique raciale de Laval*, Actes du colloque de Châteauroux des 18 et 25 mars 2000, « Le Préfet d'hier à aujourd'hui », CREDI – Centre universitaire, Châteauroux, p. 45-70.

Jean-Marcel Cabouat, fils de Jean Cabonat.

de devant. Il s'est caché chez un fermier, M. d'Hollander, sous le nom de M. Michel, dit l'une des petites-filles de Jean. La Résistance devait lui envoyer un message le prévenant que, dès le lendemain, il fallait qu'il prenne possession de la préfecture au nom du gouvernement provisoire du général de Gaulle [1].

1. Ce témoignage familial est confirmé par le livre de René Bargeton, *Le Comité départemental de libération du Pas-de-Calais* (1943-1946), *op. cit.*

En août 1944, Jean préside la dernière réunion clandestine du Comité départemental de libération qui donne l'ordre de déclencher l'insurrection. Objectif : délivrer les résistants emprisonnés, attaquer les dépôts d'armes allemands, paralyser leurs moyens de transport, et arrêter les miliciens.

En septembre 1944, il devient officiellement préfet du Pas-de-Calais sous le gouvernement provisoire de de Gaulle.

— Je crois que c'est Alexandre Parodi qui l'a fait nommer préfet, avance la petite-fille de Jean. Parodi était de toutes les conversations de Père Jean. C'était un de ses amis. Papon aussi était mentionné, comme collègue.

Je m'adresse à la salle :

— Je pense que vous savez tous qui est Maurice Papon, mais si vous voulez savoir qui est Parodi…

J'affiche sur grand écran une photo du général de Gaulle descendant les Champs-Élysées à la libération de Paris. À droite du général : Alexandre Parodi.

Deux mois après sa nomination, Jean est informé qu'il doit passer devant une commission d'épuration. Il demande alors au ministre de l'Intérieur de le relever de ses fonctions [1].

La commission d'épuration statue sur son maintien en fonction dans l'administration française [2]. Il est blanchi.

Ma présentation est finie.

Les lumières se rallument.

Un des descendants de Jean vient me dire :

— C'est super ce que tu fais. Vas-y, fonce ! Dévoile tout ! Il faut raconter !

---

1. René Bargeton, *Le Comité départemental de libération du Pas-de-Calais* (1943-1946), *op. cit.*

2. « Parmi les 275 préfets de Vichy, les deux tiers sont exclus du corps préfectoral, la quasi-totalité du tiers restant est soumise à une sanction. Le maintien en fonction demeure une exception », selon Arnaud Benedetti, *Un préfet dans la Résistance*, Paris, CNRS Éditions, 2013.

À droite du général de Gaulle, Alexandre Parodi.

Les nièces de Biniou me demandent son adresse pour lui écrire.

Ma mère vient me voir à la fin de la soirée. Elle me regarde droit dans les yeux :

— Je ne sais pas si tu te rends compte qu'on n'a JAMAIS parlé de ça. Au final, tu fais sauter beaucoup de tabous dans cette famille.

JEANNETTE

1

3 février 2014, Bruxelles.

Ça y est.

Je suis revenue en Belgique. Isabel, qui m'a remplacée pendant mon congé sabbatique, est repartie au Portugal, avec des projets plein la tête.

Je pousse la porte d'entrée de mon bureau.

L'odeur du hall d'entrée n'a pas changé.

— Lucie, c'est super de te voir ! Ça va ? Pas trop dur, le retour ? lance une de mes collègues dans l'escalier.

Je réfléchis quelques secondes…

— Je te dirai ça dans une semaine.

Le soir, je fonds en larmes, toute seule dans mon salon.

Deuxième jour de boulot.

— Alors, c'est moins dur, aujourd'hui ?

Je souris :

— Je te dirai dans une semaine.

Le soir, je refais mon CV.

Le troisième jour, je tombe malade. Angine. Mon boss me dit : « Lucie, tu sais, moi aussi, je serais tombé malade si j'avais dû revenir après ce que tu as fait. »

J'ai le sentiment d'être en transit dans cette association, en transit à Bruxelles. Le week-end, je me rassure en ouvrant mon dossier « Madame, vous allez m'émouvoir » sur mon ordinateur. Surtout ne pas abandonner.

Et puis, un jour, coup de téléphone au bureau. Je réponds comme toujours en anglais :

— *Hello, Lucie Tesnière speaking.*

— Bonjour, j'aimerais parler à l'arrière-petite-fille de Paul Cabouat.

Silence.

— Euh… Oui… C'est moi-même… dis-je en fermant discrètement la porte de mon bureau.

L'une des descendantes de Jeannette m'a envoyé par e-mail les extraits du journal intime du mari de Jeannette, Albert Le Bail ! Quelques instants plus tard, j'imprime le journal, et le mets dans le tiroir de mon bureau.

La fin de la journée approche. Il fait nuit. De petites lampes sont allumées sur nos bureaux. J'entends le bruit imperceptible de mes collègues qui tapent sur leurs claviers. Je sors silencieusement les pages imprimées.

Je commence la lecture, et pars rejoindre Albert Le Bail le jour de l'arrestation de sa femme, en septembre 1942 :

Mercredi 9 septembre 1942, du train Quimper-Paris.

Ce matin, alors que je sortais de la mairie, après une réunion des répartiteurs de l'impôt, des policiers allemands sont entrés chez moi, ont fait une perquisition, où ils n'ont, bien sûr, rien trouvé et finalement, ont emmené Jeannette.

Je suis actuellement dans le train en gare dans les wagons français ; Jeannette est en tête dans les wagons allemands, gardée par deux policiers.

Mercredi 9 Septembre.

—

Quimper
Paris

Ce matin, alors que je sortais de la Mairie, après une réunion des répartiteurs de l'impôt, des policiers allemands sont entrés chez moi, ont fait une perquisition, où ils n'ont bien entendu rien trouvés et finalement ont amené Jeannette

Je suis actuellement dans le train en gare dans les wagons français. Jeannette est en tête dans les wagons allemands, gardée par deux policiers.

J'ai pu l'entrevoir une minute tout à l'heure et lui adresser du quai au compartiment un baiser de la paume de ma main à sa bouche.

J'espère que de me savoir dans le train et partant à Paris pour essayer d'éclaircir cette si terrible

J'ai pu l'entrevoir, une minute tout à l'heure et lui adresser du quai au compartiment un baiser de la paume de ma main à sa bouche.

J'espère que de me savoir dans le train, et partant à Paris pour essayer d'éclaircir cette si terrible affaire, cela la réconforte et lui fait du bien.

Elle a été admirable, la pauvre chérie, de calme et de courage.

Dieu ! Que l'on sent dans des heures comme celles-là combien de choses vous unissent !

Et mes pauvres trois petits assistaient au départ de leur mère dans l'auto de la police allemande.

Elle l'a fait arrêter au départ pour donner un dernier conseil à Mme Thomas sur les biberons de son bébé.

Dieu ! Quelle horreur que la vie ! Enfin, je roule.

C'est moi qu'on aurait dû arrêter et pas elle. Je l'ai demandé aux policiers qui m'ont répondu : « Kein Order ! » C'est fort. Je suis tout remué pour Jeannette.

Et la campagne bretonne, sereine et impassible, se déroule devant les vitres de mon compartiment.

Jeudi 17 septembre 1942, Paris

Enfin, j'ai réussi à savoir qu'elle était à la Santé ! Je n'ai pu lui faire passer un colis. Ce sera pour lundi. J'aurais réjoui mes petits. […]

Je regardais aujourd'hui les murs si hauts de la Santé. Si jamais je m'étais douté qu'un jour j'y viendrais voir ma femme !

Dimanche 20 septembre 1942, Plozévet

Il ne me semble pas possible qu'il existe un drame plus effroyable que celui que je vis. Certes, en rentrant ici, j'ai eu le bonheur d'y trouver mes enfants. [Biniou], sain, fort, et énergique enfant, a pris la tête de la maison. Les petits ne comprennent pas très bien et vivent dans l'heureuse inconscience de leur âge[1]*. Les gens du pays sont effondrés. Cette arrestation a eu un lourd et profond retentissement dans tous les cœurs. Les plus durs en sont émus au-delà du possible.*

Pour moi, je vis en plein drame moral [...]. *Quand Jeannette est partie, nous nous sommes embrassés comme nous ne l'avions pas fait depuis longtemps. Et tout ce qui pouvait subsister entre nous de rancœur a été oublié. Certes, elle est dure pour elle, comme pour les autres, mais quelle âme droite et noble !*

Par ailleurs, la force du sentiment que j'ai pour Yvonne[2] *ne peut décroître même sous un coup comme celui-là, car elle est dans l'amour la femme de mon existence. Elle représente la femme avec un grand F pour moi.*

On voit l'atroce dilemme dans lequel je me débats, sans qu'il soit nécessaire d'insister davantage. La plus simple décence m'interdit de rencontrer désormais celle que j'aime.

Et je ne dois vivre que pour celle qui n'a montré à mon égard depuis trois ans, rien de ce que doit donner une femme.

Shakespeare, Corneille, Eschyle. Je puis dire sans grandiloquence que vous êtes dépassés !

Lundi 28 septembre, Plozévet

Je pars demain pour Paris pour essayer d'organiser la défense de Jeannette, de lui faire parvenir des colis, en un mot de m'occuper d'elle autant que je le pourrai. Ici, la vie est pénible. Tout le monde est terriblement ému par cette arrestation d'une mère de trois enfants. On me dit : comment va-t-elle ? Pourquoi ? Comment ?

Que répondre ?

---

1. Jenny m'a dit au contraire qu'elle était pleinement consciente de ce qui se passait (voir *supra*, p. 230 et 236).

2. En 1942, Albert et Jeannette vivent ensemble, mais chacun entretient de son côté une liaison extra-conjugale. Albert a une maîtresse du nom d'Yvonne. Jeannette, elle, a un amant, Ernst Weissenstein, un Juif qui a fui l'Autriche nazie.

Dimanche 4 octobre, Paris

Arrivé ici mercredi matin, j'ai commencé tout de suite à me préoccuper de l'avocat. [...] *La pensée de la pauvre Jeannette entre ses quatre murs blanc gris et sur son grabat ne me quitte pas. Demain, j'irai lui porter un paquet* [...] *à la Santé. Mais la pensée d'Yvonne ne me quitte pas quand même. Nous avons passé ici rue de Ch. trente-six heures merveilleuses. Elle a été exquisement douce.*

Jeudi 8 octobre, Paris

J'ai passé toute la journée à m'occuper de Jeannette, allant voir des avocats et dînant chez Marthe Huet. Je suis terriblement déçu car je n'arrive à rien. Les avocats m'ont laissé peu d'espoir concernant l'utilité de leurs efforts. [...] *On lui fait parvenir des colis. Cela doit la réconforter un peu, même au point de vue moral. C'est la seule communication que je puisse avoir avec elle.*

Jeudi 15 octobre, Plozévet

Je vis dans une atroce solitude. Certes, Jeannette était bien loin de moi. Elle vivait sa vie à elle, et, en dehors des enfants, il n'y avait plus guère la moindre chose de commune entre nous. Mais j'avais conservé une grosse tendresse pour elle.

Beaucoup de ses idées m'énervaient. Elle prenait toujours le contrepied des traditions qui m'étaient chères, et systématiquement s'élevait contre tout ce que j'aimais. Mais elle a de grandes qualités de courage, de dévouement et de cœur. Elle animait la maison. Aujourd'hui, elle n'est plus là et [Biniou] *est rentré au lycée.*

Mercredi 28 octobre, Paris

Yvonne a quitté Paris. Nous avons vécu rue de C. aux Marronniers, ne nous quittant guère, une existence merveilleuse de volupté et d'amour les deux premiers jours et puis existence odieuse ensuite, car elle est reprise par ses lubies. Elle devient vraiment infernale, et le mieux serait de la laisser à son destin. Elle veut le définitif, et avoue elle-même qu'elle ne pourrait le supporter très probablement. Il est impossible de fonder sur elle quelque chose de sérieux. [...] *Presque chaque soir alerte et DCA.*

Jeudi 5 novembre, Plozévet

Il est 23 heures. Je viens de monter au second embrasser mon Jean-Claude [son deuxième fils] *et la douce petite figure de Jenny, pauvres petits enfants sans mère. La maison est silencieuse. Au loin tourne la lueur du phare d'Eckmühl, signe qu'un convoi allemand passe au large. Je pense à la prisonnière, à sa faim, à ses souffrances. Sa pensée ne me quitte pas. Pourquoi faut-il que je parle ici encore d'amour ? Cela peut sembler sacrilège, mais si je garde pour Jeannette une affection profonde et une grande tendresse, son attitude m'a donné le droit absolu d'aimer ailleurs.*

Mais je n'aime plus. Oh pas de romantisme. Simplement un sourire amer. Pourquoi faut-il que celles qu'on aime aient toujours des caractères impossibles et que celles qui nous aiment et que l'on n'aime pas soient la plupart du temps exquisement douces. J'ai revu Yvonne désirable et désirante. On la sentait physiquement reprise, conquise. Mais je la connais trop. Il y aura encore entre nous d'admirables flambées, mais ce ne seront que des flambées. Le rêve d'un grand amour est bien atteint. C'est mieux ainsi peut-être. Tout empêchait ce grand amour, mon devoir, l'honneur même. C'est dur quand même de remplacer la passion par le plaisir.

Jeudi 3 décembre, Plozévet.

[...] *J'ai demandé ce soir à Jean-Claude : « Que veux-tu pour ton Noël ? » Il a braqué sur moi ses admirables yeux bruns et il m'a répondu d'un seul mot : « Maman. »*

Albert, Jean-Claude et Biniou.

Dimanche 6 décembre, Plozévet.

Une bien triste nouvelle m'est apportée par une lettre de Pierre. Ma belle-mère [Marguerite, la mère de Jeannette] *s'est éteinte à Nîmes.* […] *Pauvre Jeannette qui recevra ce coup lorsqu'elle reviendra.*

Jeudi 14 janvier, Paris.

Revu Yvonne pour la première fois depuis bien longtemps, mais si charmante dans sa pâleur. Heures merveilleuses qui récompensent de tant d'heures dures.

Vendredi 22 janvier, Plozévet.

Hier, on a fait un peu la bombe[1]*. Quatre prisonniers de Plozévet sont rentrés. Les vieilles bouteilles sortent à cette occasion. Quand reverrai-je ma prisonnière ?*

Dimanche 31 janvier, Paris.

Ici depuis six jours. Vu Cathala[2] *pour Jeannette. J'ai fait diverses autres démarches. Je vais passer pas mal de temps à Paris pour essayer d'arriver à quelque chose de tangible, car cet emprisonnement prolongé devient de plus en plus atroce et j'en suis obsédé !* [...] *Il n'est plus guère possible, à une époque où aucune sécurité n'existe plus pour l'individu, de confier sa pensée sur le papier.*

Samedi 27 février, Paris.

J'ai fait ce matin une démarche importante pour Jeannette, la seule qui ait des chances de réussir. Je pense sans cesse à son supplice, qui dure depuis cinq mois. J'ai été voir une femme intelligente et bonne qui, ayant beaucoup de relations, s'occupe d'elle. Réussirai-je ? Je n'aurai rien négligé en tout cas.

Mardi 9 mars, dans le train entre Plozévet et Paris.

Ce midi, une dépêche qui me rappelle à Paris. Je savais bien qu'une démarche décisive était tentée pour Jeannette. Alors, je

1. La fête.

2. Cathala était en 1942 ministre secrétaire d'État à l'Économie nationale. C'est un proche de René Bousquet, secrétaire général de la Police.

suis parti tout de suite. Me voici dans le train. [...] *Je pars plein d'un immense espoir. Jeannette est une grande partie de ma vie.* [...] *Quel destin nous menace pour demain ?*

Jeudi 11 mars, Paris.

Hélas, l'espoir a été terriblement déçu et je n'envisage pas le moment où Jeannette sera remise en liberté. Mais je l'ai revue ce matin, et cela a été une journée d'indicible émotion. C'était au 84 de l'avenue Foch [...]. *Il faisait un admirable soleil et c'était déjà le printemps qui venait.*

Lorsqu'elle est descendue de la voiture cellulaire (ils étaient huit dans cette voiture, dont deux prêtres. Elle avait pour elle un tout petit compartiment, une sorte de cercueil). Elle a dit : « Du soleil, de la lumière ! »

Je l'attendais là-haut depuis une demi-heure et j'avoue qu'en montant cet escalier de maison banale de l'avenue du Bois [1], *je me demandais si je pouvais aller jusqu'en haut, tant la tension était forte en moi.*

Je me suis assis, reçu très poliment. Deux soldats qui avaient au col l'écusson noir de la SN [2] *tapaient à la machine.* [...] *J'attendais en lisant les nouvelles des fronts russe et tunisien dans le* Pariser Zeitung. *Au bout d'une demi-heure d'attente, la porte s'est ouverte.*

Je l'ai revue.

Elle était certes fort amaigrie, et quand je l'eus dans mes bras, c'est presque un corps de garçonnet que je sentis, mais le visage n'était pas ravagé, comme je le craignais. Le teint n'était pas blême, ni le visage boursouflé. [...] *Elle était fort gentiment vêtue, un peu parée même, si j'ose dire. Elle était jolie, rajeunie, et dans ses yeux, il y avait une flamme !*

---

1. Il s'agit de l'avenue Foch, ancienne avenue du Bois.
2. Albert Le Bail fait sans doute référence au SD : *Sicherheitdienst*, service de renseignement de la SS.

Je m'attendais à la trouver dure, tendue par la souffrance. Pas du tout. Il émanait d'elle un rayonnement de lumière très douce, et une gaieté qui n'était peut-être point sans une teinte de nervosité, mais qui était de la gaieté quand même.

Un Allemand en civil, un officier de la SN, travaillait à une table. C'était celui-là même qui l'avait interrogée et qu'elle connaissait fort bien.

En me voyant, ses cils se levèrent et après que nous nous fûmes serrés l'un contre l'autre, elle lui dit, en souriant avec animation.

— Ah bon, je vois mon mari. Alors, je pars pour l'Allemagne.

— Madame, vous quittez Fresnes.

— Mais pour où ?

— Nous ne pouvons vous le dire.

— Pour l'Allemagne alors ?

— Non… lui fut-il répondu avec quelque hésitation.

Nous nous assîmes l'un près de l'autre. Nous nous serrions les mains. Jamais, je le crois, je ne l'ai tant aimée. Son premier mot fut pour me demander : « M'avez-vous pardonné ? » Et comme je protestais, elle me dit : « C'est une pensée qui me ronge. Pour moi, cela n'a pas d'importance. Mais pour vous tous. »

Nous parlâmes de ses enfants, de toute la famille, en prenant l'un après l'autre.

— Il faut que [Biniou] passe absolument son bachot. C'est l'essentiel pour lui. Et Jean-Claude. Tu l'habilles bien ? Il n'est pas trop loqueteux ? Et la petite Jenny ? Elle a mis sa robe faite par moi[1] *?*

Elle me parlait sans cesse et j'avais peine à placer un mot. Elle me signale des prisonniers, des malades auxquels elle s'intéressait, n'oubliant rien et témoignant d'une extraordinaire présence d'esprit.

Sur le nom d'un de ceux-ci, l'officier présent, qui, d'un air indifférent, ne perdait cependant pas une de nos paroles, nous interrompit.

---

1. Jeannette, en prison, a cousu une robe pour sa fille.

— Marcel André ? De qui s'agit-il ? Nous recherchons un homme de ce nom.

Jeannette lui expliqua qu'il s'agissait d'un pauvre prisonnier de Plozévet que nous aidions. Il paraissait mal convaincu.

Elle me dit : « Tu n'as pas été inquiété ? »

J'aurais pu lui répondre que cette pensée n'avait guère compté pour elle, mais m'était-il possible de la peiner ? Elle s'inquiétait beaucoup de ce que l'on disait d'elle à Plozévet. Je lui dis que chacun pensait à elle avec affection, et je lui citai des noms. Certains la surprirent, et se tournant alors vers notre surveillant, elle lui dit : « Vous voyez, tout le monde m'aime aujourd'hui, parce que je suis malheureuse ; vous critiquiez mes idées, mais sans elles, il n'y aurait pas eu de répression, donc pas de souffrance, et c'est la souffrance qui régénérera la France. » Elle ajouta : « Nous nous aimerons bien après. »

Souriante, gentille, elle s'adressait à l'officier qui l'avait interrogée et dont elle me disait : « C'est un psychologue. Mon cas l'intéresse. Mais nous ne nous comprenons pas. Il croit à la force, moi je crois à l'esprit, et l'esprit est toujours plus fort. »

Et elle lui disait : « Vous ne me comprenez pas. Vous me trouvez inhumaine. J'aime mes enfants, mais je suis en prison. Je dois donc me faire à mon destin. Je pense beaucoup à eux, mais pas rien qu'à eux. Je me suis faite à ma vie. Je ne veux pas me laisser aller. Je n'ai pleuré qu'une fois, lorsque m'étant mise à la fenêtre le jour de Noël, j'ai appelé une petite voisine. Et vous savez, je ne me mettais pas souvent à la fenêtre ! Et elle ne m'a pas répondu. »

L'officier l'écoutait sans répondre, absolument correct, respectueux même. Il faisait son métier, et il le faisait sans haine.

Elle me parla de bien des choses : « Tu t'occuperas des enfants, cela te fera du bien ! »

Elle avait un visage en dehors de la vie, cette figure souriante que j'ai vue aux religieuses cloîtrées retranchées du monde. J'ai évoqué Jeanne d'Arc, souriante devant ses juges. Elle était simple, sans pause, prête au martyre si cela était nécessaire et même si cela ne l'était pas.

C'est une femme inconnue que j'ai devant moi. Je ne l'avais pas soupçonnée pendant plus de dix-huit ans de vie commune. Je ne la connaissais pas bien, malgré nos trois enfants.

Nos trois quarts d'heure étaient finis. Elle descendit avec moi les escaliers raides de cet immeuble très quelconque de l'avenue du Bois. Maneine[1] *et Colette*[2] *eurent le droit de l'embrasser, car nous étions environnés de courtoisie.*

Elle monta, non plus dans une voiture cellulaire, mais dans une voiture de l'Armée. Nous fîmes, ses gardiens et moi (ce sont des détails infimes, mais qui s'incrustent dans l'esprit), beaucoup d'efforts pour loger dans le coffre ses pauvres bagages, hardes nouées dans une robe de chambre et mon vieux sac souple de voyage.

Elle partit.

La voiture était trop basse pour que je la voie au moment où elle démarrait, mais Maneine me dit que les larmes avaient enfin jailli…

Il est extraordinaire que, de cette entrevue si incomplète, m'apportant tellement peu pour les lendemains, il se dégage en moi une extraordinaire impression de sérénité.

Il y a peut-être aussi de l'amour dans tout cela, un amour qui resurgit de je ne sais plus où…

En tout cas, quelque chose de plus que grand a passé aujourd'hui dans ma vie.

---

1. « Maneine » était la marraine de Jeannette, nommée ainsi depuis l'enfance de Jeannette, qui n'arrivait pas, petite, à prononcer « marraine ». Son vrai nom était Renée Sassier.

2. Colette était la fille des Sassier.

2

Tous mes collègues sont partis. Je me dirige vers la sortie. Le vent me fouette le visage. Je remonte le col de mon manteau.

Je suis émue de découvrir ce journal et les impressions d'Albert Le Bail sur cette période.

Et pourtant, des questions me trottent dans la tête : Albert écrit : *Vu Cathala pour Jeannette. J'ai fait diverses autres démarches.* Cathala était ministre de l'Économie, c'était un proche du chef de la police, René Bousquet. Quelles sont ces « autres démarches » auxquelles Albert fait allusion ? Pourquoi dit-il le même jour qu'il ne peut confier ses pensées à son journal intime ?

Le 9 mars, un *immense espoir* conduit Albert toute affaire cessante à Paris. *Quel destin nous menace pour demain ?* écrit-il. Deux jours après, cet espoir est *terriblement déçu.* Fait-il référence à une évasion refusée par Jeannette… ?

D'autres passages dans le journal m'interrogent : Jeannette était *prête au martyre si cela était nécessaire et même si cela ne l'était pas.* Ou bien celui-ci : *Elle n'a rien fait pour m'aider à la sortir de là* [1] ; ou encore, concernant les démarches pour faire sortir Jeannette : *Je n'aurai rien négligé en tout cas.*

---

1. Passage du 13 mai 1942 du journal d'Albert Le Bail.

Selon la petite-fille de Jeannette, une évasion aurait été tentée, alors que Jeannette était dans un camion. Il s'agirait donc du transfert d'une prison à l'autre. Il suffirait de retrouver la date de ces transferts pour voir si l'un d'eux a eu lieu entre le 9 et le 11 mars 1943, date de « l'immense espoir ». *A priori*, ça devrait être facile. J'écris à toutes les prisons où Jeannette a été enfermée. Quelques semaines plus tard, le responsable des archives de la prison de la Santé répond :

Madame,

Je reviens vers vous dans le cadre de votre demande de recherche relative à l'incarcération de Mme LE BAIL à la prison de la Santé en 1942 par la Gestapo.

Durant la guerre 1939-1945, la prison de la Santé fut divisée en deux parties distinctes. L'une tenue par l'administration française et réservée aux prisonniers de droit commun.

L'autre était dénommée « quartier des Allemands » et gérée directement par l'administration allemande.

Juste avant la Libération, les Allemands ont incendié toutes les Archives tenues par leurs services pendant la Guerre.

Ces registres n'existent malheureusement plus.

Puis c'est au tour de la prison de Fresnes de m'envoyer la même réponse. Je ne veux pas m'avouer vaincue : Biniou avait évoqué un texte écrit par son frère, Jean-Claude, sur leur mère, Jeannette. Je ne perds rien à essayer de le retrouver. Je contacte les petites-filles de Jeannette.

Quelques jours plus tard, je reçois le texte écrit par le deuxième fils de Jeannette, Jean-Claude, une semaine avant sa mort.

3

Ça a quelque chose d'émouvant de lire le texte écrit par quelqu'un qui va mourir, et qui le sait.

Ce texte, c'est ce que cet homme a voulu transmettre.

C'est ce qu'il DEVAIT dire à ses filles…

J'appelle Biniou. Je veux lui lire le texte écrit par son frère et écouter ses réactions en temps réel.

— J'ai lu ce texte il y a plusieurs années, me dit Biniou. Et je peux te dire une chose : ce sont des é-lu-cu-bra-tions !

Ça s'annonce bien…

Je commence la lecture. Biniou écoute à l'autre bout du fil.

Jean-Claude évoque l'emprisonnement de sa mère : *En prison, Jeannette communiquait avec sa famille par des mots écrits au fil, dans l'ourlet de vêtements qu'elle nous faisait parvenir.*

Je demande à Biniou :

— C'est vrai ?

— Oui, c'est exact. Sauf qu'on a découvert ses messages quand elle nous en a parlé à son retour des camps !

— Ils étaient tellement bien cachés que vous ne les aviez pas trouvés ?

— C'est ça !

Je continue la lecture : [Jeannette] *fut condamnée à être décapitée, de la façon que je ne vous décrirai pas* [...]. *MON PÈRE LUI SAUVA LA VIE, car il avait rencontré des responsables nazis lors de missions parlementaires en 1937, pour protester contre l'occupation de l'Autriche* [...]. *Il a pu rencontrer Goebbels dans la nuit du 31.12 au 1.01.1944 au restaurant « Le Doyen »* [...] *et la peine a été commuée en déportation* [1].

Je m'attends à un déluge de critiques sur ces « é-lu-cu-brations ».

— Ce n'était pas Goebbels, se contente de dire Biniou.

Stupéfaction. Je croyais ce récit inventé de toutes pièces ! Je reprends phrase par phrase :

— « Elle fut condamnée à être décapitée, de la façon que je ne vous décrirai pas » ?

— C'est exact.

— C'est exact ?

— Oui. Elle a d'abord été condamnée à mort.

Silence.

— Mais *décapitée*, carrément ?

— Oui. À la hache [2].

— Aaahh... Quelle horreur !

— Mon père est intervenu, mais ce n'était pas Goebbels.

— C'était qui ?

— J'ai oublié son nom. C'était un diplomate allemand en poste à Paris. Il avait milité pour le rapprochement de la France et de l'Allemagne, après la Première Guerre mondiale.

---

1. Je pense que Jean-Claude a voulu dire le 31.12.1942 (et non le 31.12.1943).

2. Les Allemands ne décapitaient plus à la hache à cette époque. Jeannette aurait sûrement été guillotinée.

Mon père le connaissait de cette époque-là. Quand mon père a compris de quoi il s'agissait, il a rompu avec cette association.

Silence.

— Tu ne te souviens vraiment pas de son nom ?
— Non, désolé.
Je regarde sur Internet les noms de diplomates allemands en poste à Paris. Je cite un nom au hasard :
— Otto Abetz ?
— Oui, c'est ça.
— Tu es sûr ? !
— Certain. C'était lui.

4

Dans son témoignage, Jean-Claude évoque aussi les bus blancs de la Croix-Rouge, qui ont conduit Jeannette et d'autres rescapées du camp de Ravensbrück en Suède. En faisant des recherches, je tombe sur un film intitulé *Harbour of Hope*. Ce documentaire montre des images d'archives de l'arrivée des femmes de Ravensbrück en Suède : les bus ont été chargés sur des ferries à destination du port de Malmö. D'où le titre : *Le Port de l'Espoir*. La presse a filmé l'arrivée des bus blancs.

Les images sont en noir et blanc. Elles sont très différentes de ce qu'on a l'habitude de voir sur les rescapés des camps de concentration.

On voit la mer.
On voit l'arrivée d'un bateau.
Des femmes descendent du bastingage.
Une à une, elles sortent du ferry.

Certaines sourient. D'autres non.
Une mère porte un bébé dans ses bras.
On voit des femmes nues être nettoyées, désinfectées. Certaines sont incapables de se tenir debout.

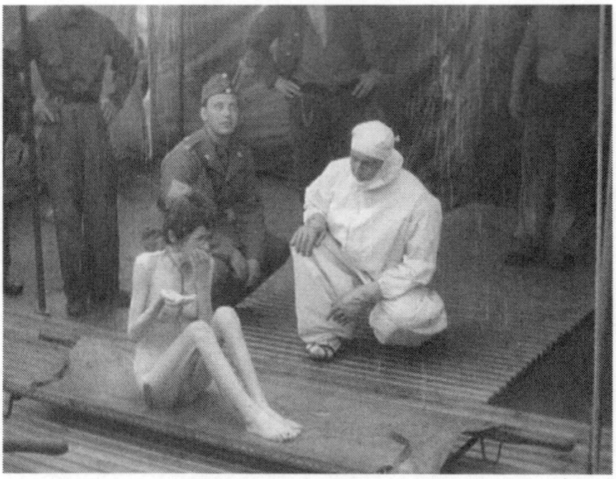

Je cherche le visage de mon arrière-grand-tante.

Ces images ont été tournées le 28 avril 1945. Jeannette est arrivée en Suède deux jours plus tôt.

Elle n'a sans doute pas été filmée, mais c'est ce même port qu'elle a vu, cette arrivée qu'elle a dû vivre.

Ces bénévoles de la Croix-Rouge suédoise habillés en cosmonautes pour désinfecter des femmes nues.

5

Le témoignage du deuxième fils de Jeannette m'a ouvert de nouveaux horizons.

Mais je ne sais toujours pas si Jeannette a refusé de s'évader.

Il me reste une dernière chance : chaque déporté a un dossier aux archives à Caen. Je demande qu'on m'envoie celui de Jeannette par la poste. C'est une procédure longue et fastidieuse qui s'étale sur plusieurs semaines, voire plusieurs mois.

Un soir, en rentrant du travail, je passe chez moi avant de retrouver un ami pour dîner. Dans la boîte aux lettres, une grande enveloppe en papier kraft en provenance de Caen. C'est le dossier de déportée de Jeannette ! Je regarde ma montre : j'ai rendez-vous avec mon ami dix minutes plus tard, le temps de me rendre au restaurant. Il serait plus sage de laisser le dossier et de le lire une fois rentrée à la maison.

Mais l'enveloppe m'attire. Ça fait tellement longtemps que je veux savoir !

Tant pis !

Je m'élance dans la rue et lis le dossier en marchant. Une voiture klaxonne en me voyant traverser. Une photo de Jeannette me saute aux yeux. Ses yeux sont vides comparés aux photos d'avant-guerre. La photo a été prise cinq jours après sa libération du camp de Ravensbrück.

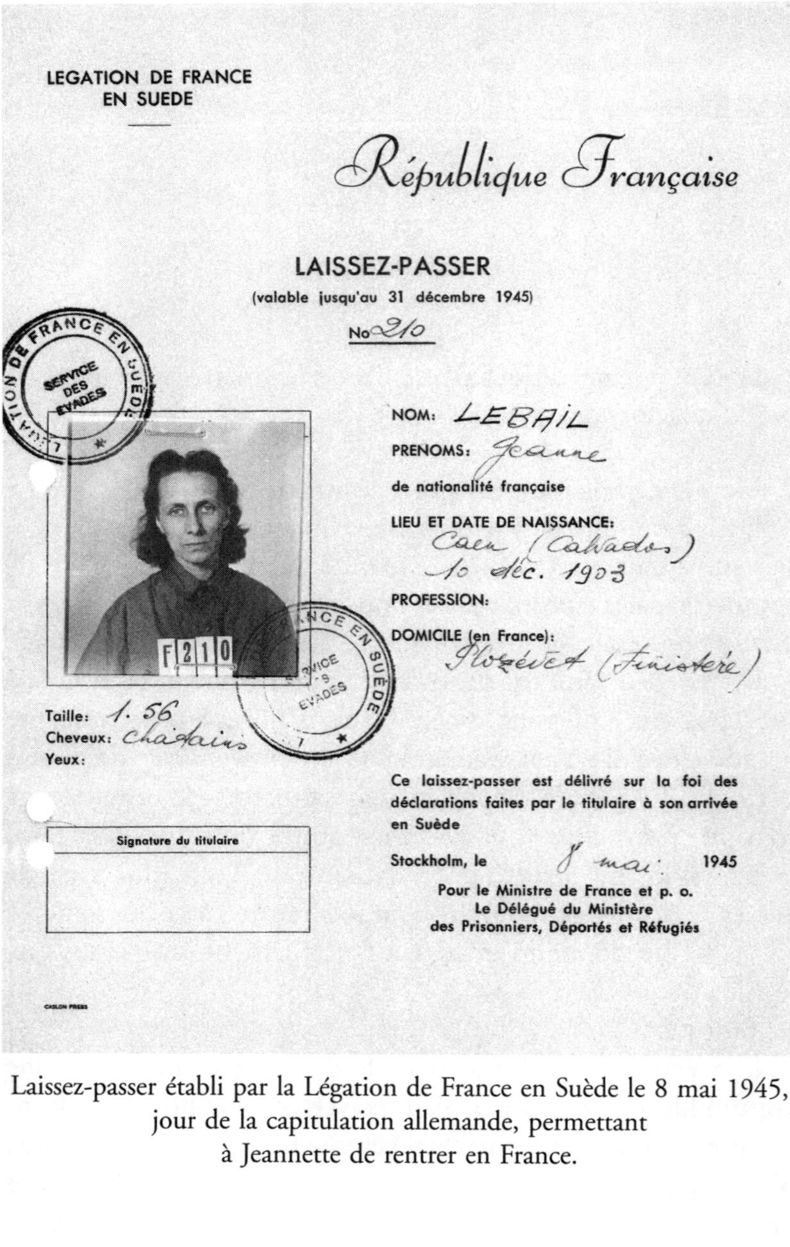

LEGATION DE FRANCE
EN SUEDE

République Française

LAISSEZ-PASSER

(valable jusqu'au 31 décembre 1945)

No 210

NOM: LEBAIL

PRENOMS: Jeanne

de nationalité française

LIEU ET DATE DE NAISSANCE:
Caen (Calvados)
10 déc. 1903

PROFESSION:

DOMICILE (en France):
Plozévet (Finistère)

Taille: 1.56
Cheveux: châtains
Yeux:

F 210

LEGATION DE FRANCE EN SUEDE — SERVICE DES EVADES

Ce laissez-passer est délivré sur la foi des déclarations faites par le titulaire à son arrivée en Suède

Signature du titulaire

Stockholm, le 8 mai 1945

Pour le Ministre de France et p. o.
Le Délégué du Ministère
des Prisonniers, Déportés et Réfugiés

CASLON PRESS

Laissez-passer établi par la Légation de France en Suède le 8 mai 1945, jour de la capitulation allemande, permettant à Jeannette de rentrer en France.

— Lucie ! Coucou !

Des anciens collègues prennent un verre en terrasse et m'interpellent :

— Tu te joins à nous ?

— Désolée, j'ai rendez-vous !

Je continue ma lecture en marchant.

Il y a la date du transfert de Jeannette d'une prison parisienne à une autre. C'est ce que je recherche depuis un an ! Est-ce que cette date correspond à la date de l'« immense espoir » mentionné par le mari de Jeannette ? Est-ce qu'elle se situe entre le 9 et le 11 mars 1943 ?

Je me penche sur le dossier.

Date du transfert à la prison de Romainville : 11 mars 1943.

Bingo ! C'est la même date !

Alors, Jeannette a-t-elle refusé de s'évader ?!

Était-ce le « martyre » dont parlait son mari ?

— *Hey, Lucie, how is it going ?*

Mon ami est arrivé.

Je lève la tête de mon dossier, confuse et troublée.

6

7 mars 2014, Bruxelles.

Notre boss est venu nous annoncer hier que notre association était placée en liquidation. Contre toute attente, la décision a finalement été prise de fermer l'association. On va tous perdre notre emploi.

Je suis revenue de congé sabbatique il y a deux mois pour me faire virer !

Grand moment d'émotion de quitter cette équipe. C'est dur de voir s'effondrer ce qu'on a bâti ensemble. C'est une nouvelle sombre pour le secteur des énergies renouvelables et pour mes collègues. Il y a maintenant deux options : soit ma boîte me demande de rester sept mois supplémentaires, soit je suis virée immédiatement et je bénéficie de sept mois d'indemnités salariales.

J'appelle mon père le soir même :

— Idéalement, je me fais virer tout de suite.

Il manque de s'étrangler. J'insiste :

— C'est peut-être l'occasion de finir mon projet !

— Oui, mais après, qu'est-ce que tu feras ? Ça ne durera pas. Comment tu feras pour vivre ?

Quelques semaines plus tard, j'apprends que je suis virée immédiatement. Je retrouve une amie autour d'un café :

— Nan, mais c'est fou, s'exclame-t-elle, c'est comme si l'univers s'ouvrait à toi pour que tu finisses ton livre ! C'est comme si quelqu'un voulait vraiment que tu le fasses, ce bouquin ! Tu vas avoir des indemnités de licenciement ?

— Oui, sept mois.

— Et tu arrêtes le boulot quand ?

— Dans trois semaines. Le 1er avril.

Elle éclate de rire :

— Ça ne s'invente pas !

Puis elle se penche vers moi :

— Maintenant, tu as UN objectif : consacrer les sept prochains mois à ton bouquin.

Le 1er avril arrive rapidement.

C'est une belle journée. C'est mon premier jour de chômeuse.

Je pars courir au bois de la Cambre. À travers les branches des arbres, je vois les rayons du soleil se refléter dans le lac.

C'est décidé. Je retourne à Paris continuer mon enquête. Lucie reprend du service !

Il me reste à terminer mes explorations sur Jean Cabouat. Objectif : en savoir plus sur son expérience de préfet sous le gouvernement de Vichy.

Jean Cabouat, c'est ma dernière ligne droite.

JEAN

1

Pour m'aiguiller dans mes recherches sur Jean, j'ai rendez-vous avec Marc-Olivier Baruch, un historien spécialiste de l'administration et du corps préfectoral pendant la Seconde Guerre mondiale.

Je le rejoins dans son bureau parisien, rue Monsieur-le-Prince, à la tombée de la nuit.

Je raconte brièvement le parcours de Jean, sa décision de rester dans l'administration préfectorale en 1940 :

— Jean Cabouat a demandé spécifiquement à devenir préfet en zone occupée.

— C'est bizarre, ça. Vous savez pourquoi ?

— Non... Jean est quelqu'un qui n'a jamais cherché la facilité. En 1916, pendant la Première Guerre mondiale, il s'est engagé – en cachette de son père – dans l'infanterie, ce qui équivalait à l'époque à une condamnation à mort. Alors, a-t-il voulu jouer en 1940 le rôle de tampon entre Allemands et administrés ?

Baruch feuillette le dictionnaire des préfets.

— Tiens, il connaissait Papon, votre grand-oncle. Il a été avec lui au cabinet de François de Tessan, sous le Front populaire. Tessan, lui, est mort en déportation. Il était franc-maçon. Votre ancêtre aussi était maçon ?

— Je ne sais pas. L'une de ses descendantes pense que oui.

Silence.

J'avance :

— En fait, la vraie question dans cette histoire, c'est : est-ce que Jean a fait déporter des gens ? C'est la question taboue que personne n'ose poser. Bon, *a priori*, vu la religion de sa femme, je doute que Jean ait contribué à la déportation de Juifs.

— Détrompez-vous. Ce n'est pas un argument. De Brinon, un ultra collabo qui représentait Vichy auprès des Allemands à Paris, avait épousé une femme juive. À l'époque, on faisait une grande différence entre Juifs étrangers et Juifs français. Et puis, vous savez, votre arrière-grand-oncle, il a dû faire ce qu'a fait tout préfet sous Vichy, ni plus ni moins.

Je me tais.

— Les préfets devaient envoyer chaque mois au gouvernement un rapport sur l'état de l'opinion dans leur département. Allez aux Archives nationales jeter un coup d'œil aux rapports qu'il a rédigés. Ça vous donnera une idée de ses positions.

Encore que… On ne disait pas tout dans ces rapports !

2

Mai 2014. Archives nationales.

BAAAM !

Les archivistes déposent devant moi un gros carton. À l'intérieur, bien ficelés, les rapports de Jean.

Je viens de découvrir que la première rafle des Juifs en zone libre a eu lieu le 26 août 1942.

Bousquet, le secrétaire général de la Police de Vichy, a proposé au général SS Oberg [1] de livrer dix mille Juifs de zone libre, dix mille Juifs *étrangers*. En échange, les Allemands s'engagent à ne pas toucher aux Juifs *français* de la zone occupée [2].

Du moins, c'était le *deal* de départ…

A priori, Jean a quitté son poste six jours avant la rafle, le 20 août (date du décret qui le place hors cadre). Mais j'aimerais en être sûre.

Je retire tout doucement le dernier rapport de la pile, et regarde la date : « Septembre 1942. »

MEEEEEERDE…

Jean était encore en poste lors de la rafle !

Il la décrit :

---

1. Celui-là même que Toesca a rencontré pour sauver Albert et Marthe Hendlé (voir *supra*, p. 286-289).

2. Accord du 2 juillet 1942.

Les opérations de regroupement des Israélites étrangers se sont opérées dans le plus grand calme, la population paraissant indifférente au premier abord. Les commentaires se sont accrus par la suite. L'ensemble de l'opinion juge défavorablement ces mesures de coercition qui « paraissent peu conformes à la tradition française ». Dans les petites communes, cette opération a été plus favorablement accueillie, le départ des Israélites signifiant une diminution nette du marché noir et, par là même, une baisse des prix. Mis à part le PPF[1]*, dont l'approbation est totale, le sentiment qui domine est celui de la commisération. Dans le milieu des Israélites étrangers, ces mesures ont fait naître une cruelle angoisse. Tous envisagent pour l'avenir des sévérités nouvelles et vivent dans cette crainte. La situation de certains d'entre eux est à cet égard pénible. Cependant, ils ne marquent aucune hostilité au gouvernement et espèrent plutôt que celui-ci les protégera contre des mesures plus graves.*

Plus bas, je lis ces phrases :

Il est regrettable que certains journaux se soient permis de parler, à la suite des mesures prises en zone occupée, de la possibilité en zone libre d'une opération similaire. Les Israélites étrangers étaient en effet au courant d'une façon extrêmement précise du ramassage prévu. La date seule paraît avoir été ignorée de la plupart d'entre eux. À noter à ce sujet les précisions données par la radio anglaise.

À la lecture de ce passage, je m'interroge : mais, qu'est-ce qu'il fait ? Il informe le ministère de l'Intérieur que les familles étaient prévenues ?

Il regrette que ces familles aient été prévenues ?

1. Le Parti populaire français (PPF) était un parti d'extrême droite.

3

« Le train à destination de Portbou va partir. Il desservira les gares de Vierzon, Limoges, Toulouse, Carcassonne, Narbonne et Perpignan. Attention à la fermeture des portes. »

Je pars consulter les archives de Carcassonne, où Jean était préfet en 1942. Installée dans le train, je regarde les vallées et les champs défiler. Mes pensées ne quittent pas Jean. Je n'arrive pas à croire qu'il ait pu informer le ministère de l'Intérieur que ces familles juives étaient prévenues de la rafle.

Ce n'est pas possible. Jean était marié à une femme juive. Il a sauvé ses beaux-parents. Ses enfants étaient considérés comme juifs. Son beau-frère était juif étranger.

Ce n'est pas possible.

Dans la vitre du train, je me vois remuer imperceptiblement la tête de droite à gauche, comme si je parlais toute seule…

Je relis le passage :

Il est regrettable que certains journaux se soient permis de parler, à la suite des mesures prises en zone occupée, de la possibilité en zone libre d'une opération similaire. Les Israélites étrangers étaient en effet au courant d'une façon extrêmement précise du ramassage prévu. La date seule paraît avoir été ignorée de la plupart d'entre eux. À noter à ce sujet les précisions données par la radio anglaise.

Paradoxalement, le côté insoutenable de cette phrase, le fait que Jean « regrette » que les journaux aient pu évoquer cette rafle – prévenant du coup des familles – me met la puce à l'oreille.

Et s'il jouait un double jeu ?

Il reconnaît un fait : les familles juives ont été prévenues. Peut-être le ministère de l'Intérieur aurait-il eu cette information de toute façon ? Par la police, par exemple ? Peut-être le nombre de personnes arrêtées ne correspond-il pas aux listes prévues, auquel cas Jean doit justifier cet écart ?

Jean désigne les responsables de la fuite : les journaux de zone occupée et la radio anglaise. Sous-entendu : personne dans son administration.

Est-ce qu'il est en train de couvrir quelqu'un ? Comment vérifier ça ?

Aurait-il fait fuiter l'information sans donner la date ? *Les Israélites étrangers étaient en effet au courant d'une façon extrêmement précise du ramassage prévu. La date seule paraît avoir été ignorée de la plupart d'entre eux.*

Si Jean a prévenu des familles, il aura informé une ou deux personnes de confiance, il se sera assuré que personne ne puisse identifier sa responsabilité dans cette fuite d'information.

Bref, si Jean a bien fait les choses, il y a peu de chance que je parvienne à remonter jusqu'à lui…

4

— Papa, faut qu'on se parle, là. J'ai du lourd…

J'appelle mon père de Carcassonne et lui raconte du quai de la gare les fameuses phrases de Jean sur la rafle d'août 1942.

— De deux choses l'une, dit mon père, soit Jean s'excuse de ne pas avoir rempli les quotas. Soit il couvre des gens.

Je soupire tout en continuant à marcher :

— Je me rends compte que je vais devoir annoncer aux descendants de Jean, dont la famille maternelle est juive, que leur aïeul a transmis les instructions dans son département pour mettre en œuvre la première rafle des Juifs étrangers en zone sud !

Si la plupart des fonctionnaires ont exécuté les instructions de Vichy sans se poser de questions, certains ont œuvré en cachette pour saboter ces politiques. Ceux qui étaient à l'intérieur du système (les préfets, les policiers, l'administration) ont pu avoir un impact direct sur la vie de familles juives, avec des dilemmes absolument atroces. Être confrontée à ces dilemmes m'interroge. Que ferais-je dans une telle situation ? Je suis bien incapable de mener un double jeu. Et pourtant, une fois que vous êtes à ce poste et que vous devez mettre en œuvre ces politiques, que faites-vous ? Vous démissionnez ? Démissionner est un geste fort, courageux : vous préférez démissionner plutôt que d'appliquer ces lois iniques. Mais est-ce que cela va aider ces familles ? Non. Vous serez remplacé. Radio Londres conseillait d'ailleurs aux fonctionnaires gaullistes de rester en place, pour éviter d'être remplacés par des extrémistes.

Alors, comment protéger les victimes ?

En les faisant prévenir.

5

Aux archives de Carcassonne, à travers la gigantesque baie vitrée, j'observe les feuilles des arbres fouettées par le vent et les montagnes au loin.

Les dossiers arrivent au compte-gouttes. Je déficelle, je reficelle… Il y a des centaines de pages à éplucher.

Mon objectif : trouver des documents sur la rafle d'août 1942. Les archivistes ne sont pas très optimistes : « Vous savez, à la Libération, et même après, des documents se sont volatilisés… Trop de personnes étaient impliquées. On a voulu faire disparaître des preuves. » Je commence à désespérer de découvrir quoi que ce soit. Et puis, au bout d'un moment, ça y est. Un tampon « TRÈS SECRET » annonce la couleur : il s'agit des instructions sur la rafle du mois d'août 1942 rédigées par le ministère de l'Intérieur. Ce texte a été envoyé à tous les préfets pour transmission. Le 14 août, la préfecture de l'Aude le transmet à la gendarmerie, au chef des renseignements généraux et aux commissaires de police de l'Aude :

J'ai l'honneur de vous faire connaître que les Israélites étrangers figurant sur la liste ci-jointe devront être rassemblés et regroupés au camp de Rivesaltes. L'opération de ramassage prescrite est susceptible de provoquer :

a) des réactions chez les intéressés (suicides, évasions etc.) ;

b) des incidents et des manifestations sur la voie publique.

Le gouvernement désire que tout soit mis en œuvre pour les éviter. Le ramassage effectif sera effectué le même jour et à la même heure dans toute la zone libre. [...] *Les agents d'exécution ne devant être mis au courant de leur mission autant que faire se peut qu'une heure avant de la remplir.* [...]

Le personnel chargé de l'exécution devra suivre les consignes ci-dessous :

1) traiter avec humanité les Israélites arrêtés.

2) leur prescrire de n'emporter que :

– linge de corps

– chaussures de rechange

– serviette – savon – objet de toilette

– gamelle – cuillère – fourchette – quelques vivres – pas de couteau

Le tout n'excédant pas trente kilos. Les inviter à ne pas emporter de bijoux, argent, valeurs ou titres et les conseiller de les confier soit à des amis, soit de les déposer entre les mains des comptables du camp.

À titre indicatif, sont exemptés des mesures de ramassage :

– les intransportables

– les femmes en état de grossesse

– père et mères ayant enfants de moins de 5 ans

– les enfants de moins de 10 ans non accompagnés

– les vieillards de plus de 60 ans

– les individus bénéficiant d'une exemption pourront s'ils le désirent suivre les membres de leur famille non exemptés.

Le préfet Jean Cabouat. [...] *Pour le préfet et par délégation.*

Plus bas, il y a la signature du chef de cabinet.

Ce sont les services du préfet Jean Cabouat qui ont transmis ces instructions rédigées par le ministère de l'Intérieur.

Une archiviste vient vers moi et me lance :

— Alors, vous avez trouvé votre bonheur ?

Je n'ai pas le cœur de lui répondre.

— J'aimerais lire des témoignages sur la rafle du 26 août 1942 dans l'Aude. Est-ce que vous auriez quelque chose qui pourrait m'être utile ?

— Comme ça, il n'y a rien qui me vienne à l'esprit. Mais allez au mémorial de la Shoah à Paris. Peut-être pourront-ils vous aider ?

Je range mes affaires et me dirige vers la sortie. Je n'ai qu'une envie : quitter Carcassonne, laisser tout ça derrière moi. Et pourtant, je sais que je dois continuer et voir les descendants de Jean pour leur demander : « Est-ce que vous saviez… ? »

L'un d'entre eux m'a dit que son grand-père avait été « son héros ». Comment vais-je lui annoncer que les services de Jean ont transmis les ordres mettant en œuvre la première rafle des Juifs en zone libre ?

6

De retour à Paris, j'avale quelques falafels rue des Rosiers, dans le quartier du Marais, et prends la direction du mémorial de la Shoah. Devant l'entrée, deux CRS et des policiers en civil. La semaine précédente, quatre personnes ont été tuées au Musée juif de Bruxelles.

Un groupe de jeunes discutent à l'entrée. Je les contourne pour rejoindre la salle des archives au quatrième étage.

La salle de lecture donne sur les toits de Paris. J'installe mes affaires. Derrière moi, la voix chevrotante d'un vieil homme. Des bribes de discussion parviennent à mes oreilles : « Mon père mitraillé à Auschwitz… Retrouver le fichier de mes sœurs… Il va falloir contacter les Allemands pour cela… J'évite en règle générale de contacter ces gens-là… Même pour un courrier ? »

Les microfilms et les livres arrivent au compte-gouttes. Je découvre le témoignage de Gaston Lévy, médecin de l'Œuvre de secours aux enfants (OSE) dédiée aux enfants juifs. Gaston Lévy a créé un centre clandestin de placement d'enfants dans des familles d'accueil, pour les sauver. Prévenu de son arrestation prochaine par la Gestapo, il s'enfuit en 1943 en Suisse, en passant par la Creuse, où *un ami, ancien préfet, M. Cabouat, m'hébergea pendant vingt-quatre heures. Avec une recommandation de M. Cabouat au directeur du* Soir *de Lyon, je gagnai Lyon le lendemain, où ma famille me rejoignit*[1].

Jean a aidé, en 1943, un médecin juif dans sa fuite en Suisse, un médecin qui cachait des enfants juifs.

1. Gaston Lévy, *Souvenirs d'un médecin d'enfants à l'OSE en France occupée et en Suisse, 1940-1945*, Éditions Le Manuscrit/Manuscrit.com, 2008.

7

Je commence à parler de ma découverte sur Jean Cabouat et sur la rafle à la famille.

Ma tante, qui m'a toujours soutenue, réagit du tac au tac :

— Lucie, pourquoi veux-tu fouiller le passé de Jean ? Je ne suis pas sûre que j'approuve.

Je suis stupéfaite :

— Je ne comprends pas. Je fais pour Jean exactement ce que j'ai fait pour Jeannette et pour Paul. Tu étais si heureuse quand j'ai raconté leurs histoires. Je ne fais rien de différent… Et tu me désapprouves ?

— Disons que je m'inquiète pour toi, c'est lourd, tout ça. L'image de la famille, à la rigueur on s'en fout, mais je trouve ça lourd à porter.

Mon père, lui, s'inquiète pour les descendants de Jean Cabouat :

— Ils ne t'ont rien demandé… Et puis, ce sera d'autant plus difficile pour eux que tu raisonnes par contraste : tu racontes Paul, tu racontes Jeannette et puis tu racontes Jean. Nous, on juge ça avec nos yeux d'aujourd'hui. Aujourd'hui, on sait ce qui s'est passé avec les chambres à gaz, on sait tout ça. On est dans une vision rétrospective, alors que Jean, lui, était dans une vision prospective. Les archives officielles plaident à charge, par définition. Ce que Jean a fait de bien est planqué. Pourquoi tu ne veux pas te concentrer sur Paul et Jeannette ?

— Si, à ce stade, je ne parle que de Paul et Jeannette, je cacherai quelque chose. Le fait de connaître ce passé me force à parler de lui. Je ne peux pas parler de Jeannette, la sœur résistante et déportée, si je ne parle pas de Jean, le préfet ! Je ne révélerais qu'une partie de la vérité. Et puis, je ne cherche pas à foutre la merde, juste à terminer ce que j'ai commencé ! Et c'est fou : jusqu'ici, je trouvais des trucs super, et j'étais une nana géniale ; et là, je tombe sur un truc difficile, et je deviens une « fouille-merde ». Mais rien n'a changé dans ma démarche !

Silence.

— Moi, ce que je pense, conclut mon père, c'est que Jean était dans une des positions les plus pourries qui soient…

8

— Alors, Lucie, raconte-nous tes découvertes !

Le petit-fils de Jean me regarde en souriant.

Il m'a invitée. J'ai attendu la fin du dîner. Il n'y a plus d'échappatoire possible.

Le petit-fils de Jean m'a soutenue dans mes recherches depuis le début. C'est lui qui m'a aidée à retrouver les Mémoires de Jules Cabouat. C'est chez lui qu'a eu lieu la deuxième réunion familiale.

— Eh bien..., dis-je en regardant la table, je pense que Jean était encore en poste lors de la première rafle de Juifs étrangers dans son département. Il serait parti trois semaines après. Ce sont les services du préfet Jean Cabouat qui ont envoyé les instructions à la Police française, et aux renseignements généraux, pour mettre en œuvre la rafle dans l'Aude.

Mouvement involontaire de surprise. Visiblement, il ne savait pas.

Bizarrement, la conversation part sur autre chose.

Je reviens sur le sujet :

— J'ai besoin d'avoir de ta part des documents, des contacts, n'importe quoi qui puisse me mettre sur la piste de familles qu'il aurait pu prévenir...

— Lucie, si tu as le moindre doute sur Jean, tu fais fausse route ! Ce n'était pas un sale type. Sinon, Alexandre Parodi, le bras droit du général de Gaulle, et le général Hary, qui a œuvré à la libération de Paris, n'auraient jamais accepté de l'avoir comme ami ! Si tu avais pu rencontrer le mari de Simone Veil, Antoine Veil, qui est maintenant décédé, il t'aurait dit ce qu'il pensait de Jean Cabouat. La dernière fois que je l'ai vu, il avait quasiment des sanglots dans la voix en parlant de lui ! Tu crois que ces hommes-là lui auraient conservé leur amitié si Jean avait été un sale type ? Va voir Nicole, c'était une amie de la famille. Va la voir. Va lui dire que tu as des doutes sur Jean ! Appelle Simone Veil. Discute avec elle !

— J'aimerais juste qu'on me donne des preuves qu'il a essayé d'aider ces familles !

Le petit-fils de Jean me confie un livre. C'est la biographie de Jean Benedetti qui a été, comme Jean Cabouat, préfet en zone non occupée. Benedetti a prévenu des responsables juifs de l'imminence de la rafle du 26 août 1942. Dans son rapport au ministère de l'Intérieur, il écrit : *L'opération avait été annoncée depuis un certain temps par la radio anglaise, et dans les milieux juifs, tout le monde s'y attendait*[1].

Mis à part le « regret » que les familles aient été prévenues, cette phrase est, dans son contenu, quasi identique à celle de Jean : les familles juives étaient prévenues. C'est la radio anglaise qui les a averties… !

Ce passage me redonne de l'espoir.

Peut-être avais-je raison ?

Peut-être Jean cherchait-il à couvrir quelque chose ?

1. Arnaud Benedetti, *Un préfet dans la Résistance*, *op. cit.*

9

Je suis à fond dans mes recherches historiques !

Et au niveau zéro de ma recherche d'emploi.

D'ici six mois, je dois retrouver du boulot.

La mise en liquidation de notre association a été très publique : l'avantage ? Les gens savent que je suis disponible. La semaine dernière, j'ai été contactée par une équipe berlinoise qui travaille dans le domaine du changement climatique, des énergies renouvelables et de l'efficacité énergétique.

J'ai rendez-vous pour déjeuner avec Daniel, le chef de l'équipe. On doit voir ensemble si je corresponds au profil qu'il recherche. L'un des points cruciaux de la négociation – pour moi – sera la date du début du contrat.

Le jour du déjeuner arrive. Le contact passe bien. Au dessert, j'insiste sur l'importance de ne pas prendre le poste avant cinq mois. Je regarde Daniel. Il sourit et répond :

— Bien sûr ! Vous devez terminer votre livre !

Je souris en retour. Je me sens comprise.

Une semaine plus tard, je passe un entretien sur Skype avec Daniel (dans son bureau à Berlin) et le responsable des Ressources humaines (aux Pays-Bas).

Dix jours après, j'ai le job : je commencerai à travailler à partir du 15 septembre.

Le compte à rebours a commencé.
Plus que cinq mois pour terminer mon livre !

10

— Allô, bonjour, ici la secrétaire particulière de Mme Veil.

J'ai écrit pour demander à rencontrer Simone Veil. Silence radio depuis deux mois. Et puis, ce matin : coup de téléphone.

Dans ma surprise, je bredouille un :

— Wow… C'est fantastique !

— Oui… Enfin bon… J'ai peur que ma réponse vous déçoive. Mme Veil aurait volontiers répondu à votre demande d'interview, mais croyez-moi, elle ne peut plus. Ce n'est pas de la mauvaise volonté. Elle connaissait très bien les Cabouat. C'est un nom que j'ai personnellement entendu plusieurs fois. Mais voilà, ce n'est plus possible.

Je n'insiste pas et contacte Nicole, une amie de la famille, qui a connu Jean Cabouat. Rendez-vous est pris chez elle. J'arrive rue d'Assas à Paris. Il pleut des cordes. Je m'engage dans une petite impasse. Nicole vit au rez-de-chaussée. « C'est un appartement que mes parents ont acheté pour leurs vieux jours. » Le salon donne sur un petit jardin. Les murs sont recouverts de livres.

— Quelle impression gardez-vous de Jean Cabouat ?

— C'était quelqu'un de sévère vis-à-vis de lui-même, de ses enfants et de sa femme. C'est clair qu'elle ne devait pas rire tous les jours !

Petit rire. Grosse toux.

— Je m'intéresse spécialement à la Seconde Guerre mondiale.

— Jean était préfet sous l'Occupation jusqu'en 1942. Je ne pense pas qu'il ait fait quoi que ce soit de répréhensible.

Sa phrase sonne comme une question.

Je me tais.

Après plusieurs échanges, je me lance :

— A priori, Jean était encore en poste lors de la première rafle des Juifs en zone libre. Je cherche à savoir s'il a pu prévenir des familles avant. Est-ce que vous connaissez des personnes que je pourrais contacter à ce sujet ?

Nicole réfléchit. Rien ne lui vient à l'esprit :

— Je peux juste vous dire une chose : Jean était quelqu'un de droit. Je mettrais ma main à couper que s'il a pu faire quelque chose de bien, il l'aura fait.

11

Ce matin, je pars pour Guéret consulter les archives de la Creuse, où Jean a été préfet en 1940-1941.

Parmi mes proches, une seule personne sait où se trouve Guéret : « Qu'est-ce que tu vas foutre là-bas ? » Pour être honnête, je ne sais plus. J'angoisse de me plonger dans le quotidien de familles juives dépossédées…

Me voilà dans le train, que – par un bel acte manqué – j'ai bien failli rater : j'étais montée dans le mauvais. Il a fallu l'intervention d'un contrôleur : « Mais enfin, mademoiselle, vous voyez bien que ce train va à Montluçon. Vous devez aller voie 7 ! Et je serais vous, je me dépêcherais parce qu'il part dans une minute ! »

J'arrive à la gare vers 22 heures. Pendant les vingt minutes de marche qui me séparent de l'hôtel, je me répète comme un *leitmotiv* : « Trois jours, Lucie, tu restes trois jours à Guéret. Après, tu quittes la vie de Jean et tu reprends la tienne… »

Le lendemain matin, je suis à mon poste aux archives.

En 1940, de nombreuses familles juives sont internées au camp de Gurs, dans les Basses-Pyrénées. L'association d'entraide aux enfants juifs, l'Œuvre de secours aux enfants (OSE), entreprend d'exfiltrer les enfants du camp grâce à des certificats médicaux. L'OSE est l'association pour laquelle travaillait Gaston Lévy, le médecin qui cachait des enfants juifs, que Jean Cabouat a aidé à s'enfuir. Plusieurs maisons de l'OSE sont basées dans la Creuse. Pour faire sortir les enfants des camps, l'OSE a besoin de certificats d'hébergement délivrés par la préfecture du département qui va les accueillir. C'est là qu'intervient Jean Cabouat.

Le 11 novembre 1940, le secrétaire général de l'OSE, Félix Chevrier, et Jean Cabouat se rencontrent. (Félix Chevrier recevra après la guerre le titre de *Juste parmi les Nations* [1].)

Que se disent-ils ? Je l'ignore.

Toujours est-il que, quelques semaines après, Félix Chevrier envoie une demande officielle au préfet Jean Cabouat pour accueillir dans la Creuse « quarante enfants de 6 à 12 ans, internés actuellement au camp d'accueil de Gurs dans des conditions qui mettent leur santé en danger [2] ». Jean se renseigne auprès du commissaire de police spéciale qui donne son accord. Jean délivre alors les certificats d'hébergement nécessaires à la libération des enfants.

La même opération se déroule en mars-avril 1941. Cette fois, pour cinquante enfants. Jean Cabouat donne son feu vert, à condition que les « parents, sous aucun prétexte, n'[aient] le droit de venir résider aux environs des châteaux de l'OSE ».

---

1. Il conservera d'ailleurs de bonnes relations avec Jean Cabouat après la guerre, selon René Castille dans *Les Enfants juifs en Creuse*, colloque de Limoges, 18 octobre 2004.

2. Les familles juives internées au camp de Gurs commenceront à être déportées à partir d'août 1942.

Bref, Jean Cabouat accepte de délivrer les certificats d'hébergements nécessaires à la libération de quatre-vingt-dix enfants au total [1].

L'historienne Sabine Zeitoun souligne « l'attitude bienveillante des autorités de certains départements [qui] facilitent les différentes activités de l'OSE, en particulier en délivrant les certificats d'hébergement indispensables à la libération des enfants des camps d'internement du sud de la France [2] ».

1. À la suite de la première demande, dix-sept enfants sont effectivement transférés du camp de Gurs le 7 février 1941 au château du Masgellier dans la Creuse. Je ne sais pas combien d'enfants ont été véritablement transférés dans la Creuse à la suite de la deuxième demande.

2. Sabine Zeitoun, *L'Œuvre de secours aux enfants (OSE) sous l'Occupation en France : du légalisme à la Résistance, 1940-1944*, Paris, L'Harmattan, 1990.

12

Serge Klarsfeld est LE spécialiste de l'histoire de la Shoah. En plus d'avoir joué un rôle clé dans le procès Papon, et traqué des criminels nazis pendant une bonne partie de sa vie, il a compilé toutes les instructions envoyées par le gouvernement de Vichy aux préfectures concernant la Shoah. Peut-être pourrait-il m'aider à trouver des témoignages sur la rafle du 26 août 1942 dans l'Aude ? Je lui écris en expliquant brièvement ma recherche. Klarsfeld me répond :

Chère madame Tesnière,

En août 1942, la préfecture de l'Aude a fait arrêter 172 Juifs, hommes, femmes, enfants. Le nombre prévu était 250. Le résultat de la rafle était satisfaisant. Je ne sais la part que le préfet lui-même y a prise, puisqu'il a été obligé de quitter son poste trois semaines plus tard. Le mieux pour vous serait d'examiner les archives départementales en ce qui concerne le sort des Juifs.

Cordialement,

Serge Klarsfeld.

Je reviens vers Klarsfeld, précisant que je suis déjà allée aux archives de l'Aude. Je mentionne les éléments qui me font penser que Jean Cabouat aurait pu aider des familles juives. Aurait-il d'autres pistes de recherche ?

Chère Madame,

Je ne sais s'il est utile de faire des recherches : quand le préfet recevait des instructions qui ne persécutaient pas les Juifs, il les appliquait ; quand il recevait des instructions pour les arrêter, il les appliquait également ; probablement sans faire de zèle ; mais dans son département il était le numéro 1 de ceux qui arrêtaient les Juifs et les livraient aux Allemands en zone occupée. Il avait la possibilité de démissionner et d'entrer dans l'histoire. Aucun des préfets n'a pris cette décision.

Cordialement,

Serge Klarsfeld.

Je suis paralysée à la lecture de cet e-mail. D'une certaine façon, Klarsfeld a raison. En même temps, son point de vue est réducteur : il y avait d'autres façons d'aider les gens. Démissionner n'était pas forcément la seule.

13

— Je me suis toujours posé des questions au sujet de la participation de Jean Cabouat aux rafles de 1942. On n'en a jamais parlé dans la famille. J'ai gardé ces questions pour moi. Mais, vous voyez… Il y avait ces dates. Allez voir ma sœur, Hélène. Elle en saura plus que moi. C'est elle, la mémoire de la famille.

C'est l'une des nièces de la femme de Jean Cabouat qui me donne ce conseil. Toute cette partie de la famille est juive. Je contacte la fameuse Hélène par téléphone :

— Je fais des recherches sur Jean Cabouat pendant la Seconde Guerre mondiale et…

— Qu'est-ce que vous voulez savoir ?

— J'aimerais que vous me racontiez vos souvenirs sur Jean.

— Jean Cabouat a d'abord été préfet dans le Lot en 1939. Toute ma famille a fui Paris pendant l'exode pour se réfugier chez lui. Il nous a hébergés à la Préfecture pendant un an. Voilà.

— Je crois que Jean Cabouat était encore en poste lors de la première rafle des Juifs en zone libre en 1942. J'aimerais savoir s'il a essayé de prévenir des familles de l'imminence de la rafle. Est-ce que vous avez entendu parler de ça ?

— Non. En revanche, mon père, le beau-frère de Jean, Arthur Grimberg [1], était roumain et juif. J'ai toujours entendu parler de l'entrevue qu'il a eue avec Jean : « l'entrevue de Cahors ». Le lendemain, en octobre 1942, ma sœur et moi étions baptisées. Le surlendemain, on était cachées au couvent de Montcuq, dans le Lot ! En quelques jours, on avait disparu de la circulation [2].

Hélène poursuit en évoquant un autre souvenir :

— La maison de mes grands-parents, Albert et Marthe Hendlé, a été pillée par les Allemands, après leur départ pour Drancy, et placée sous scellés. Jean y est allé avec un camion, il a forcé les scellés. Il a mis tous les meubles à l'abri pour les protéger des pillages. Voilà, ça, c'est le personnage qu'il était. Il n'avait pas le droit de faire ça. S'il avait été pris, ça aurait été une catastrophe pour lui. Tout ce que Jean Cabouat a pu faire, il l'a fait.

Peu de temps après, pour la première fois, je vois le nom de Jean Cabouat associé par une historienne à la protection des Juifs.

Dans certains départements à l'exemple de la Creuse [...] *tous les préfets étaient favorables au sauvetage et à l'aide des Juifs.* [...] *Selon les différents rapports des renseignements généraux, M. Cabouat, dont la femme était juive, facilita l'accueil des Juifs dans le département* [3].

Je retrouve aux archives l'affaire à laquelle Limore Yagil fait allusion : il s'agit d'une dénonciation aux renseignements

1. Arthur Grimberg était un brillant médecin, d'origine roumaine, chercheur en biologie et bactériologie, ancien membre de l'équipe du professeur Chantemesse qui a mis au point le vaccin contre la typhoïde, selon Pascal Ramadier dans « La saga de la menthe Ricqlès ».

2. Jean Cabouat a conduit son beau-frère roumain et juif en Espagne, d'où il partira pour Londres afin de rejoindre les Forces françaises libres.

3. Limore Yagil, *La France, terre de refuge et de désobéissance civile (1939-1944)*, t. II et III, Paris, Éditions du Cerf, coll. « Cerf Histoire », 2011.

généraux (RG). Un informateur précise qu'une femme israélite astreinte à la résidence forcée [1] dans la Creuse *fit une démarche à la Préfecture pour faire lever la mesure* [...]. *Le fonctionnaire lui conseilla, en vue de faciliter la levée de la mesure, de faire intervenir, soit Mme Cabouat, Israélite et femme de l'ancien préfet de la Creuse, actuellement à Carcassonne, soit, mieux même, M. Cabouat* [2].

Selon ce fonctionnaire de la préfecture, il valait mieux faire appel à l'*ancien* préfet (Jean Cabouat n'est plus – à ce moment-là – préfet de la Creuse), plutôt qu'au préfet en fonction. Combien de personnes Jean Cabouat a-t-il aidées pour que ce fonctionnaire conseille à une inconnue de s'adresser à lui ? Combien de personnes Jean Cabouat a-t-il aidées, avant que cela ne remonte aux oreilles des RG ?

Je trouve aussi cette note rédigée par le cabinet de la vice-présidence du Conseil de Vichy : *Jean Cabouat paraît être un partisan de la Révolution nationale, mais ne semble pas d'une franchise absolue. C'est ainsi qu'il demande la mutation de son commissaire spécial parce qu'il est franc-maçon, mais à condition que cette mutation ne soit pas une sanction* [3].

Enfin, Jean Cabouat est épinglé par le gouvernement de Vichy pour sa mise en œuvre de la loi de dénaturalisation de 1940. Le but de la loi est de retirer la nationalité française à environ quinze mille personnes, dont 40 % de Juifs. Le retrait

---

1. L'internement ou l'assignation à résidence des Juifs étrangers, sur simple décision préfectorale, était autorisé par la loi du 4 octobre 1940. Mais cette loi ne précisait pas les critères à prendre en compte, selon Semelin dans son livre *Persécutions et entraides dans la France occupée : comment 75 % des Juifs en France ont échappé à la mort*, Paris, Seuil, 2013.

2. Note sur M. Jacques Henry, Préfet de la Creuse – Rapport des RG – Z6NL 456. Archives nationales.

3. Extrait d'un rapport du 9 août 1941 du Capitaine de Frégate, Gruillot, chargé de Mission auprès de la Vice-Présidence du Conseil. Archives nationales. Dossier de préfet de Jean Cabouat. F/1bI/1127.

de la nationalité allait devenir, pour les Juifs, le premier pas vers la déportation : on a d'abord déporté les Juifs étrangers.

En juin 1941, la Police nationale épingle huit préfets – dont Jean – qui *ne nous ont transmis qu'un nombre très réduit de propositions de retrait. Il semble que ces hauts fonctionnaires n'attachent pas à ce texte législatif l'importance qu'il mérite* [1].

1. Note du 14 juin 1941 de la Direction générale de la Police nationale. Dossier de préfet de Jean Cabouat. Archives nationales. F/1bI/1127.

14

— Tu sais, pour moi qui ai rencontré Jean dans l'exercice de ses fonctions, la question ne se pose pas ! C'était un grand résistant. Il avait donné une partie de son pied aux Allemands pendant la Première Guerre mondiale, il n'allait pas devenir collabo pendant la Seconde ! s'exclame mon grand-oncle Jean-Pierre.

Je viens d'envoyer à Jean-Pierre et sa femme le manuscrit de mon livre. Ils réagissent à la lecture lors d'un déjeuner, rue d'Assas.

— Moi, ton livre me met mal à l'aise, me dit sa femme. On a l'impression que tu mets Jean en accusation, alors qu'il est mort et enterré. Il n'est plus là pour se défendre.

Jean-Pierre nuance :

— J'ai plutôt le sentiment que ton enquête te mène sur la piste de documents qui t'amènent à croire que… Cela dit, je vois très mal Jean avec un chapeau de collabo ! Je suis persuadé qu'on lui a dit : tu es préfet. Tu restes préfet aussi longtemps que tu peux.

Silence.

— Qu'est-ce qu'ils en pensent, les descendants de Jean ? demande Jean-Pierre.

— Ils estiment que le simple fait que je parle de cette rafle, que je pose la question de savoir si Jean a prévenu des familles revient à l'accuser, à poser sa culpabilité. Je crois qu'ils ont le sentiment que je salis sa mémoire.

— C'est vrai qu'une fois que toutes ces personnes sont parties, il ne reste que l'écrit, dit la femme de Jean-Pierre. Et le risque c'est que la mémoire de Jean se réduise à ces journées d'août 1942 décrites dans ton livre.

— Moi, je crois que la chronologie est claire, ajoute Jean-Pierre. Jean a été rétrogradé à la suite de la manifestation du 14 juillet 1942. En août, ses services transmettent les instructions pour la rafle de Juifs. En septembre, il quitte son poste de préfet. Le mois d'après, il est contacté par les gaullistes. Il accepte de devenir préfet après le débarquement et s'engage à rester en France jusqu'à ce que le territoire soit libéré.

— Paradoxalement, j'ai l'impression que ça a desservi Jean d'avoir accepté de rester en France, dis-je. Partir en Afrique du Nord, comme son fils Jean-Marcel, aurait été le signe d'un engagement plus clair… Tiens, en parlant d'Afrique du Nord, les descendants de Jean m'ont envoyé cette photo de lui en 1942 avec Pétain et le général de Lattre de Tassigny. Avant de s'engager en Afrique du Nord, de Lattre de Tassigny a fait partie de l'armée d'armistice. Dans les mois qui suivent cette photo, Jean est relevé de ses fonctions et de Lattre de Tassigny mis en prison pour avoir laissé entendre qu'il résisterait à l'invasion de la zone sud par les Allemands.

— Et Biniou, il a lu ton manuscrit ? demande Jean-Pierre.

— Oui. Il estime que j'ai bien décrit l'histoire de Jean. Biniou l'a rencontré en 1942 : il est venu les voir après l'arrestation de Jeannette. Il pense que Jean a joué un double jeu. Il m'a dit : « Ceux qui critiquent et qui n'ont pas connu cette période n'ont qu'à fermer leur gueule. »

Jean-Pierre sourit.

Une fois le déjeuner terminé, j'embrasse Jean-Pierre et sa femme, et je me dirige vers la sortie.

De retour chez moi, une phrase résonne à mes oreilles :

Le maréchal Pétain, Jean Cabouat, un inconnu
et le général de Lattre de Tassigny en 1942.

— Tu mets Jean en accusation, alors qu'il est mort et enterré. Il n'est plus là pour se défendre.

Assise en tailleur sur mon lit, je me plonge dans la défense de Jean devant la commission d'épuration. Cette commission ne lui reproche rien concernant la rafle. Du coup, Jean se tait sur ce sujet. L'affaire la plus sérieuse qu'il a à affronter concerne la manifestation du 14 juillet 1942 :

Bruguier, l'un des organisateurs qu'il a rencontrés la veille du 14 juillet, affirme dans une lettre au ministère de l'Intérieur [1] que Jean Cabouat a été responsable de son internement.

Que s'est-il passé ?

1. Lettre du 3 novembre 1944 de Bruguier à M le ministre de l'Intérieur. Archives nationales. Dossier de préfet de Jean Cabouat. F/1bI/1127.

À la suite du 14 juillet 1942, tous les fonctionnaires ayant participé à la manifestation doivent être suspendus de leurs fonctions. On demande alors à Jean Cabouat une liste de noms. Jean envoie une trentaine de noms tout en précisant : *On ne peut affirmer de façon précise si elles sont venues sur ces lieux pour manifester ou pour se promener.* Le 6 août, il reçoit un télégramme secret du ministère de l'Intérieur :

Vous prie m'adresser par télégramme chiffré [...] *propositions d'internements contre éléments les plus actifs communistes, gaullistes, anglophiles ouvertement hostiles au gouvernement.* [...] *Réponses devront me parvenir avant demain jeudi 18 heures*[1].

Jean Cabouat raconte : *Deux solutions s'offraient à moi : répondre et organiser une parade ou refuser de répondre et démissionner. Cette seconde méthode peut, avec un certain recul dans le temps et dans l'espace, paraître séduisante, mais elle aurait eu pour effet immédiat de faire reposer sur des épaules plus jeunes et moins expérimentées des responsabilités qui étaient les miennes. À cette époque, en effet, mon successeur n'avait pas encore été désigné.* [...] *J'ai préféré la première solution, qui me paraissait d'autant plus honnête qu'en raison des événements du 14 juillet et des rapports de police parvenus à Vichy à leur suite, le gouvernement ne pouvait ignorer ou feindre d'ignorer les personnalités politiques « ouvertement hostiles au gouvernement »*[2].

1. La reproduction du télégramme se trouve dans la lettre de Bruguier au ministre de l'Intérieur du 3 novembre 1944. Archives nationales. Dossier de préfet de Jean Cabouat. F/1bI/1127. Ce télégramme a été envoyé par le ministère de l'Intérieur à tous les préfets régionaux, qui l'ont transmis aux préfets départementaux, comme Jean Cabouat.

2. Lettre au président de la cour d'épuration du 7 avril 1945. « Additif au mémoire adressé à M. le ministre de l'Intérieur ». Archives nationales. Dossier de préfet de Jean Cabouat. F/1bI/1127.

Jean envoie les noms de Bruguier et ses deux fils, ainsi que M. et Mme Piccolo, Joseph Teysseyre et Bernard Demons [1]. Puis, il téléphone aussitôt à Vichy pour, dit-il, *faire connaître les objections très sérieuses que je voyais à l'application de la mesure projetée. J'ajoutais que l'internement des personnalités, dont les noms m'étaient demandés, me mettrait déjà en très mauvaise posture sur le plan moral, qu'il ne fallait pas compter sur moi pour signer l'arrêté d'internement* [2].

Il confirme cette conversation dans une lettre à Vichy : *J'estime l'internement de M. Bruguier et autres promoteurs de la manifestation du 14 juillet absolument contre-indiqué.* [...] *si le gouvernement, qui connaît mon point de vue, veut passer outre, il pourra toujours le faire, mais je ne saurais sans manquer moi-même à un engagement bilatéral jusqu'à présent respecté, signer moi-même ces décisions* [3].

Le 29 août, le préfet régional l'appelle pour demander de nouvelles propositions d'internement « pour exemplarité ». *La comparaison que j'effectuai avec les méthodes allemandes n'eut aucun succès.* Je retrouve alors les noms que Jean va fournir : Bernard Demons et Joseph Teysseyre.

---

1. Aucune de ces personnes n'a été arrêtée à Carcassonne entre le 14 juillet et le 16 septembre 1942, date du départ de Jean Cabouat. Bernard Demons a été interné en raison de son attitude politique suite à la circulaire du ministère du 15 novembre 1942. Archives nationales. Dossier de préfet de Jean Cabouat. F/1bI/1127.

2. Jean Cabouat téléphone à M. Cado, directeur général adjoint de la Police nationale Vichy. Lettre du 7 avril 1945 de Jean Cabouat. Additif au mémoire adressé à M. le ministre de l'Intérieur. Archives nationales. Dossier de préfet de Jean Cabouat. F/1bI/1127.

3. Lettre du 8 août 1942 au directeur général adjoint à Vichy. Cette lettre est reproduite (copie certifiée conforme) dans la lettre du 7 avril 1945 de Jean Cabouat. Additif au mémoire adressé à M. le ministre de l'Intérieur. Archives nationales. Dossier de préfet de Jean Cabouat. F/1bI/1127.

En septembre 1942, une manifestation a lieu pour célébrer la victoire française de Valmy. Un homme distribuant des tracts est arrêté et donne le nom de Bruguier, qui est alors interné.

Motif : distribution de tracts durant la manifestation célébrant Valmy. À ce moment-là, Cabouat n'est plus en poste. Il est donc innocenté dans l'affaire Bruguier : *Il est bien avéré que, bien loin d'avoir poursuivi les représentants républicains du département, M. Cabouat a toujours essayé de les protéger* [1].

La note de la commission d'épuration conclut : *M. Benedetti, préfet délégué de l'Hérault, aujourd'hui déporté en Allemagne, et considéré à juste titre comme étant l'un des deux ou trois préfets qui rendirent le plus de services à la Résistance, a lui aussi répondu aux télégrammes en envoyant une longue liste de gens gaullistes ou communistes. On peut être certain que tous les préfets de France, en fonction à l'époque, ont répondu dans les mêmes conditions aux télégrammes du ministère de l'Intérieur, mais M. Cabouat a eu la malchance d'avoir sur son télégramme un nom aussi important que celui du sénateur Bruguier et que les papiers en faisant mention aient été trouvés à la préfecture. Le président de la commission d'épuration est d'ailleurs entièrement de cet avis et pense lui aussi que les préfets en fonction ne pouvaient agir autrement.*

Ce qu'il s'agit de savoir, c'est s'il fallait ou s'il ne fallait pas accepter d'être préfet à l'époque [2].

---

1. Note spéciale du 28 novembre 1945 sur les rapports entre M. Bruguier, ancien sénateur du Gard, actuellement député du Gard, et M. Cabouat. Archives nationales. Dossier de préfet de Jean Cabouat. F/1bI/1127.

2. Note sur M. Cabouat du 3 mai 1945 de la direction du personnel du ministère de l'Intérieur. Archives nationales. Dossier de préfet de Jean Cabouat. F/1bI/1127.

Je découvre aussi dans la défense de Jean Cabouat devant la commission d'épuration qu'en 1940-1941, au moment où le mouvement de résistance est embryonnaire, il a fourni à une résistante juive, Renée Lajeunesse, des fiches de démobilisation destinées aux soldats évadés, et qu'il a diffusé les tracts du général Cochet. Cochet est aujourd'hui quasiment inconnu, mais il fut l'un des premiers à appeler à résister en France. Voici ce qu'il écrivait en 1941 sur la doctrine hitlérienne : *Élaborée dans un but de domination et de conquête, en faveur d'un seul peuple, elle doit logiquement disparaître un jour prochain de la surface du globe. Mais, par la vigueur et la férocité de ses méthodes, par l'habileté, le mensonge, la barbarie de sa propagande,* [...] *elle a néanmoins, par les avantages matériels et moraux qu'elle donne ou qu'elle promet, toute une jeunesse de fanatiques, prête à se sacrifier* [...]. *C'est là que réside la force du nazisme.* [...] *Devant cette force* [...], *il nous faut enfin serrer les dents,* [...] *opposer une résistance farouche à la domination, à la nazification, faute de quoi,* [...] *tout ce qui est notre raison de vivre, notre civilisation, notre pensée, notre religion, tout sera balayé par la vague hitlérienne* [1].

Je lis aussi que Jean Cabouat était, selon le général en chef des Forces françaises de l'Intérieur Koenig, *l'un des rares préfets contactés par la Résistance pour être préfet de la Libération.* Koenig évoque sa *qualité incontestée de préfet de la Résistance* [2].

*

Je repose les feuilles du dossier sur mon bureau et regarde par la fenêtre, perdue dans mes pensées. Le téléphone sonne. C'est un ami. Je lui fais part de mes dernières découvertes.

---

1. Limore Yagil, *La France, terre de refuge et de désobéissance civile (1939-1944),* t. II et III, *op. cit.*

2. Dossier de préfet de Jean Cabouat. Archives nationales. F/1bI/1127.

— Tu cherches à disculper Jean ?

— Je ne sais pas. Je mène l'enquête pour savoir s'il a prévenu des familles juives de l'imminence de la rafle. Je cherche le bien qu'il a pu faire. Donc, dans un sens, oui, je plaide à décharge.

— Et tu y arrives ?

— Pas toujours. Parfois, je tombe sur des éléments qui me mettent mal à l'aise.

— Comme quoi par exemple ?

— Je viens de découvrir sur Internet cette lettre dans laquelle Jean Cabouat interdit l'exercice de la médecine à un médecin roumain juif, Moïse Elman. Ce faisant, il applique la loi du 16 août 1940 qui interdit l'exercice de la médecine aux médecins étrangers. Mais il demande aussi à retirer la nationalité française d'Elman et de sa femme. Et ça, personne ne lui impose de le faire. La lettre conclut après une longue liste de griefs concernant Elman : *C'est un métèque dans le sens le plus antipathique et le plus mauvais du mot*… Alors, tu vois, quand j'ai découvert cette lettre, j'étais convaincue que quelqu'un d'autre au sein de son cabinet l'avait rédigée en son nom. Puis j'ai vu aux archives de la Creuse un document dans lequel Jean accepte de rencontrer Elman. J'ai reconnu son écriture et l'encre turquoise de son stylo. Ils se sont vus la veille de l'envoi de ce courrier. Donc, si Cabouat a rencontré Elman, il a dû lire la lettre le concernant adressée au ministère. J'ai du mal à imaginer qu'il ne vérifie pas le courrier envoyé sur une personne qu'il vient de voir.

— Tu crois qu'il a retiré la nationalité de cet homme parce qu'il était juif ?

— Non. Cabouat n'a dénaturalisé aucun autre médecin étranger dans la Creuse – qu'il soit juif ou pas. Et puis, le beau-frère de Jean, Arthur Grimberg, était un médecin roumain et juif. Je pense que Jean Cabouat a fait ça parce qu'il était choqué par l'attitude d'Elman. Alors, avait-il raison d'être indigné ? Je ne sais pas.

— Qu'est ce qui s'est passé exactement ?

— C'est un historien local, Christophe Moreigne, qui a retracé pour moi cette histoire. Des médecins (sous la houlette du Dr B., engagé volontaire des deux guerres, qui sera plus tard résistant et déporté), sont venus voir Jean Cabouat quelques semaines avant.

Il semble qu'ils se soient plaints de la concurrence déloyale de ce médecin d'origine roumaine, naturalisé deux ans plus tôt, qui aurait appliqué des tarifs trop bas par rapport à ceux de la profession. Elman – disent-ils – a des activités anti-gouvernementales et s'arrogerait le quasi-monopole des soins donnés aux réfugiés espagnols avec le soutien du maire. Bref, il bénéficierait d'un monopole indû. Dans cette lettre, Elman n'est pas visé comme juif, mais comme étranger. Et voilà. Les médecins ont dû bien charger sa barque : quelques jours après, le préfet demande son dossier de naturalisation.

— Donc, cette dénaturalisation n'est pas un acte gratuit.

— Non, mais tu vois, en même temps, il y a ce mot « métèque » dans la lettre. C'est un mot qui signe la xénophobie.

— Tu en as parlé aux descendants de Jean ?

— Oui. Selon ses petites-filles, il est inimaginable que Jean ait écrit cette lettre. Il n'aurait jamais eu le moindre propos raciste ou antisémite. Elles ne reconnaissent absolument pas ce vocabulaire.

— Il y a d'autres choses qui t'ont mise mal à l'aise ?

— Oui, je t'ai parlé de ces enfants juifs sortis du camp de Gurs grâce à des certificats d'hébergement : Jean a demandé au commissaire de la police spéciale son avis sur l'opportunité de cette opération. Le commissaire a donné son accord. C'est bien. Mais s'il avait refusé, qu'aurait fait Jean ? Il aurait laissé les enfants ?

— Ça, tu ne peux pas le savoir. Peut-être que Jean a posé la question officiellement au commissaire parce qu'il connaissait déjà sa réponse officieuse ?

— Peut-être. Je ne sais pas.

Silence.

— Je te sens très prise par ces histoires, Lucie.

Je soupire :

— Oui. Je suis constamment en train de me demander si ce que j'écris est *juste*. Ça n'est pas mon intention de juger qui que ce soit. Et j'ai l'impression de me retrouver dans cette position sans l'avoir souhaité. Parfois, je me dis qu'il faudrait un jour une démarche historique plus poussée et un regard autre que celui de la famille sur ces événements.

— Ce que tu dis me fait penser à un livre que je suis en train de lire : *Les Disparus* de Mendelsohn, qui a mené une enquête similaire à la tienne. J'aimerais te lire un passage. Attends deux minutes. Je vais le chercher.

Mon ami pose le combiné Quelques instants plus tard, il revient et dit :

— Voilà ce qu'écrit Mendelsohn :

« "*Je ne juge pas* ! Je ne juge *personne*", ai-je dit. Et c'était vrai. Parce qu'il est impossible de savoir certaines choses, parce que je ne ferai jamais l'expérience des pressions que certaines personnes ont subies pendant les années de guerre, des choix inimaginables qu'il a fallu faire, en raison de tout cela, je refuse de juger. Pourtant une pensée nouvelle germait […], toutes ces années […] avaient fait naître en moi un formidable désir de connaître les faits, les dates, les détails ; et cependant, il ne m'était jamais venu à l'esprit que les faits, les dates, les détails que j'apprenais pourraient un jour constituer quelque chose de plus que des entrées dans un glossaire ou des éléments dans une histoire – qu'ils pourraient un jour m'obliger à juger des gens. »

— C'est ça, dis-je. C'est exactement ça.

Silence.

— Bonne chance, Lucie, dans la finalisation de ton livre.
Je le remercie, et on raccroche.

La nuit tombe. Je suis entourée des feuillets de mon manuscrit éparpillés autour de moi, sur le lit, sur le plancher. Je parcours la totalité de mon texte. Les passages les plus lourds concernent Jean. Avec lui, je marche sur des œufs : je ne veux heurter ni ses descendants, ni les descendants des déportés de l'Aude.

Résultat : je patine. Si ça ne tenait qu'à moi, je présenterais toutes les archives et toutes les notes que j'ai trouvées. C'est d'ailleurs ce que j'ai fait : j'ai donné aux descendants de Jean les centaines de photos d'archives pour qu'ils puissent se faire eux-mêmes une opinion. Mais je ne rédige pas une thèse sur « Jean Cabouat. Préfet de la Creuse (1940-1941) et préfet de l'Aude (1941-1942) ».

Alors, Jean a-t-il essayé d'informer la communauté juive étrangère de l'imminence de la rafle du 26 août 1942 ?

Je ne sais pas.

Et je veux savoir.

15

Novembre 2016, Paris.

Je rencontre Serge Klarsfeld à son bureau pour lui donner mon manuscrit.

Je lui expose tout ce que je sais de Jean Cabouat, et de ces journées d'août 1942. Klarsfeld me dit à ce moment-là :

— Un homme marié à une Juive, qui doit mettre en œuvre la première rafle des Juifs le 26 août 1942, c'est le moment de sa vie. C'est important de connaître la vérité administrative.

On regarde alors ensemble le détail des décrets et des différents ordres administratifs.

En tendant les papiers au-dessus de son bureau, Serge Klarsfeld me dit :

— Jean Cabouat a été placé hors cadre le 20 août 1942, six jours avant la rafle. Le 26 août, il n'est officiellement plus préfet. Les ordres sont signés par le chef de cabinet. Il faut laisser à Jean Cabouat le bénéfice du doute.

16

— Bonsoir, Lucie. Vous m'appelez d'où aujourd'hui ?

— De Bruxelles.

— Ah oui, c'est vrai, vous habitez en Belgique. Bon, alors, j'ai lu votre manuscrit. Je dois vous dire, j'ai été assez surpris par la fin sur Jean Cabouat. Vous pensez vraiment qu'il n'a rien fait pour ces familles juives raflées le 26 août 1942 ?

Jean-Marc Berlière, historien de la police de Vichy, réagit au manuscrit que je viens de lui envoyer.

— Non, je ne pense pas. Je pense qu'il a essayé de faire prévenir des gens.

— Ce n'est pas l'impression que vous donnez dans votre livre.

— Disons que j'ai voulu faire preuve d'honnêteté intellectuelle : je pense qu'il a essayé de faire quelque chose, mais je n'ai pas de preuves. Donc, je ne le dis pas.

— Mais vous n'aurez jamais de preuve, Lucie ! Votre préfet, il n'allait pas se balader dans la rue avec un badge « je sauve des Juifs » ! Si on avait des preuves directes, les Allemands les auraient eues, et il aurait été déporté ! En revanche, les indices, vous les avez : ce sont ces dizaines d'enfants qu'il fait sortir du camp de Gurs. Ce sont ces listes de dénaturalisations minuscules. C'est cette personne de la préfecture qui conseille à une femme juive de contacter Jean Cabouat pour lever son assignation à résidence.

— Oui, mais je n'ai pas de preuve concernant la rafle. Alors, j'ai bien regardé le nombre de déportés comparés à ceux qui étaient censés être déportés : il y a eu 172 déportés contre 250 recensés. Selon Klarsfeld, le résultat était « satisfaisant ».

— Mais les arrestations, Lucie, ce n'est pas Jean Cabouat qui les fait ! Ce sont les flics, les gendarmes. Ils opèrent à partir de fiches, de listes. Le préfet n'y peut rien. Ermakoff, un jeune historien qui a travaillé sur les rafles du 26 août au 5 septembre 1942 en zone sud, montre que, selon les équipes de flics ou de gendarmes, à Montpellier, Montauban ou à Millau, les résultats étaient très différents : certaines équipes arrêtent plus que ce qu'on leur demande, et d'autres n'arrêtent presque personne. Et puis, 172 sur 250, ce n'est pas 100 %. C'est 30 % de moins. Ça veut bien dire qu'ils ont, au minimum, évité de faire du zèle, et – à leur échelle – traîné des pieds et saboté la machine !

C'est comme à Paris : 22 000 arrestations prévues et 13 000 réalisées ! Alors, bien sûr, 13 000, c'est un chiffre énorme ! Mais c'est 13 000 au lieu de 22 000 ! D'ailleurs, les Allemands ne s'y trompent pas : « Les policiers ont prévenu les Juifs », ont-ils dit dans les télégrammes envoyés à Berlin.

Pour moi, votre arrière-grand-oncle sait que, s'il veut sauver des gens, il doit rester dans la machine répressive, et forcément, il doit se salir les mains ! S'il avait démissionné, il n'aurait rien pu faire : il se serait coupé les mains pour les garder propres. De votre galerie de portraits, je trouve que c'est lui qui a tout compris !

— Oui, mais regardez, quand il accepte de sortir les enfants des camps, il demande expressément que les parents ne rejoignent pas leurs enfants dans son département !

— Bien sûr ! Parce que, si les enfants arrivent avec leurs parents dans son département rural, les gens vont se dire : « C'est quoi ces centaines de Juifs qui débarquent ? » Votre préfet, il sait que, si les enfants restent avec leurs parents, c'est cuit. L'OSE, l'organisme qui s'occupe de sauver ces enfants, fait la même chose ! L'OSE met les enfants dans des colonies de vacances, sans leurs parents. Alors, parfois, ça se passe mal comme à Izieu [1]. Mais, parfois, ça a sauvé ces enfants d'être séparés de leurs parents.

Votre arrière-grand-oncle, c'est clairement un préfet qui trahit sa fonction. Quand il conseille à son beau-frère, Juif étranger, de faire baptiser ses filles, c'est pas son boulot ! Quand il fait des faux papiers à sa belle-famille, non plus ! Vous avez vu la haine des gens contre lui ? Vous avez vu ces lettres de dénonciation contre sa femme juive ? Voilà, il est là, au cœur de la répression, coincé entre les circulaires de Vichy et les exécutants, la police, qui sont en permanence dans la politique du chiffre : « Combien avez-vous arrêté de personnes ? Combien en ont arrêté les autres ? »

Si vous consultez les archives de la Commission d'armistice de Wiesbaden, vous verrez des Allemands qui s'énervent contre des préfets et des flics parce qu'ils sabotent leur travail.

Alors, Lucie, il faut sortir du schéma manichéen : « La Résistance, c'était les gentils et Vichy, c'était les méchants. » Il y a eu des résistants qui ont commis des exactions, il y a eu des résistants antisémites, comme il y a eu des fonctionnaires de Vichy qui ont sauvé des Juifs ! Aussi surprenant

1. À Izieu, quarante-quatre enfants juifs se trouvaient dans un lieu transformé en colonie de vacances et consacré au sauvetage d'enfants juifs. Ils ont été déportés par la Gestapo en 1944 et sont morts en camps de concentration.

que cela puisse paraître après des années de raisonnements simplistes sur la période !

Silence.

Faire de l'histoire, Lucie, ce n'est pas conforter les gens dans des réflexions manichéennes qui ne reflètent pas la réalité.

C'est leur donner les moyens de comprendre la complexité de l'humain.

Alors comment terminer cette histoire ?

C'est une enquête qui ne se termine jamais. Tellement de choses encore à découvrir…

Et pourtant, à un moment, il faut finir. Et raconter.

Voilà donc Jean-Pierre, Jean, Jeannette, Biniou et Paul.

Que sont-ils devenus après la guerre ?

Jean-Pierre a fait carrière dans la diplomatie. Il est devenu ambassadeur de France en Libye, au Canada, puis représentant international de la Croix-Rouge. Il a eu huit enfants de trois mariages différents. Il est mort à Paris, en mai 2017.

*

Jean a été nommé directeur de la sûreté à Baden-Baden. Contraint à la démission pour avoir embauché un homme sur la recommandation du général Koenig [1], dont l'engagement dans la Résistance s'est révélé mensonger, il quitte cette

1. Gérald Arboit, *Des services secrets pour la France. Du dépôt de la Guerre à la DGSE (1856-2013)*, 2014.

position en 1947. Il part alors en Argentine faire de la prospection pour l'entreprise Ricqlès. Certains descendants se demandent s'il ne travaillait pas là-bas pour les services secrets français. Jean revient en France et meurt à Paris en 1969. Son casque de la Première Guerre mondiale sera, selon sa volonté, vissé sur sa tombe.

*

Après son retour des camps de concentration, Jeannette a créé à Paris une maison de couture (La Maison Jeannette), qui a connu un certain succès dans les années 1970. Elle a créé des collections de prêt-à-porter pour des marques comme Guy Laroche. Jeannette a divorcé d'Albert Le Bail en 1949 et s'est remariée avec un Juif autrichien, Ernst Weissenstein, qui était son amant avant-guerre. Elle est morte en 1994.

*

En 1944, Albert Le Bail devient membre de l'assemblée consultative provisoire qui représente les mouvements résistants, les partis politiques et les territoires engagés dans la guerre au côté des Alliés. Lors des élections de l'assemblée constituante en 1945, la Bretagne bascule à droite : Albert perd les élections. Il décède d'un cancer sept ans plus tard, à 54 ans.

*

Biniou a passé son bac après son retour des camps de concentration. Il a travaillé pour Kodak et s'est marié avec Geneviève avec qui il a fondé une famille. Ils ont vécu tous les deux en Charente-Maritime. Biniou a fait partie d'une association qui a œuvré avec de jeunes Allemands à la mémoire du camp de Wattenstadt. Il y est retourné pour témoigner. Biniou est mort en décembre 2017. Plusieurs de ses descendants m'ont dit qu'à la fin de sa vie, entre la colère envers sa mère et sa sœur et le regret de s'être brouillé avec elles, c'est le regret qui l'a emporté.

*

À la fin de la Seconde Guerre mondiale, Paul est resté chirurgien à Nîmes. Après avoir parcouru les Cévennes pour soigner les résistants des maquis, il a continué de marcher sur les chemins cévenols : il est devenu l'un des pionniers de la création des sentiers de grandes randonnées (GR). Paul est ainsi le père du GR7 qui porte son nom et traverse la France des Vosges en Espagne sur la ligne de partage des océans. Ses amis ont calculé qu'à 75 ans il marchait encore chaque année une distance équivalente à Paris-Moscou. Il est mort à Nîmes en 1983, à l'âge de 95 ans.

ÉPILOGUE

J'ai commencé ce livre il y a plus de quatre ans. Je n'avais jamais écrit : pas de poème, pas de pièce de théâtre, pas de nouvelles. Rien.

Mais j'avais une histoire à raconter.

Il FALLAIT que je la raconte !

J'aurais pu la dessiner, la filmer. Qu'importe !

Je me voyais en « détective historique ». C'était ça, mon job ! DÉTECTIVE HISTORIQUE !

J'ai adoré suivre des pistes sans savoir où elles me mèneraient ! L'inconnu. L'inattendu. Et cette question : qu'est-ce que je fous là, à l'autre bout de la France, dans ce bled paumé, à la recherche d'une histoire ? Ça me semblait dérisoire et puissant à la fois.

Je me souviens d'une phrase du documentaire *Searching for Sugarman* : « *Every obstacle is an inspiration.* » Chaque obstacle dans mes recherches était une incitation à aller au-delà. Je ne trouvais pas toujours ce que je voulais. Parfois, je trouvais mieux : je trouvais l'impensable. Et je découvrais du même coup qu'il était possible, soixante-dix ans après les événements, d'obtenir des réponses aux questions dont j'avais été certaine à 99,99 % qu'il était impossible de répondre.

Certains, dans la famille, m'ont qualifiée de « fouineuse », de « fille vorace ». Moi, j'avais l'impression d'être l'héroïne de mon propre film ! Je me voyais partir en quête, interviewer les gens, pousser de nouvelles portes. Ce que je faisais résonnait en moi de façon profonde.

Et j'ai pu constater une chose : chez chaque personne qu'on rencontre, on laisse une trace de soi, une bribe de sa propre histoire. Parfois, les gens me racontaient une blague que Paul avait dite. J'étais émue que Paul, trente ans après sa mort, puisse encore me faire rire. Et en même temps, c'était tout ce que cette personne avait retenu de lui : une blague.

Alors, je me suis demandé : qu'est-ce que les autres retiendront de moi quand je serai morte ? Parmi toutes les histoires, les anecdotes qu'on a vécues ensemble, quelles sont celles qu'ils partageront quand j'aurai passé l'arme à gauche ?

J'étais aussi touchée par la rapidité avec laquelle chaque rencontre donnait lieu à des moments forts. Je me souviens du titre d'un livre : *En vieillissant, les hommes pleurent*[1]. Je trouvais ça très vrai. Comme si ces hommes âgés que j'interviewais lâchaient enfin les pleurs qu'ils avaient jusqu'ici retenus.

J'étais aussi impressionnée par l'impact que la caméra avait sur les gens : en général, je demandais aux gens de me raconter leur histoire en enregistrant d'abord leur voix. Puis, si l'histoire était forte et pertinente, alors je revenais avec mon cousin pour les filmer. Jamais ils n'ont pleuré devant moi quand j'enregistrais leur voix. Avec la caméra, ils racontaient la même histoire, et puis ils fondaient en larmes. C'était quasiment automatique.

C'est mon cousin, réalisateur de documentaires, qui m'a donné des clés pour comprendre : je n'interrompais jamais les gens lors d'interviews filmées. Je les laissais parler jusqu'à ce qu'ils aient fini. C'est très rare cette écoute. On trouve ça chez

1. Jean-Luc Seigle, *En vieillissant, les hommes pleurent*, Paris, Flammarion, 2012.

le psy. Et encore, ça ne dure que quarante-cinq minutes. Nous, on tournait pendant deux heures dans une écoute totale, inconditionnelle. On restait là, attentifs au moindre mot, au moindre souffle.

Ma grand-mère m'a accompagnée de loin dans la rédaction de ce livre... J'ai été émue de voir l'admiration dans ses yeux : « Tu es tenace, toi ! » me disait-elle souvent. C'était un compliment dans sa bouche. Je sentais que je lui faisais plaisir. Et j'en étais heureuse. Je me souviens d'un petit déjeuner chez elle. Elle, en robe de chambre en pilou bleue – la même depuis vingt ans –, ses mains calleuses posées sur la toile cirée. Je raconte mon projet. Elle est parfois absente, parfois présente. Je ne sais pas si elle m'écoute. Et puis, d'un coup, elle me regarde dans les yeux et dit : « Je suis à fond derrière toi. » Ma mère a ri, et elle a fait une photo de nous deux qu'elle a envoyée à mes frères : « Mamou est À DONF derrière Lucie ! »

Beaucoup de gens m'ont aidée dans ce projet. Je pense particulièrement à mon oncle Éric, qui, malgré sa maladie de Parkinson et son opération au cerveau, a tapé sur ordinateur les sept cent cinquante pages de lettres de Paul et François. Je pense à tous ceux qui ont voulu apporter leur pierre à l'édifice : ceux qui m'ont confié leur histoire, leurs émotions, ceux qui m'ont dit qu'il n'y avait que moi pour faire ce projet, ceux qui m'ont hébergée. À tous, je voudrais dire merci.

Je pense aussi à Biniou. Lors de notre rencontre, il m'a parlé d'une vidéo : en juin 1945, le village de Plozévet a organisé une fête pour célébrer son retour des camps et celui de sa mère, Jeannette. « Un voisin a filmé la fête, a dit Biniou, au cas où tu arrives un jour à retrouver cette vidéo... »

Il m'a fallu deux ans pour la retrouver.

Mais je l'ai retrouvée.

C'est une vidéo en noir et blanc, sans le son. Elle dure quelques minutes. On voit, une journée d'été, un village en fête. Le carillon de l'église sonne à toute volée. Les vieilles femmes ont revêtu leurs coiffes bretonnes, et les pompiers leurs casques rutilants. Une voiture des années 1940 arrive. Jeannette et Biniou en sortent. Ils défilent dans les rues de Plozévet. C'est la joie des retrouvailles. Le bonheur est sur toutes les lèvres et dans les rubans blancs qui ornent les cheveux des petites filles.

Le temps d'une journée d'été, tout est oublié.

Plus tard, les souvenirs des camps reviendront… Plus tard…

Albert Le Bail, Biniou, Jeannette et Jean-Claude le jour de leur retour à Plozévet (extrait de la vidéo).

Mais, ce jour-là, c'est le bonheur des retrouvailles, et rien d'autre.

Je tiens le DVD de cette vidéo dans mes mains. Biniou fête son anniversaire dans une semaine : le 27 mai 2015, il aura 90 ans. Je mets le DVD dans une enveloppe avec une jolie carte d'anniversaire.

Quelques jours plus tard, je rentre chez moi. Il est 22 heures. Je trouve une enveloppe colorée dans la boîte aux lettres. Biniou m'a répondu le jour où il a reçu cette vidéo. J'ouvre l'enveloppe :

Ma chère Lucie, ton envoi est bien arrivé à Fouras. Tu es la Bonne Fée qui exauce ainsi un vœu de plus de cinquante ans.

Et j'ai pleuré toute seule dans le couloir.

J'ai fait ce livre pour vivre des moments comme celui-là.

Parfois, à certains moments de faiblesse, je me suis laissé bouffer par mon projet. Mon père m'a dit un jour : « Lucie, leur histoire, c'est bien. Mais, ta vie, c'est important aussi. Ne la mets pas de côté. »

Est-ce qu'à certains moments j'ai voulu vivre par procuration la vie de ma famille ?

Peut-être. J'ai eu envie de recevoir des lettres d'amour aussi belles que celles que Paul a envoyées à Juliette. Et, en même temps, je me disais que s'il fallait la mort d'un frère et une guerre mondiale pour recevoir des lettres aussi magnifiques, ça ne valait pas le coup !

Plusieurs fois, on m'a pressée de terminer ce livre : j'avais suffisamment de matériel. Il fallait finir. Mais je savais que cette histoire était encore en train de s'écrire. Je devais la vivre. C'était une histoire dont je ne connaissais pas la fin. Et je l'attendais.

Il m'est arrivé aussi d'avoir des moments de découragement, des doutes sur ma capacité à terminer. « Tu es allée trop loin pour ne pas l'achever », m'a-t-on dit.

En fait, il ne s'agissait pas de ça.

Quand mes angoisses prenaient le dessus, je me regardais dans la glace, et derrière moi, je voyais le vieux Paul me faire un clin d'œil. Je pensais à Jules. Je pensais qu'il aurait aimé que je raconte l'histoire de son fils, François. Derrière moi, il y avait des gens qui ne voulaient pas mourir, qui ne voulaient pas être oubliés et je me sentais une responsabilité vis-à-vis d'eux. Et c'était ça qui comptait, c'était cette espèce de devoir *à la con* que – allez savoir pourquoi ! – je m'étais créée vis-à-vis d'eux… !

Voilà. Maintenant l'histoire de Paul, de Jeannette, de Jean et des autres est écrite. Je suis allée au bout de mon rôle. Le reste viendra en surplus. « Ce que vous avez fait pour votre famille, c'est déjà payé, m'a dit Emmanuel Guibert. Cette visite à Biniou qui avait rompu avec votre famille, ce voyage à Fouras, ces réunions familiales. Tout ça, c'est payé. »

Il est temps de mettre un point final à leur histoire, ou plutôt à ce qui a fini par devenir NOTRE histoire.

Ici s'achève notre histoire.
Ici commence la vôtre.
Je vous la souhaite aussi belle.

Mamou m'a accompagnée depuis le début de cette aventure. C'est chez elle que tout a commencé, le jour où a été prise cette photo.

Elle est décédée le 8 avril 2018, à l'âge de 98 ans.

Elle m'avait pourtant promis qu'elle irait jusqu'à 100 ans : « Quelle fête on fera ce jour-là ! »

Alors, je l'avais crue.

Mamou, ma petite Mamou, ce livre t'est dédié.

Bibliographie

Sur Paul Cabouat

Archives publiques :

Service historique de la Défense, Dossier 16P 99396.

Archives nationales, *Rapport sur l'organisation et le fonctionnement du service de santé de la Résistance dans le Gard destiné au Comité d'histoire de la Seconde Guerre mondiale*, Dr Paul Cabouat, 9 décembre 1968. 72AJ/124.

Littérature :

LECUYER Jacques (SAPIN et quelques autres), *Méfiez-vous du toréador : des soldats sans uniforme témoignent de leur combat pour chasser l'occupant*, AGPM, 1987.

MAUFRAIS Louis, *J'étais médecin dans les tranchées : 2 août 1914 – 14 juillet 1919* (présenté par Martine Veillet), Paris, Robert Laffont, 2008.

MAZIER Pierre, *Quand le Gard se libérait, un ancien du CDL raconte*, Nîmes, Lacour, 1984, rééd. 1992.

VIELZEUF Aimé, *Ardente Cévenne, chroniques : la Résistance en Languedoc*, Nîmes, Lacour, 1988.

VIELZEUF Aimé, *Quand le Gard résistait*, T. I, *Le Temps des pionniers*, Nîmes, Lacour, 1997.

Association pour des études sur la Résistance intérieure, *La Résistance dans le Gard*, Édition CRDP Orléans, 2009, Cédérom.

Internet :
Page Wikipédia de Paul Cabouat : https ://fr.wikipedia.org/wiki/Paul_Cabouat

Archives privées :
Archives de l'académie de Nîmes : Discours en hommage à Paul Cabouat lors de sa démission par Louis Baillet en mai 1981.
Discours prononcé lors de l'enterrement de Paul Cabouat par Lucie Aubrac et Jean Paradis.
Témoignage de Jean-Pierre Cabouat, le fils de Paul Cabouat.
Lettres et photos de Paul Cabouat.
Mémoires de Jules Cabouat.

Sur François Cabouat

Littérature :
HUGO Jean, *Le Regard de la mémoire*, Arles, Actes Sud, 1983.
STEG Jean-Michel, *Le Jour le plus meurtrier de l'histoire de France*, Paris, Fayard, 2012.

Archives privées :
Lettres et photos de François Cabouat.
Mémoires de Jules Cabouat.

Sur Emmanuel Passemard

Archives publiques :
Archives départementales du Gard : Cour d'appel de Nîmes – Juridiction de guerre – Épuration : Dossier de procédure d'Emmanuel et de Luce PASSEMARD (1944-1945) 1102 W article 71.

Littérature :
SALAN Georges, *Prisons de France et bagnes allemands*, Uzès, La Capitelle, 1946.
SALAN Georges, *33 ans de centrale, 1938-1970*, Paris, Les Presses contemporaines, 1971.

Sur Albert Hirschman

Littérature :

HIRSCHMANN Albert, *Un certain penchant à l'autosubversion*, Paris, Fayard, 1995.

Articles de journaux :

LANGER Emily, « *Albert O. Hirschman, influential social scientist, dies at 97* », *Washington Post*, 14 décembre 2012.

SCHUMPETER, « *Exit Albert Hirschman* », *The Economist*, 22 décembre 2012.

WEILL Nicolas, « Albert Hirschman, un économiste engagé et autosubversif », *Le Monde*, 21 décembre 2012.

YARDLEY William, « Albert Hirschman, Optimistic Economist, Dies at 97 », *New York Times*, 23 décembre 2012.

Internet :

Page Wikipédia : https ://fr.wikipedia.org/wiki/Albert_Hirschman.

Institute for Advanced Studies : http://www.ias.edu/news/press-releases/2012/hirschman

Sur Jean-Pierre Cabouat

Archives publiques :

Service historique de la Défense. Dossier 16P 99393.

Archives privées :

Interview de Jean-Pierre Cabouat.

Témoignage écrit de Jean-Pierre Cabouat fait à la demande de ses enfants et petits-enfants.

Photos et documents de Jean-Pierre Cabouat.

Témoignage de Daniel Cabouat.

Sur Jeannette

Archives publiques :

Service historique de la Défense. Dossiers 16P 99395 et 21P 565 763.

Archives privées :
Témoignage de la fille de Jeannette, Jenny Crabérou.
Mot de Jeannette et lettres de déportation.

Sur Albert Le Bail
Archives publiques :
Service historique de la Défense. Dossier de résistant.

Archives privées :
Articles du journal *Le Citoyen*, parus les 7, 14 et 21 juillet 1945.
Journal intime d'Albert Le Bail.

Sur Roger Diebold
Archives publiques :
Archives nationales. Dossier de Procédure. Dossier 4349 : Cour de justice du département de la Seine. Z/6/439.

Littérature :
CHOMBART DE LAUWE Marie-José, *Toute une vie de Résistance*, PopCom, 2002.

Sur Biniou
Archives publiques :
Service historique de la Défense. Dossier 16P345386.

Archives privées :
Interview et archives privées de G.F. Le Bail.

Internet :
L'article qui m'a permis de retrouver Biniou :
https://brest.maville.com/actu/actudet_-georges-le-bail-s-est-vu-revenir-de-deportation-_6-1516925_actu.htm
Site de la Fédération nationale des déportés et internés, résistants et patriotes sur Marie-Claude Vaillant-Couturier :
http://www.fndirp.asso.fr/informations-et-documentation/temoignagede-marie-claude-vaillant-couturierau-procesde-nuremberg/

Sur Jean Cabouat

Archives publiques :

Journal officiel du 4 juillet 1941, p. 243 et suiv.

Journal officiel du 28 août 1941, p. 575 et suiv.

Archives nationales. Dossier de préfet de Jean Cabouat (dossier administratif, carrière, avancement). F/1bI/736 et notamment :

- Décret du 20 août 1942 plaçant Jean Cabouat hors cadre.
- Document confidentiel envoyé par le Comité central de la Légion contre le Bolchevisme.
- Lettre de Jean Cabouat du 31 mars 1941 à l'inspecteur général.

Dossier de préfet (Commission d'épuration) F/1bI/1127 et notamment :

- La note du 7 avril 1945 de Jean Cabouat au président.
- Lettre de Joe Bousquet du 5 août 1942.
- Lettre de Jean Cabouat du 20 novembre 1944 au ministère de l'Intérieur.
- Extrait d'un rapport du 9 août 1941 du Capitaine de Frégate Gruillot, chargé de mission auprès de la vice-présidence du Conseil.
- Note du 14 juin 1941 de la direction générale de la Police nationale.
- Note sur M. Cabouat du 3 mai 1945. Ministre de l'Intérieur. Direction du personnel.
- Lettre du 3 novembre 1944 à M. le ministre de l'Intérieur de Georges Bruguier.
- Lettre du 7 avril 1945 de Jean Cabouat. Additif au Mémoire adressé à M. le ministre de l'Intérieur.
- Note spéciale du 28 novembre 1945 sur les rapports entre M. Bruguier, ancien sénateur du Gard, actuellement député du Gard, et M. Cabouat.

Archives nationales. Rapports mensuels de préfets (département de l'Aude). F/1cIII/1141.

Archives nationales, Rapport des RG. Note sur M. Jacques Henry, préfet de la Creuse, Z6NL 456.

Archives départementales de la Creuse. Courrier de Félix Chevrier en date du 26 décembre 1940. 95W18.

Archives départementales de la Creuse. Lettre du commissaire de Police spéciale du 18 mars 1941.

Archives départementales de la Creuse. Surveillance des médecins creusois. 108W2.

Archives départementales de l'Aude sur le 14 juillet 1942. Interception postale. 42W5.

Internet :

BETOUART Bruno, *Un grand résistant du Pas-de-Calais : Jules Catoire.*

Étude : http://www.resistance62.net/Catoire%20Jules.pdf (Jean Cabouat est mentionné sous le nom de Félix Cabouat, Félix a sans doute été l'un de ses pseudonymes. Certains historiens ont fait l'erreur de conserver ce prénom, comme l'indique René Bargeton en annexe de son livre mentionné ci-dessous).

CASTILLE René, *Aperçu sur les réseaux de résistance en Creuse* : http://www.creuse-resistance.fr/uploads/PDF/Reseauxencreuse.pdf

Pages des Anonymes justes et persécutés durant la période nazie dans les communes de France, sur la Creuse.

http://www.ajpn.org/departement-Departement-de-la-Creuse-en-1939-1945-23.html

Blog de Bernard Elman : https://blogs.mediapart.fr/bernard-elman/blog/130116/vichy-la-parenthese-les-indesirables-18

Littérature :

ARBOIT Gérald, *Des services secrets pour la France. Du dépôt de la Guerre à la DGSE (1856-2013)*, Paris, CNRS Éditions, 2014.

BARGETON René, *Le Comité départemental de Libération du Pas-de-Calais*, (1943-1946), Commission départementale d'histoire et d'archéologie du Pas-de-Calais, 1997.

BENEDETTI Arnaud, *Un préfet dans la Résistance*, Paris, CNRS Éditions, 2013.

LECORNU Bernard, *Un préfet sous l'Occupation*, Paris, Éditions France-Empire, 1984.

LÉVY Gaston, *Souvenirs d'un médecin d'enfants à l'OSE en France occupée et en Suisse, 1940-1945*, Paris, Le Manuscrit/FMS, 2008.

SEMELIN Jacques, *Persécutions et entraides dans la France occupée : comment 75 % des Juifs en France ont échappé à la mort*, Paris, Seuil, 2013.

YAGIL Limore, *La France, terre de refuge et de désobéissance civile (1939-1944)*, Paris, Éditions du Cerf, coll. « Cerfs Histoire », 2011 (T. II et III).

ZEITOUN Sabine, *L'Œuvre de secours aux enfants (OSE) sous l'Occupation en France : du légalisme à la Résistance, 1940-1944*, Paris, L'Harmattan, 1990.

Études :

CASTILLE René, *Les Enfants juifs en Creuse*, colloque de Limoges, 18 octobre 2004 : http://www.creuse-resistance.fr/uploads/PDF/RCastilleEnfantsjuifs.pdf

GIÉVIS Alain, *L'influence des rapports des préfets quant à la politique raciale de Laval.* Actes du colloque de Châteauroux des 18 et 25 mars 2000, « Le Préfet d'hier à aujourd'hui », Châteauroux, CREDI – Centre universitaire, p. 45-70.

L'OSE sous l'Occupation allemande en France, 1940-1944, Genève, 1947. Activités des organisations juives en France sous l'Occupation, Paris CDJC, 1947, p. 117-120. Rapport pour septembre-octobre 1941, CDJC, 216-68.

RAMADIER Pascal, « La saga de la menthe Ricqlès », *GenAmi*, n° 69.

GUERMANTES, « Le préfet de Cahors », *Le Figaro*, 12 février 1940.

Archives privées :

Photos de famille.

Interview des descendants de Jean Cabouat.

Mémoires de Jules Cabouat.

Sur les Hendlé

Archives publiques :

Archives de la Préfecture de Police de Paris. Fiches des arrivées à Drancy de Marthe et Albert Hendlé.

Littérature :

BIRNBAUM Pierre, *Les Fous de la République : Histoire politique des Juifs d'État, de Gambetta à Vichy*, Paris, Fayard, 1992.

TOESCA Maurice, *Cinq Ans de patience*, Paris, Émile-Paul Frères, 1975.

Archives privées :

Lettre d'Albert Hendlé au président de la cour de justice de la Seine de 1946.

Crédits photos

Pour tous les documents : © Collection particulière, sauf :

p. 160 : © Albert Hirschman's French national identity card, 1940. From the Shelby White and Leon Levy Archives Center, Institute for Advanced Study, Princeton, NJ, USA.

p. 161 : © Herman Landshoff photographer. From the Shelby White and Leon Levy Archives Center, Institute for Advanced Study, Princeton, NJ, USA.

p. 180, 183, 184, 185, 187, 189 : © Archives départementales du Gard : *Cour d'Appel de Nîmes – Juridiction de guerre – Epuration* : 1102W, article 71 : Dossier de procédure d'Emmanuel Passemard (1944-1945), dossier de Luce Passemard : 1102W71.

p. 208, 209 et 212 : © Service historique du Ministère de la Défense de Vincennes. Dossier 16P99393.

p. 248 et 253 : © Archives nationales (France), réf. Z/6/439.

p. 284 : © Archives nationales (France), réf. F/1bI/736.

p. 285 : © Archives de la Préfecture de police de Paris, cote ID2, dossier 6 (bordereau de versement n°598 du 31 mai 1943).

p. 303 : © AFP.

p. 327 et 328 : © Sveriges Television. Photos : Gustaf Boge.

p. 332 : © Service historique du Ministère de la Défense de Caen. Dossier 21P565763.

p. 396 : © Cinémathèque de Bretagne.

Table

Cet ouvrage a été mis en pages par

<pixellence>

Achevé d'imprimer en juin 2018
sur les presses de Normandie Roto Impression s.a.s.
61250 Lonrai
N° d'impression : 1801514
N° d'édition : L.01ELKN000728.N001
Dépôt légal : octobre 2018

Imprimé en France